DIE KOMMANDOTRUPPEN

DER ZWEITE WELTKRIEG

VON RUSSELL MILLER

UND DER REDAKTION DER TIME-LIFE BÜCHER

BECHTERMÜNZ

DIE KOMMANDOTRUPPEN

DER ZWEITE WELTKRIEG

Redaktionsstab des Bandes *Die Kommandotruppen:*
Chefredakteur: Thomas H. Flaherty jr.
Leitende Redakteure: Anne Horan, Henry Woodhead
Designer: Herbert H. Quarmby
Chef der Dokumentation: Philip Brandt George
Bildredakteurin: Clara Nicolai
Textredakteur: Richard Murphy
Vertragsautoren: Patricia C. Bangs, Donald Davison Cantlay, Richard D. Kovar, Brooke Stoddard
Dokumentare: Harris J. Andrews III, Loretta Y. Britten, Reginald H. Dickerson, Margaret Gray, Molly McGhee, Alfreda Robertson, Jayne T. Wise
Textkoordination: Ann Bartunek, Allan Fallow, Elizabeth Graham, Barbara F. Quarmby
Design-Assistent: Mikio Togashi
Bildkoordinatorin: Bette Hughes Weatherley
Redaktionsassistentin: Constance Strawbridge

Besondere Mitarbeit: Virginia Baker (Übersetzungen)

Korrespondenten: Elisabeth Kraemer (Bonn); Margot Hapgood, Dorothy Bacon (London); Susan Jonas, Lucy T. Voulgaris (New York); Maria Vincenza Aloisi, Josephine du Brusle (Paris); Ann Natanson (Rom). Wertvolle Unterstützung leisteten ebenfalls: Janny Hovinga, Wibo van de Linde (Amsterdam); Bob Gilmore (Auckland); Helga Kohl (Bonn); Brigid Graumann (Brüssel); Bin Wong (Hongkong); Caroline Alcock, Pippa Pridham (London); John Dunn, Ernie Shirley (Melbourne); Christina Lieberman, Cornelius Verwaal (New York); Dag Christensen (Oslo); John Scott, Peter Ward (Ottawa); M. T. Hirschkoff (Paris); Eva Stichova (Prag); Bianca Gabbrielli, Mimi Murphy, Ann Wise (Rom); S. Chang (Tokio); Traudl Lessing, Annelise Shulz (Wien).

Leitung der deutschen Redaktion:
Hans-Heinrich Wellmann
Textredaktion: Marianne Tölle

Aus dem Englischen übertragen von Walter Brumm

Der Autor: RUSSELL MILLER ist ein britischer Journalist und freier Schriftsteller, der regelmäßig Beiträge für die Londoner *Sunday Times* verfaßt. Er war früher Offizier der britischen Armee und ist Autor des Bandes *Der Widerstand* aus der TIME-LIFE-Reihe „Der Zweite Weltkrieg" sowie des Bandes *Die Ostindienfahrer* aus der Reihe „Die Seefahrer".

Die beratenden Mitarbeiter: Oberst a. D. JOHN R. ELTING ist amerikanischer Militärhistoriker und Verfasser von *The Battle of Bunker's Hill, The Battles of Saratoga, Military History and Atlas of the Napoleonic Wars* sowie – im Rahmen der TIME-LIFE-Reihe „Der Zweite Weltkrieg" – *Battles for Scandinavia.* Er lehrte an der amerikanischen Militärakademie West Point und war dort Mitherausgeber des *West Point Atlas of American Wars.*

Brigadegeneral PETER YOUNG ist ein britischer Militärhistoriker und befehligte während des Zweiten Weltkriegs das Kommando Nr. 3 der britischen Armee und später die 1. Kommandobrigade. Zu den zahlreichen Kommandounternehmen des Krieges, an denen er teilnahm, gehörten die Landung auf Guernsey 1940, die Überfälle auf die Lofoten und Vågsøy 1941, Dieppe 1942, die Landungen auf Sizilien und dem italienischen Festland 1943, in der Normandie 1944 und in Arakan, Burma, 1944 und 1945. Er wurde ausgezeichnet mit dem Distinguished Service Order und dem Military Cross. Er ist Autor von *Bedouin Command, Commando* und *Storm from the Sea* und vielen anderen Büchern über die britischen Kommandos.

KLAUS-JÜRGEN MÜLLER, Professor für Neuere und Neueste Geschichte an der Hochschule der Bundeswehr und der Universität Hamburg, ist Autor der Bücher *Das Heer und Hitler; Das Ende der Entente Cordinale 1940; Armee, Politik und Gesellschaft in Deutschland* und *General Ludwig Beck* sowie anderer Schriften zur militärischen und politischen Geschichte der Epoche zwischen den beiden Weltkriegen und des Zweiten Weltkriegs.

Lizenzausgabe für den
Bechtermünz Verlag GmbH
Eltville am Rhein, 1994

ISBN 3 86047 082 5

KAPITEL

BILDTEIL

INHALT

DIE ERSTÜRMUNG EBEN EMAELS

Beim Angriff auf Eben Emael, das starke ostbelgische Sperrfort, setzen Pioniere der deutschen Wehrmacht im Mai 1940 im Schlauchboot über den Albertkanal.

HANDSTREICH GEGEN EIN MÄCHTIGES FORT

Als Frankreich und Großbritannien im Frühjahr 1940 den Angriff der deutschen Kriegsmaschinerie erwarteten, setzten sie ihre Hoffnungen darauf, daß das belgische Sperrfort Eben Emael – ein auf einem Kalksteinplateau hoch über dem Albertkanal gelegenes mächtiges Festungssystem, das gemeinhin als uneinnehmbar galt – einen deutschen Vorstoß nach Flandern und Nordfrankreich aufhalten werde. Das Fort verfügte über zwei 12-cm- und sechzehn 7,5-cm-Geschütze in Panzertürmen und Stahlbetonbunkern von einer Stärke, die jedem Artilleriebeschuß standhalten sollte. Das keilförmig angelegte Fort war auf einer Seite geschützt durch die über 40 Meter hohe felsige Steilwand des Kanaleinschnitts. Die anderen zwei Seiten waren umgeben von Minenfeldern, MG-Nestern, Stacheldrahthindernissen und einem Festungsgraben. Unterirdische Tunnel und Kasematten von acht Kilometer Länge verbanden die Geschützstellungen miteinander und boten den 780 Verteidigern Schutz.

Am 10. Mai 1940 aber glitten neun Lastensegler vor Tagesanbruch über die äußeren Verteidigungsringe des Forts und landeten auf dem grasbewachsenen Dach der Festung. Den Belgiern blieb kaum Zeit, sich von ihrem Schreck zu erholen. 70 Fallschirmjäger sprangen aus den Lastenseglern und eroberten oder zerstörten in nur 20 Minuten 14 der 18 Geschützstellungen des Forts. Gleichzeitig landeten andere Gruppen in der Nähe von drei Brücken, die von den Geschützen des Forts verteidigt werden sollten, und konnten zwei von ihnen unzerstört im Handstreich nehmen. Die Besatzung des Forts zog sich in die unterirdischen Räume zurück, wo sie den Widerstand fortzusetzen suchte. Nur dort und an einer Brücke stießen die Fallschirmjäger auf länger dauernden Widerstand.

Als Eben Emael am folgenden Tag fiel, war eine der Voraussetzungen für den erfolgreichen Ablauf der Offensive geschaffen. Zehn Tage später erreichten deutsche Panzerspitzen den Ärmelkanal, und in etwas mehr als einem Monat hatte die Wehrmacht Frankreich niedergerungen. Für die Alliierten wie für die Achsenmächte aber hatte das Handstreichunternehmen noch eine andere Bedeutung: Es zeigte, daß eine für Sondereinsätze ausgebildete kleine Streitmacht unter Ausnutzung des Überraschungseffekts einen zahlenmäßig weit überlegenen Gegner bezwingen und den Weg für größere militärische Operationen ebnen konnten. Die Bezeichnung „Kommando" für derartige Unternehmen hatte noch nicht Eingang in das Lexikon des Zweiten Weltkriegs gefunden, doch waren die deutschen Fallschirmjäger als Spezialtruppe echte Vorläufer der verschiedenen Kommandoeinheiten späterer Jahre.

Auf einem Kalksteinkliff gelegen, beherrscht Fort Eben Emael den Albertkanal. Die Geschützstellungen waren auch unterirdisch miteinander verbunden.

Nach Einsatz eines Flammenwerfers gehen kurz zuvor von Lastenseglern angelandete deutsche Fallschirmjäger gegen einen Bunker des Forts Eben Emael vor.

Lastensegler üben mit Ju 87 als Schleppflugzeugen für ihren Einsatz auf Eben Emael. Sobald die Lastensegler in Sichtweite ihrer Ziele kamen, wurden sie ausgeklinkt.

AUSBILDUNG UNTER REALISTISCHEN BEDINGUNGEN

Ein Schlüssel zum Erfolg des spektakulären Handstreichunternehmens gegen Fort Eben Emael war das vorausgegangene lange und intensive Training der Kommandotruppe. Die Truppe wurde im November 1939 aus Fallschirmjägern, Sprengspezialisten der Pioniertruppe und Sportsegelfliegern gebildet. Sechs Monate lang erhielten sie eine außerordentlich realitätsnahe Ausbildung.

Die Einheit übte an einer Nachbildung des Forts Eben Emael, die dessen Anlage und Abmessungen genau entsprach. Ein glücklicher Zufall wollte es, daß deutsche Firmen zwischen 1932 und 1935 am Bau der Festung beteiligt gewesen waren und Pläne davon mit nach Deutschland genommen hatten. Überdies konnte die Truppe, anders als die meisten Soldaten jener Zeit, die Techniken der Bekämpfung von Artilleriestellungen an echten Stellungen erlernen – denjenigen entlang der ehemaligen deutsch-tschechoslowakischen Grenze.

Neben Beachtung von Details legte man in der Ausbildung Wert auf kalkulierte Flexibilität. Die Einheit wurde in Gruppen aufgeteilt, von denen jede ein bestimmtes Ziel zugewiesen erhielt. Aber jede Gruppe machte sich zugleich auch mit den Zielen der anderen vertraut, so daß sie sich im Notfall helfen konnten.

In einer Übung des geplanten Angriffs springt ein Fallschirmjäger zwischen Nebeltöpfen aus seinem Lastensegler.

Fallschirmjäger stürmen nach ihrer Landung in einem Übungsangriff vor. Durch solches Training wurde die Zeit zwischen Landung und Angriff auf Sekunden reduziert.

Von den belgischen Verteidigern gesprengt, liegt die Brücke, die das Fort mit dem Dorf Kanne verband, zusammengesunken im Albertkanal.

Deutsche Infanteristen tragen in Umgehung der gesprengten Brücke ein Schlauchboot durch das Dorf Kanne zum jenseitigen Abschnitt des Albertkanals.

KANALÜBERQUERUNG UNTER FEINDLICHEM FEUER

Um einem möglichen konventionellen Angriff zu Lande zu begegnen, hatten die Belgier die Sprengung der drei Brücken über den Albertkanal vorbereitet, die im Feuerbereich der Festungsartillerie lagen. An zwei Brücken gelang es den deutschen Luftlandetruppen, den Belgiern zuvorzukommen. In raschem Zugriff entfernten sie die Zündermechanismen und nahmen die Brücken ein.

Die dritte – ungefähr eineinhalb Kilometer nordwestlich vom Fort in Kanne gelegene – Brücke befand sich jedoch in unebenem Gelände, so daß die Lastensegler gezwungen waren, in einiger Entfernung von ihrem Ziel zu landen. Bevor die Deutschen die Brücke erreichen konnten, zündeten die belgischen Verteidiger ihre Sprengladungen und jagten die Brücke in die Luft. Als die Deutschen daraufhin versuchten, den Kanal zu überqueren, indem sie einzeln über die geknickten und zusammengebrochenen Träger der Brückenbogen kletterten, nahmen die siebenköpfige Besatzung eines nahe der Brücke gelegenen Bunkers und andere entlang dem Kanalufer postierte belgische Soldaten die Angreifer unter Feuer. Die Deutschen benötigten zehn Stunden, um den Bunker zu erobern und das Dorf Kanne in ihre Hand zu bringen. Nun war nur noch das – bereits lahmgelegte – Fort vom Feind zu säubern.

Im Schutz deckender Nebelschwaden setzen Verstärkungen deutscher Fallschirmjäger über den Albertkanal.

Nach Ausführung ihres Auftrags liegen zwei deutsche Lastensegler auf dem grasbewachsenen Dach des Forts Eben Emael. Die Kufen der Gleiter waren mit Stacheldraht umwickelt, um den Landeweg zu verkürzen.

Mit einer Sprengladung an der Stange schleicht ein deutscher Sturmpionier (oben) über einen belgischen Bunker am westlichen Zugang des Forts Eben Emael. Das untere Photo zeigt die Explosion der in eine Geschützkasematte hinabgelassenen Sprengladung.

In dieser deutschen Nachstellung des Angriffs wird das Kanalufer eingenebelt, während deutsche Verstärkungen mit dem Schlauchboot an der Nordspitze des Forts über den Kanal setzen.

ABWEHR EINES GEGENANGRIFFS

Im Laufe des ersten Kampftags erholten sich die Belgier von ihrer Überraschung so weit, daß sie einen Versuch unternahmen, aus den unterirdischen Tunneln, in die sie sich zurückgezogen hatten, auszubrechen und die deutschen Fallschirmjäger anzugreifen, die die Oberfläche des Forts besetzt hielten.

Die Deutschen schlugen jedoch den belgischen Gegenangriff zurück und versetzten – früh am nächsten Morgen um 50 Mann verstärkt – die Verteidiger in Schrecken, indem sie Sprengladungen die steilen Treppen von den oberen Artilleriestellungen in die Tunnelgänge hinabwarfen. Außerdem unternahmen sie Vorstöße in einige der Tunnel und feuerten Salven durch die langen Verbindungsgänge.

Überall im Fort waren die Belgier entmutigt und zu keinem geschlossenen Widerstand mehr fähig. Nur eine Geschützstellung im Westen, die die gesprengte Brücke bei Kanne beherrschte, leistete hartnäckige Gegenwehr. Die Deutschen griffen diesen letzten Bunker mit Flammenwerfern an und zündeten Sprengladungen in den Schießscharten. Das brachte das Geschütz und seine Bedienung zum Schweigen und öffnete den Deutschen den Weg ins Innere des Forts.

Die weiße Fahne der Übergabe in der Hand, tritt gegen Mittag des 11. Mai 1940 ein Belgier aus dem Fort.

DAS ENDE EINER ERFOLGREICHEN AKTION

Einen Tag nach Beginn des Angriffs waren weitere Verstärkungen eingetroffen, und die Deutschen beherrschten praktisch das Gelände des Forts Eben Emael. In den unbeleuchteten Tunneln des Forts lagen überall Tote und Verwundete herum. Die Überlebenden waren so demoralisiert, daß viele von ihnen ein Ende des Kampfes forderten. Selbst als sich der Festungskommandant zur Kapitulation bereit erklärte, konnte er die Besatzung nicht vollzählig zusammenbringen. Ein belgischer Offizier wurde zu seiner Schmach unter einem Bett entdeckt, unter dem er sich versteckt hielt.

Kurz nach Mittag des zweiten Tages ergaben sich schließlich die Belgier. Den deutschen Truppen blieb nur noch die Durchsuchung der Festung und die Besichtigung der Beute, zu der auch die 18 schweren Geschütze gehörten. Anschließend zogen sie in ein nahe gelegenes Gasthaus, um den Erfolg zu feiern, bevor sie wieder von Lastkraftwagen zum Rücktransport nach Deutschland abgeholt wurden.

Deutsche Soldaten inspizieren einen gesprengten Festungsbunker. Nach der Eroberung diente das Fort deutschen Truppen sowie einer Maschinenfabrik als Unterkunft.

Deutsche Infanteristen machen eine Erholungspause, während verwundete Belgier auf ihre Versorgung warten. Die Verteidiger verloren 84 Tote und Verwundete.

Müde und schmutzig, aber stolz auf ihren Erfolg, warten die Fallschirmjäger auf den Abtransport. Das Fort wurde anschließend von Truppen des Heeres übernommen.

Nachdem er mehreren von ihnen persönlich das Ritterkreuz des Eisernen Kreuzes – damals Deutschlands höchste Kriegsauszeichnung – verliehen hat, stellt sich Adolf Hitler mit den Offizieren, die den Angriff auf Eben Emael geführt hatten, zum Erinnerungsphoto. Im Rahmen einer gesonderten Zeremonie erhielten Angehörige der Mannschaftsdienstgrade, die sich im Kampf ausgezeichnet hatten, das Eiserne Kreuz verliehen. Zusätzlich zu diesen Tapferkeitsauszeichnungen wurden sämtliche Offiziere und Mannschaften, die an dem Handstreich teilgenommen hatten, um eine Rangstufe befördert. Nach dem Frankreichfeldzug wurde die Einheit, die so lange für das Unternehmen trainiert hatte, aufgelöst und ihre Angehörigen auf andere Verbände verteilt.

1

EIN SOLDAT NEUEN SCHLAGES

Antwort auf den Ruf nach einer „Schreckensherrschaft"
Andrang von Freiwilligen für gefahrvollen Dienst
Debakel an der französischen Küste
Frustrierende Untätigkeit für Männer der Tat
Leichter Sieg auf den Lofoten
Ein schneidiger neuer Chef für die Kommandos
Ein „guter, sauberer Kampf" auf Vågsøy
Die Amerikaner folgen dem britischen Beispiel
Saint-Nazaire: Erfolg zu einem hohen Preis

Am Nachmittag des 4. Juni 1940 verkündete Premierminister Winston Churchill vor dem Unterhaus, daß die Reste der britischen Armee „aus dem Rachen des Todes und der Schmach" von den Stränden Dünkirchens evakuiert worden seien. Bei ihrem Rückzug an die französische Kanalküste waren die britischen Streitkräfte mit knapper Not der Vernichtung durch die siegreiche deutsche Wehrmacht entgangen, die ihren verheerenden Blitzkrieg in Westeuropa zu Ende führte. Frankreich lag bereits am Boden, und Großbritannien stand allein gegen die furchterregenden deutschen Armeen. Die Zukunft sah düster aus.

Als Oberstleutnant Dudley Clarke, ein Stabsoffizier des Kriegsministeriums in Whitehall, an diesem Abend langsam durch die Dämmerung nach Haus ging, stellte er sich die gleiche Frage, die an diesem Abend die Menschen überall in Großbritannien bewegte: Was hielt die Zukunft für sein Land bereit? Clarke war ein Offizier von mehr als 20 Dienstjahren, der sich durch ein besonderes Interesse für Kriegsgeschichte auszeichnete. Und wie er so dahinschlenderte, versuchte er sich zu vergegenwärtigen, was andere Nationen in der Vergangenheit getan hatten, wenn ihre Armeen zurückgetrieben worden waren.

Im Befreiungskrieg Spaniens gegen Napoleon von 1808–1814, so erinnerte er sich, bekämpften die Spanier die französischen Eindringlinge durch Überraschungsangriffe kleiner Trupps leichtbewaffneter irregulärer Soldaten, die Guerilleros genannt wurden. 90 Jahre später, als Großbritannien aus der Kapkolonie Südafrikas in die Burenrepublik Transvaal eindrang, wehrten sich die burischen Farmer mit ähnlichen Überfällen kleiner bewaffneter Streifscharen gegen die Übermacht. Und 1936 war Clarke im britisch besetzten Palästina selbst Zeuge gewesen, wie eine Handvoll schlechtbewaffneter Araber mit überraschenden Angriffen und außerordentlich beweglicher Kampfführung mehr als ein ganzes Korps der britischen Berufsarmee gebunden hatte.

Sicherlich, dachte Clarke, könne Großbritannien von den Taktiken der Spanier, Buren und Araber lernen. Bevor er sich an diesem Abend schlafen legte, setzte er sich an den Schreibtisch in seinem Arbeitszimmer und umriß einen Plan zur Aufstellung einer neuartigen britischen Truppe nach dem Vorbild früherer Guerillabewegungen. In Ermangelung eines besseren Namens gebrauchte er für diese Sonderverbände eine Bezeichnung der Buren, die ihre Truppen nach einem Wort in Afrikaans für militärische Kampfeinheiten „Commandos" nannten.

Am nächsten Tag sprach Clarkes Vorgesetzter – Sir John Dill, Chef des britischen Empire-Generalstabs – im Kriegsministerium von der Notwendigkeit, den Offensivgeist der Armee wieder zu entfachen. Clarke gab ihm seinen auf einem Blatt zusammengefaßten Entwurf, und Dill erwärmte sich sofort für die Idee. Prompt leitete er Clarkes Vorschlag dem Premierminister zu. Churchill hatte bereits ähnliche Überlegungen angestellt; Clarkes Idee gefiel ihm so gut, daß das Kriegskabinett schon einen Tag später ein Memorandum von ihm erhielt. „Unternehmungen müssen von besonders ausgebildeten Einheiten aus Jägerverbänden vorbereitet werden, die an den feindlichen Küsten eine Schreckensherrschaft errichten können", schrieb Churchill. „Ich ersuche das Komitee der Vereinigten Stabschefs, geeignete Maßnahmen für eine unaufhörliche Offensive gegen die ganze von Deutschland besetzte Küstenlinie vorzuschlagen, eine Offensive, die eine Fährte aus deutschen Leichen zurücklassen soll."

Am Vormittag des gleichen Tages ließ Sir John Dill Oberstleutnant Clarke erneut zu sich kommen und eröffnete ihm, daß sein Plan zur Aufstellung von Kommandoeinheiten von höchster Stelle gebilligt worden sei. Er forderte ihn auf, unverzüglich an die Ausführung zu gehen und zum frühestmöglichen Zeitpunkt einen Angriff über den Kanal vorzutragen.

So wurde eine Kampftruppe geboren, in der sich Taktik, Unabhängigkeit und Findigkeit des Guerillakämpfers mit Ausbildung und Disziplin des Berufssoldaten verband. Diese Mischung sollte eine militärische Elite hervorbringen: die Kommandos. Ihre erste Aufgabe war die verstohlene Annäherung von der See her, um dann schnell und hart gegen die Bastionen von Hitlers „Festung Europa" zuzuschlagen. In überfallartigen Angriffen entlang der gesamten Küste des besetzten Europa kämpften, töteten und zerstörten sie. Im Laufe der Jahre, als eine verbesserte Ausbildung und längere Kampferfahrung sie dazu befähigten, gingen die britischen Kommandotruppen von bloßen Überfällen auf Küstenvorposten zu ausgedehnten Operationen tief im Hinterland des Feindes über. In den lebensfeindlichen Einöden der nordafrikanischen Wüste übernahmen Kommandoeinheiten jahrhundertealte arabische Überlebenstechniken und hielten sich oft wochenlang mitten im Territorium der Achsenmächte auf. Anderswo meisterten Spezialeinheiten die Kunst des Wildwasserfahrens, um durch rauhe Küstengewässer in feindliches Gebiet einzudringen und Sabotageanschläge gegen den Schiffsverkehr zu verüben.

Zu der Zeit, als er die Idee zur Aufstellung britischer Kommandoeinheiten faßte, ahnte weder Clarke noch sonst jemand in England, daß man in Deutschland unabhängig davon ganz ähnliche Überlegungen angestellt hatte, deren Ergebnis die Aufstellung eines Fallschirmjäger-Sonderverbandes für die Luftlandeunternehmungen gegen das belgische Fort Eben Emael *(S. 6–19)* und die Maasübergänge in Belgien und den Niederlanden war. Nach dem Frankreichfeldzug wurde dieser Verband aufgelöst und seine Mitglieder wieder in reguläre Fallschirmjägereinheiten eingegliedert, doch gleichzeitig schuf man für den Einsatz im Osten eine Truppe, die nach ihrem Ausbildungsort „die Brandenburger" genannt wurde und der eine längere Existenz beschieden sein sollte. Viele von den Brandenburgern sprachen fließend Russisch, und zahlreiche Gruppen operierten in Uniformen der Roten Armee hinter den sowjetischen Linien, um unter dem Feind Verwirrung zu stiften und Sabotageaktionen durchzuführen.

Bei den Westmächten führte das Beispiel der britischen Kommandos zur Gründung einer Anzahl ähnlicher Einheiten unter eigenen Bezeichnungen, zu denen die US-Rangers und die australischen Unabhängigen Kompanien zählten. Als sich das Kriegsgeschehen allmählich zugunsten der Alliierten wendete, erweiterte sich mit der offensiven alliierten Strategie der Aufgabenbereich dieser Gruppen. Sie organisierten Widerstandsgruppen im deutsch besetzten Europa, bildeten Partisanen aus und bereiteten konventionellen Angriffsverbänden den Weg.

Gleich welcher Seite sie angehörten, überall wurden die Sondereinheiten der Kommandotruppen für die gefährlichsten Aufgaben herangezogen, die der Krieg stellte. Fast immer waren ihre Angehörigen Freiwillige. Sie waren Abenteurer, Romantiker, Individualisten, bisweilen Exzentriker, häufig Fanatiker und gelegentlich Männer, die den Tod suchten. Sie alle wußten im voraus, daß ihre Gefangennahme den Tod vor den Gewehrläufen eines Erschießungskommandos bedeuten konnte. Angesichts dieser Aussicht waren besonders zwei Eigenschaften erforderlich: ungewöhnlicher Mut und Kriegsbegeisterung.

Dudley Clarke nahm seine Anweisungen ernst; das erste britische Kommandounternehmen fand kaum drei Wochen später statt. Am späten Abend des 24. Juni 1940 liefen vier Seenotrettungsboote der Royal Air Force über den Ärmelkanal auf die französische Küste zu. An Bord waren 115 hastig ausgewählte Freiwillige, alle damit beschäftigt, ihre Gesichter zur Tarnung zu schwärzen. Sie verwendeten Make-up, das von einem Londoner Theaterausstatter beschafft worden war; die Männer hatten ihren Spaß daran und scherzten, als sie sich Gesicht und Hände einrieben. Die Boote sollten südlich von Boulogne an vier Punkten entlang der französischen Küste landen, die deutsche Verteidigungsbereitschaft auf die Probe stellen und nach Möglichkeit Gefangene machen.

Der Zeitpunkt war günstig. Der Waffenstillstand zwischen Deutschland und dem besiegten Frankreich sollte am folgenden Morgen in Kraft treten. Ein Kommandounternehmen würde den Deutschen zeigen, daß Großbritannien ungeachtet der Niederlage Frankreichs weiterzukämpfen beabsichtigte.

Als Auftakt zu der vom Premierminister geforderten Offensive aber war das Unternehmen kaum geeignet, Hoffnungen zu wekken. Eine der Landungsgruppen ging an Land, tappte eine Zeitlang im Dunkeln in einer einsamen Gegend von Sanddünen umher, ohne etwas zu entdecken oder eine Menschenseele anzutreffen, und schiffte sich zeitig wieder ein. Eine weitere Gruppe fand den vorgesehenen Landeplatz von einem deutschen Seeflugzeughorst besetzt, und keinem der Soldaten an Bord gelang es, ans Ufer zu kommen. Eine dritte Gruppe landete nahe der Stadt Le Touquet, überraschte zwei deutsche Wachtposten und tötete sie. Aber keiner der unerfahrenen Kommandosoldaten dachte daran, die Toten, wie man es sie gelehrt hatte, nach Dokumenten zu durchsuchen, die möglicherweise wertvolle militärische Informationen erbracht hätten. Sie machten sich nicht einmal die Mühe herauszufinden, was die deutschen Posten eigentlich bewacht hatten.

Das vierte Boot, mit Clarke als Beobachter an Bord, hatte einen fehlerhaften Kompaß und wäre um ein Haar den Deutschen geradewegs in die Arme gefahren. „Plötzlich, ohne die leiseste Warnung", schrieb Clarke später, „flammte in der Dunkelheit vor uns ein Suchscheinwerfer auf." Sie waren nahe daran gewesen, in den Hafen von Boulogne einzulaufen. Hastig wendeten sie das Boot und nahmen die Suche nach ihrem Landeplatz wieder auf.

Als sie endlich den richtigen Strandabschnitt ausgemacht hatten, glitten die Soldaten über die Bordwand der Boote und wateten an Land. Sie fanden nichts als Sanddünen. Als sie sich gerade zur Wiedereinschiffung bereit machten, erschien am Ende des Strandes eine deutsche Patrouille auf Fahrrädern. Major Ronnie Tod trug eine der 20 Thompson-Maschinenpistolen, die für das Unternehmen an die Kommandos ausgegeben worden waren. Unglücklicherweise hatte er eine defekte Waffe: Als er sie durchlud, sprang das Magazin heraus und fiel klappernd auf den steinigen Strand. Die Deutschen eröffneten augenblicklich das Feuer. „Es ist fraglich, ob sie in der Dunkelheit ein klares Ziel ausmachen konnten", berichtete Clarke, „aber sie mußten ihr Feuer auf den schwarzen Umriß des Bootes konzentriert haben, denn auf einmal flogen uns die Kugeln um die Köpfe. Plötzlich versetzte mir etwas einen heftigen Schlag und warf mich aufs Deck. Ein paar Augenblicke mußten vergangen sein, bis ich wieder auf die Füße kam, denn inzwischen rief jemand, daß die Deutschen sich zurückzögen."

Clarke hatte einen Streifschuß abbekommen, der ihm beinahe das Ohr abgetrennt hätte. Niemand sonst wurde getroffen, und alle Soldaten der Einheit gelangten sicher wieder an Bord, bevor deutsche Verstärkungen am Schauplatz des Geschehens eintrafen.

Die vier Seenotrettungsboote kämpften sich unabhängig voneinander zurück über den Kanal. Einem von ihnen wurde die Einfahrt in den Hafen von Folkestone verwehrt, bis die Identität seiner Besatzung festgestellt war. Während das Boot vor der Hafensperre lag, tranken die Männer den Rum, den diese Boote mitführten, um aus dem kalten Wasser gefischte Flugzeugbesatzungen aufzumuntern. Die Folge war, daß viele von ihnen unsicher auf den Beinen wankten, als sie endlich an Land gelassen wurden. Um die Schmach vollkommen zu machen, wurden sie von der Militärpolizei wegen des Verdachts der Desertion festgenommen. Das war sicherlich nicht die Heldenbegrüßung, die manch einer von ihnen sich ausgemalt haben mochte.

Nach diesem Debakel erkannte das Kriegsministerium, daß für Rekrutierung, Ausbildung und Ausrüstung besondere Vorbereitungen getroffen werden müßten, wenn Churchills Forderung nach einer „Schreckensherrschaft entlang den feindlichen Küsten" jemals in Erfüllung gehen sollte. Rundschreiben ergingen an alle militärischen Kommandostellen, in denen Freiwillige für gefährliche Dienste von nicht näher erläuterter Natur gesucht wurden. Die potentiellen Interessenten wurden darauf hingewiesen, daß sie sich an „längere Dienstzeiten, mehr Arbeit und weniger Ruheperioden als die regulären Angehörigen der Streitkräfte Seiner Majestät" würden gewöhnen müssen; daß sie überdies „Vollkommenheit in allen militärischen Anwendungen des Pfadfinderwesens erreichen müßten – das hieß in der Fähigkeit, sich anzuschleichen, bei Tag und Nacht in jedem Gelände sich leise und ungesehen zu bewegen und sich längere Zeit hindurch aus der Natur zu ernähren".

Tatsächlich waren die Qualifikationen der Leute, nach denen Clarke Ausschau hielt, durchaus nicht auf die im Rundschreiben aufgeführten begrenzt. Er suchte Männer, so schrieb er, mit „den Eigenschaften eines elisabethanischen Piraten, eines Chicagoer

Von Schottland und England operierende Kommandoeinheiten führten zwischen Juni 1940 und März 1942 mehrere überfallartige Landeunternehmen an den von deutschen Truppen besetzten Küsten Norwegens und Frankreichs durch. Die Ziele in Norwegen waren Fischölfabriken und militärische Anlagen auf den Lofoten und Vågsøy am Nordfjord. In Frankreich galten die Aktionen Küstenbefestigungen bei Boulogne, einem Flugplatz auf Guernsey, einer Radarstation bei Bruneval und einem Dock im Hafen von Saint-Nazaire.

Gangsters und eines mit der Natur verwachsenen Stammeskriegers, verbunden mit der Tüchtigkeit, Zuverlässigkeit und Disziplin des besten Berufssoldaten".

Die Antwort aus der Armee, die ihre Niederlage von Dünkirchen noch nicht verschmerzt hatte und nach Vergeltung lechzte, war überwältigend. Während eine Flut von Anträgen einging, fand im Londoner Haus von Constantia Rumbold, der Tochter eines Diplomaten, die Clarke als freiwillige Mitarbeiterin half, eine Serie von geheimen Besprechungen statt. Dort arbeiteten Clarke und andere Planer des Kriegsministeriums Organisation und Einsatzmöglichkeiten der Kommandoeinheiten aus. Aus Gründen der Geheimhaltung kamen alle Offiziere in Zivil zu den Besprechungen und gaben sich gegenüber dem Butler, der die Tür öffnete, als Mitglieder eines Wohltätigkeitsvereins aus.

Clarke war von Anfang an entschlossen, auf die herkömmlichen militärischen Dienstvorschriften und Bestimmungen zu verzichten. Um Unabhängigkeit und Selbstvertrauen der Männer zu stärken, schlug er vor, daß die Angehörigen von Kommandotruppen nicht in Kasernen untergebracht und keine Kantinenverpflegung erhalten sollten. Statt dessen sollte jeder Mann vom Tag seines Eintritts in die Truppe eine Soldzulage erhalten und für seine Unterkunft und Verpflegung selbst verantwortlich sein. Zur allgemeinen Überraschung stimmte das Kriegsministerium zu. Für Offiziere konnte die Zulage bis zu 13 Shilling und vier Pence betragen – kein geringer Betrag für die damalige Zeit, da man für sechs Shilling am Tag ein anständiges Zimmer bekommen konnte.

Der Angehörige einer Kommandoeinheit konnte wohnen, wie es ihm beliebte; er konnte ein Hotelzimmer nehmen oder ein Privatquartier suchen. Wie sich in der Folge zeigte, gab es eine ganze Menge Zivilisten, die eifrig bemüht waren, ihren Teil zu den Kriegsanstrengungen beizutragen, so daß mancher Soldat bei einer gastfreundlichen Familie, die genug Platz hatte, kostenlose Unterkunft und Verpflegung bekam und er die ganze Soldzulage einstekken konnte. Einer von ihnen sagte später rückblickend: „Für den Rest des Krieges war ich liquide."

Es war nicht verwunderlich, daß Clarkes Vorschläge den militärischen Traditionalisten keine Freude bereiteten, und die Konzeption der Kommandos erfuhr herbe Kritik von vielen Offizieren, die sich beklagten, daß die Bildung einer sogenannten Elitetruppe die besten Leute aus ihren Einheiten herausziehen würde. Diese neue Organisation, so argumentierten sie, könne nichts tun, was ihre regulären Einheiten nicht auch leisten könnten.

Das zweite Kommandounternehmen schien den Bedenken der Traditionalisten des stehenden Heeres recht zu geben. Zweck des Unternehmens war ein Handstreich gegen den Flugplatz Le Bourg auf Guernsey, einer der Kanalinseln. Die Briten hofften den Flugplatz durch ihren Überfall unbrauchbar machen zu können, so daß er als vorgeschobener Stützpunkt für deutsche Jagdflugzeuge während der erwarteten Invasion Englands ausfiele.

Zwei Zerstörer, die *Scimitar* und die *Saladin,* sollten die aus 32 Offizieren und 107 Soldaten bestehende Kommandoeinheit ans Ziel bringen. In der Nacht zum 15. Juli stiegen die Männer bei kabbeliger See vor der Küste Guernseys von den Zerstörern in ihre Landungsboote um. Sofort begannen die Schwierigkeiten. Zur Abwehr von Magnetminen waren die Landungsboote kurz zuvor mit einer besonderen elektrischen Verdrahtung ausgestattet worden, doch hatte diese das unerwartete Ergebnis, daß starke Mißweisungen auftraten. Die Folge davon war, daß eine Bootsladung Soldaten zuversichtlich den vorbestimmten Strandabschnitt ansteuerte und sich statt dessen den Klippen von Sark gegenübersah, einer Insel elf Kilometer östlich von Guernsey. Ein weiteres Landungsboot mußte wegen eines Motorschadens umkehren.

Schließlich gelangten 40 Mann unter dem Befehl des damaligen Oberstleutnants John Durnford-Slater ans Ufer – aber nur mit knapper Not. „Ich sprang ins brusttiefe Wasser", erinnerte sich Durnford-Slater später. „Eine Welle traf mich ins Genick und stieß mich vorwärts, so daß ich über einen Felsbrocken stolperte. Ringsum kämpften Offiziere und Mannschaften gegen die Dünung, wurden umgerissen und kamen prustend wieder hoch. Ich bezweif-

Brigadegeneral John Durnford-Slater, der mehrere frühe Kommandounternehmungen anführte, strahlt das ruhige Selbstbewußtsein aus, das für solche gewagten Aktionen notwendig war. „Es ist der beste Job in der ganzen Armee", sagte ein anderer Offizier und fügte hinzu: „Es ist etwas Revolutionäres."

le, daß auch nur ein einziger eine trockene Waffe besaß. Am Ufer angelangt, lösten wir die Gurte unserer Kampfanzüge, um das Seewasser herauszulassen."

Nachdem sie sich aufgerappelt hatten, stürmten die ramponierten Mitglieder des Stoßtrupps eine lange Flucht von Betonstufen zum Steilufer hinauf und hielten auf den Flugplatz zu. Sie fanden ihn vollständig verlassen und offensichtlich unbenutzt. Die Truppenunterkünfte in der Nähe, in denen sie deutsche Luftwaffeneinheiten vermutet hatten, standen leer. Verwirrt suchten sie nun die Jerbourg-Halbinsel im Südosten Guernseys ab, fanden aber nichts. Als sie zum Strand zurückkehrten, hatten zunehmende Dünung und donnernde Brandung das Landungsfahrzeug zum Rückzug vom Ufer gezwungen. Die glücklosen Teilnehmer der Aktion versuchten in kleineren Gruppen in einem Beiboot zum Landungsfahrzeug hinauszurudern, aber es kenterte bereits nach wenigen Fahrten und wurde auf den Felsen zertrümmert. Wer am Ufer zurückgeblieben war, mußte schwimmen.

Durnford-Slater gab sich über das Abenteuer keinen Illusionen hin. „Das Unternehmen war ein lächerlicher, beinahe komischer Fehlschlag. Wir hatten keine Gefangenen gemacht. Wir hatten keinen ernstlichen Schaden angerichtet. Wir hatten dem Feind keine Verluste zugefügt. Wir hatten drei Telegraphenleitungen unterbrochen; ein vierzehnjähriger Junge hätte das gleiche tun können. Auf der anderen Seite sammelten wir Erfahrungen und lernten, wie man es nicht machen soll."

Trotz der komödienhaften Aspekte der beiden ersten Unternehmungen hielt Churchills Begeisterung für die Kommandotruppen an. Am 17. Juli 1940 wurde Großadmiral Sir Roger Keyes zum Direktor der Amphibischen Operationen ernannt, einer neuen Organisation, die eingerichtet worden war, um alle Kommandounternehmen zu leiten und mit den Operationen von Marine und Luftwaffe zu koordinieren. Keyes war ein stachliger, eigensinniger alter Krieger, der seit seiner Jugend in der Kriegsmarine gedient hatte. Obendrein war er Abgeordneter, der im Parlament den Wahlkreis Portsmouth vertrat und in dieser Funktion häufig die Kriegführung kritisiert hatte. Aber er war sehr beliebt bei der Bevölkerung, die ihn als den „Helden von Zeebrugge" kannte, seit er 1918 einen verwegenen Überfall auf die von den Deutschen gehaltene belgische Hafenstadt geleitet hatte.

Keyes hatte ehrgeizige Pläne für die Kommandos: Er beabsichtigte, sie in großangelegten Operationen einzusetzen, die ihnen ähnlichen Ruhm wie den eintragen sollten, den er in Zeebrugge errungen hatte. Das war angesichts der Knappheit an Waffen und Ausrüstungen kein leicht erreichbares Ziel, aber er zeigte sich optimistisch, daß das notwendige Material schon bereitstünde, sobald seine Truppe aufgestellt, ausgebildet und einsatzbereit wäre. Dabei unterschätzte Keyes freilich die Verstimmung, die in weiten Kreisen der drei Waffengattungen wegen der Neugründung herrschte. Die Bürokraten im Kriegsministerium dachten nicht daran, diese liederliche, irreguläre und unkonventionelle Organisation, wie sie sie nannten, zu beliefern. Keyes wütete und schlug mit der Faust auf den Tisch, kam aber nicht weiter.

An diesem Punkt schaltete sich Churchill wieder ein. Am 25. August schrieb er an Anthony Eden, den Kriegsminister. „Ich höre, daß die ganze Position der Kommandos in Frage gestellt wird", begann er. „Darum dachte ich, daß ich Ihnen schreiben sollte, um Sie wissen zu lassen, wie sehr mich solche Tendenzen erregen. Es wird zweifellos viele Gelegenheiten zu kleineren Operationen geben, die allesamt von überraschenden Landungen leicht ausgerüsteter, beweglicher Streitkräfte abhängen werden, die gewohnt sind, wie Wolfsrudel zu arbeiten, statt in der schwerfälligen Art und Weise bewegt zu werden, die bei regulären Formationen üblich ist. Aus diesem Grund spricht alles dafür, daß wir die Idee der Sturmtruppen oder Kommandos weiterentwickeln müssen." Auf Churchills Aufforderung hin gab Eden Befehl, das Kommando-Programm zu beschleunigen.

Im Oktober 1940 betrug die Zahl der Freiwilligen für die nun Special Service Brigade genannte Truppe etwa 2000 Mann. Mit dem Wachstum der Brigade wurde sie in Einheiten organisiert, die Kommandos genannt und von eins bis zwölf numeriert wurden. Jedes Kommando war wiederum in „Trupps" gegliedert; die Sollstärke eines solchen Trupps betrug 50 Mann. Im weiteren Verlauf des Krieges nahm die Zahl der Kommandoeinheiten zu, und die Größe der einzelnen Einheiten variierte von einer Handvoll bis zu 100 und mehr Soldaten. Die neuaufgestellten Verbände unterzogen sich mit Begeisterung einer Schnellausbildung, deren Programm

Der britische Premierminister Winston Churchill und Großadmiral Sir Roger Keyes, Chef der britischen Kommandotruppe, verbergen ihre hochgesteckten Erwartungen hinter zweifelnden Mienen, während sie eine Übung in den schottischen Bergen verfolgen. Beide traten für die neue Spezialtruppe ein, hatten aber Mühe, vom Kriegsministerium Mittel für sie zu erhalten.

Angriffstechniken, Gewaltmärsche und Übungen amphibischer Landungsmanöver umfaßte. Die Ausbildungslager waren über das ganze Schottische Hochland verstreut. „Wir übten Tag und Nacht", erinnerte sich Peter Young vom Kommando Nr. 3. Jeder Trupp sprang abwechselnd mit den anderen aus einem Landungsfahrzeug, stürzte zum Ufer und wieder zurück. „Es dauerte nicht lange", sagte Young, „und 30 vollbewaffnete Soldaten konnten in ungefähr 15 Sekunden von Bord springen und den Strand hinauf in die nächste Deckung rennen."

„Es war eine Schufterei", sagte Durnford-Slater. „Früh um 8 Uhr fingen wir mit den Landeübungen an, dann folgten Ausbildung im Gelände, Marschieren, Schießen und Kletterübungen an den Felsflanken der Hügel. Außerdem gab es Hindernisläufe und Nahkampfausbildung, zu der neben Ringkampf der Umgang mit Dolch und Pistole gehörte und die von zwei ehemaligen Polizisten aus Shanghai geleitet wurde. Wir lernten Einbruchsmethoden, Handgranatenwerfen und die Handhabung von Maschinenpistolen. Ein normaler Tagesdrill endete normalerweise bei Anbruch der Dunkelheit, aber wenigstens dreimal wöchentlich waren die Männer auch bei Nacht unterwegs."

Die Ausbildung war ganz nach dem Geschmack von Männern mit Tatendrang, aber der ersehnte Kriegseinsatz ließ auf sich warten. Schließlich machte Keyes zwei Vorschläge, um seinen Kommandoeinheiten zur Bewährungsprobe zu verhelfen. Der erste Plan war die Besetzung der portugiesischen Azoren. Sollte Spanien sich Deutschland anschließen und damit das Mittelmeer für alle Geleitzüge zum Nahen und Mittleren Osten sperren, würde eine Basis auf den Azoren zur Sicherung der Schiffahrtswege durch den Südatlantik und um das Kap der Guten Hoffnung nützlich sein. Voll ungeduldiger Erwartung begannen fünf Kommandoeinheiten ein intensives vorbereitendes Training in Inveraray, Schottland. Aber nach Wochen gespannten Wartens wurde ihnen mitgeteilt, daß der Angriff auf unbestimmte Zeit verschoben sei.

Der nächste Plan war die Eroberung Pantellerias, einer italienischen Insel zwischen Sizilien und Tunesien, um den Briten eine weitere Basis im Mittelmeer zu verschaffen. Keyes überredete den Premierminister, ihn mit der persönlichen Leitung der Pantelleria-Operation zu beauftragen, und war voller Zuversicht und Freude über die Aussicht. 2000 Kommandos übten beharrlich für die Landeoperation und rechneten bis in den Dezember hinein täglich mit dem Befehl zur Einschiffung. Dann wurde die Operation im letzten Augenblick abgesagt.

Die Enttäuschung begann sich auf die Moral der Männer auszuwirken. Sie murrten, und die Fälle von Trunkenheit und Disziplinlosigkeit mehrten sich. In einem zu dieser Zeit verfaßten Bericht schrieb Brigadegeneral J. Charles Haydon, Kommandeur der Special Service Brigade: „Die große anfängliche Begeisterung ist aufgrund der wiederholten Verschiebungen erwarteter Einsätze verflogen oder zumindest stark gedämpft. Gleichzeitig breitet sich unter den Männern Unzufriedenheit aus, die zum Teil auf diese Verzögerungen zurückzuführen ist, zum Teil aber auch auf das ständige Hin- und Herscheuchen, das Ein- und Ausschiffen, die Quartierwechsel und so weiter. Mit einem Wort, es herrscht eine Stimmung von Unzufriedenheit und Frustration."

Im Februar 1941 wurden die Kommandeure der Kommandos Nr. 3 und 4 endlich zu einer Einsatzbesprechung in das Strand-Hotel der schottischen Stadt Troon gebeten und über die Lofoten ins Bild gesetzt, eine Gruppe gebirgiger Inseln, die nördlich des Polarkreises der norwegischen Küste vorgelagert sind. Auf den Lofoten verarbeiteten Fabriken Herings- und Dorschöl zu Glyzerin, das für die deutsche Sprengstoffproduktion verwendet wurde. Außerdem wurden daraus Vitamin A- und B-Tabletten für die Wehrmacht hergestellt. Das britische Kriegsministerium hatte beschlossen, zur Sprengung dieser Fabriken Kommandoeinheiten auf die Lofoten zu schicken. Und diesmal gab es keinen Aufschub.

Am 1. März 1941, gegen Mitternacht, verließen zwei ehemalige Kanalfähren, die *Queen Emma* und die *Princess Beatrix,* die zu Truppentransportern umgebaut worden waren, in Begleitung von fünf Zerstörern die Bucht von Scapa Flow auf den Orkney-Inseln. An Bord der Schiffe waren 500 Mann der Kommandotruppe, eine Pionierabteilung und ein Zug aus 52 norwegischen Freiwilligen. Während der dreitägigen Reise litten viele Männer unter Seekrankheit, weil die Dampfer in den stürmischen nördlichen Gewässern schlingerten und stampften.

Am Abend des 3. März wurden die Leuchtfeuer der Lofoten gesichtet. Am nächsten Morgen um 4 Uhr früh, im schwachen Licht des ersten Morgengrauens, wurden die Landungsfahrzeuge mit den Kommandotruppen zu Wasser gelassen und liefen auf die zwei Inseln zu, auf denen die Fabriken standen. Es war ein eisiger Morgen. Ein Offizier hatte sich vorsorglich mit zwei Unterhemden, zwei Pullovern, Hemd und Jacke sowie einem gefütterten Mantel, wollenen Hosen, wollenen Socken und pelzgefütterten Stiefeln ausstaffiert und klagte dennoch über die Kälte.

Obwohl sie keine Anzeichen feindlicher Aktivität am Ufer sahen, hatten die Angreifer allen Grund zu der Annahme, daß ihre Landung auf Widerstand stoßen würde. „Wir rechneten alle mit einem Hinterhalt, als wir uns den Kaianlagen näherten", berichtete später Peter Young, der den Trupp Nr. 6 befehligte. „Um so größer war unsere Überraschung, als Norweger beiderlei Geschlechts in Mengen am Hafen zusammenliefen, die Hände nach Gepäck und Waffen ausstreckten und uns die Kaimauer hinaufzogen." Der Empfang war nichtsdestoweniger willkommen. Der einzige Widerstand wurde von einem bewaffneten deutschen Fischdampfer

SCHNELLFEUERWAFFEN FÜR EINZELKÄMPFER

Für die überfallartigen Unternehmungen, auf die sie spezialisiert waren, benötigten die britischen Kommandotruppen eine Waffe, die leicht und handlich war und eine hohe Schußfolge hatte. Diesen Anforderungen entsprachen die Thompson-Maschinenpistole und die Sten-Maschinenpistole (unten). Die Thompson-Maschinenpistole war eine Schöpfung General John T. Thompsons, der im Ersten Weltkrieg bei der Feldzeugtruppe der US-Armee diente. Er wollte eine automatisch feuernde Waffe, die zugleich aber auch handlich genug war, daß sie von Soldaten auf dem Marsch wie im Feld mitgeführt werden konnte. 1917 hatte er eine solche Waffe entwickelt. Sie wog mit Magazin nur fünf Kilogramm.

Thompsons Erfindung kam zu spät, als daß sie im Ersten Weltkrieg noch hätte Verwendung finden können; infolgedessen geriet sie zunächst in Vergessenheit. Es dauerte fast ein Jahrzehnt, bis sie – ausgerechnet von Chicagoer Gangstern – entdeckt wurde. Als die Waffe bald darauf in den Zeitungsberichten über die Gangster Berühmtheit erlangte, wurde sie in den angelsächsischen Ländern unter der Kurzbezeichnung *Tommy gun* bekannt.

Da es in Friedenszeiten keinen besonders drängenden Anreiz zur Modernisierung der Armeen gab, ließ die Einführung der neuen Waffe weiter auf sich warten. Nach 1940, als die erste Kommandoeinheit aufgestellt wurde, besaß die ganze britische Armee nur 40 Thompson-Maschinenpistolen. Jede war handgefertigt, und mit 225 Dollar pro Stück war der Preis hoch.

Zwei Ingenieure, Major Reginald V. Shepherd und Harold J. Turpin von der Königlichen Hand-

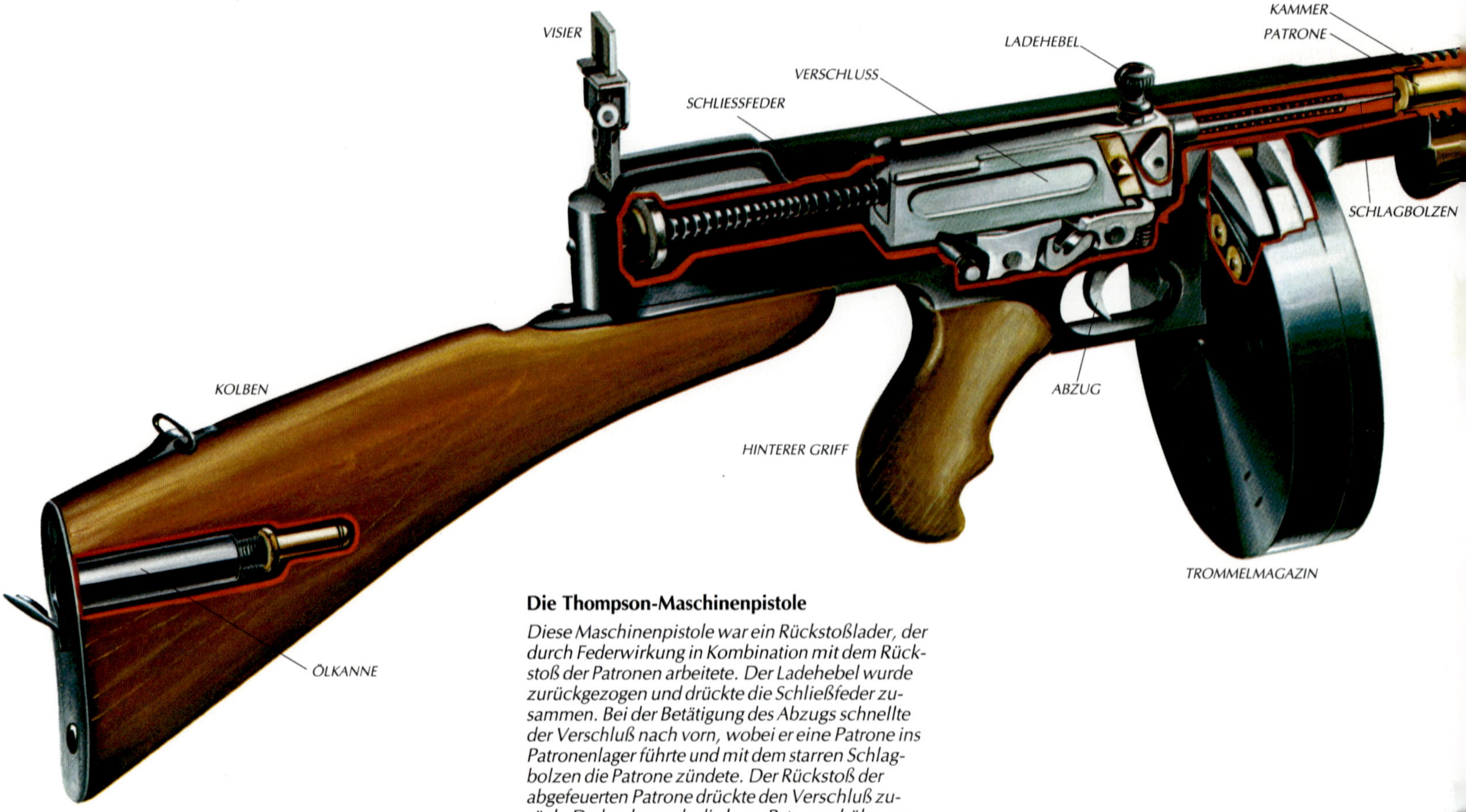

Die Thompson-Maschinenpistole

Diese Maschinenpistole war ein Rückstoßlader, der durch Federwirkung in Kombination mit dem Rückstoß der Patronen arbeitete. Der Ladehebel wurde zurückgezogen und drückte die Schließfeder zusammen. Bei der Betätigung des Abzugs schnellte der Verschluß nach vorn, wobei er eine Patrone ins Patronenlager führte und mit dem starren Schlagbolzen die Patrone zündete. Der Rückstoß der abgefeuerten Patrone drückte den Verschluß zurück. Dadurch wurde die leere Patronenhülse ausgeworfen, eine neue Patrone zugeführt und die Schließfeder wieder gespannt. Die Mündungsfeuerbremse begegnete einer Tendenz des Laufes, sich beim Feuern zu heben; sie lenkte entweichendes Gas aufwärts, was den Lauf niederdrückte.

feuerwaffenfabrik in Enfield, entwickelten eine Alternative. Ihre Version war fast zwei Kilogramm leichter und verzichtete auf Dinge wie eine im Schaft verborgene Ölkanne. Ihr größter Vorzug war, daß sie aus nur 24 Teilen bestand und für weniger als 15 Dollar pro Stück massenproduziert werden konnte. Die Waffe wurde als die Sten bekannt, eine Zusammensetzung der Initialen der Erfindernamen und der ersten beiden Buchstaben von Enfield. Es dauerte nicht lange, und die britischen Kommandotruppen und andere Kräfte waren mit Stens oder eng verwandten Nachahmungen ausgerüstet.

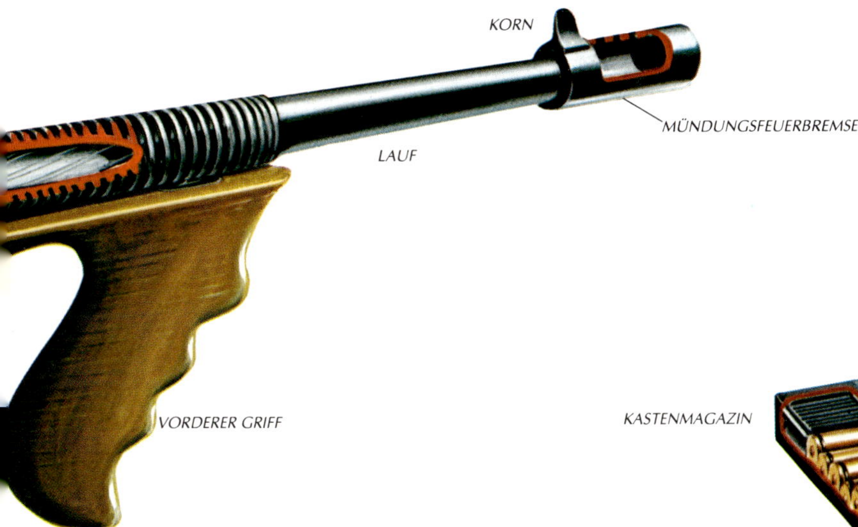

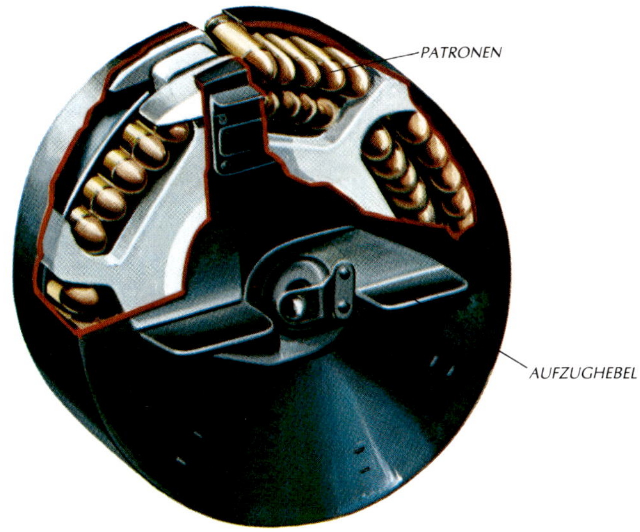

Das Trommelmagazin

Das Magazin der Thompson-Maschinenpistole enthielt eine Bandfeder, die bis zu 50 Patronen in einer Spirale zur oberen Öffnung beförderte; dann stieß der Verschluß die Patronen in die Kammer. War das Magazin leer, wurde es durch ein volles ersetzt, und die Feder wurde mit dem Aufzughebel gespannt.

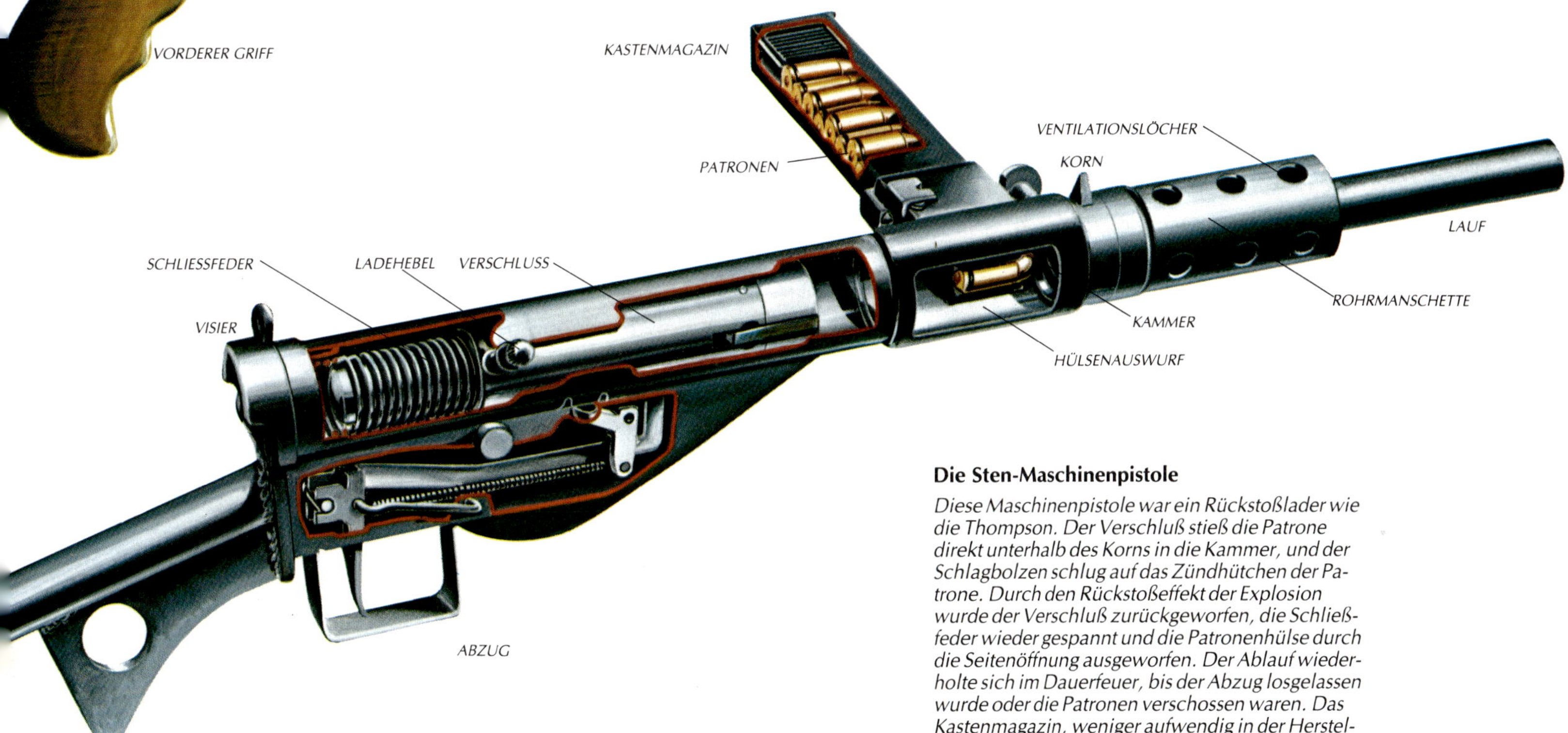

Die Sten-Maschinenpistole

Diese Maschinenpistole war ein Rückstoßlader wie die Thompson. Der Verschluß stieß die Patrone direkt unterhalb des Korns in die Kammer, und der Schlagbolzen schlug auf das Zündhütchen der Patrone. Durch den Rückstoßeffekt der Explosion wurde der Verschluß zurückgeworfen, die Schließfeder wieder gespannt und die Patronenhülse durch die Seitenöffnung ausgeworfen. Der Ablauf wiederholte sich im Dauerfeuer, bis der Abzug losgelassen wurde oder die Patronen verschossen waren. Das Kastenmagazin, weniger aufwendig in der Herstellung als das Trommelmagazin der Thompson-MP, führte 32 Patronen. Die mit Belüftungslöchern zur Kühlung von Kammer und Lauf perforierte Rohrmanschette diente als vorderer Handgriff.

namens *Krebs* geleistet, der in mutiger Aufopferung allein auslief, um den Zerstörern ein Gefecht zu liefern. Er wurde rasch in Brand geschossen und versenkt.

Die Kommandos besetzten das Postamt mit der Telegraphenstation und begannen Deutsche (vorwiegend Seeleute der Handelsmarine) und norwegische Kollaborateure zusammenzutreiben, die ihnen von den Bewohnern des Ortes genannt wurden. Unterdessen verrichteten die Pioniere ihre Arbeit. Ohrenbetäubende Explosionen krachten, und fettiger, schwarzer Qualm stieg zum Himmel, als die Fischölfabriken und Lagertanks mit mehr als 3 000 000 Litern Fischöl in Flammen aufgingen. Fünf kleine Handelsschiffe wurden von der sich ausbreitenden Feuersbrunst zerstört. Leutnant R. L. Wills von den Kommandotruppen gab in der Telegraphenstation ein an A. Hitler, Berlin, adressiertes Telegramm auf: „In Ihrer letzten Rede sagten Sie, deutsche Truppen würden die Engländer empfangen, wo sie auch landeten. Wo sind Ihre Truppen?"

Am frühen Nachmittag kehrten die Soldaten zu ihren Landungsbooten zurück. Als die Schiffe ausliefen, versammelten sich die Bewohner der Stadt, die – obwohl sie die wichtigste Quelle ihres Lebensunterhalts vernichtet sahen – erfreut über die Zerstörungsaktion waren, am Kai und sangen die norwegische Nationalhymne. 314 von ihnen, darunter acht Frauen, hatten sich aus freien Stücken den Kommandos angeschlossen, um mit ihnen nach Großbritannien zu gehen und sich dort in die norwegischen Streitkräfte aufnehmen zu lassen, die es im April 1940 vorgezogen hatten, mit den Engländern zu fliehen, statt sich den vorrückenden Deutschen zu ergeben. An Bord waren ferner 216 deutsche und norwegische Gefangene. Das ganze Unternehmen hatte auf britischer Seite nur einen Verletzten gefordert – einen Offizier, der sich versehentlich mit seiner eigenen Pistole, die er in der Hosentasche trug, in den Oberschenkel geschossen hatte.

Der Überfall auf die Lofoten war ein voller Erfolg gewesen, doch für Sir Roger Keyes braute sich Unheil zusammen. Im April 1941 billigte Premierminister Churchill Pläne zur Besetzung der Kanarischen Inseln durch Kommandotruppen, um britische Geleitzüge auf der Fahrt zum Südatlantik zu schützen. Aber die Wochen wurden zu Monaten, und es gab keine Anzeichen dafür, daß die Operation eingeleitet werden sollte. Keyes wurde mit jedem Tag ärgerlicher über das – seiner Meinung nach unnötige – Zaudern der Bürokraten im Kriegsministerium.

Im August sollte vor den Augen König Georges VI. in Scapa Flow ein Landemanöver stattfinden. Die Übung war ein Fiasko. Der Funkverkehr brach zusammen, am Strand staute sich das Material, und die Männer zeigten herzlich wenig von ihren vielgerühmten Fähigkeiten. Die Aktion zur Übernahme der Kanarischen Inseln wurde – wohl auch aus außenpolitischen Rücksichten – auf unbestimmte Zeit verschoben.

Mittlerweile hatten sich die Beziehungen zwischen Keyes und den führenden Offizieren des Heeres und der Marine ernstlich verschlechtert; Keyes begann sich sogar zu beklagen, daß jüngere Offiziere in der Admiralität gegen ihn Komplotte schmiedeten. Ende September wurde Keyes' Amtstitel geändert: Statt Direktor der Amphibischen Operationen war er nun „Berater" – ein Schachzug, der darauf angelegt war, den stolzen Admiral in Rage zu bringen. Er legte sein Amt nieder und teilte dem Premierminister indigniert mit, daß er eine solche „drastische Herabsetzung in Status und Rang" nicht hinnehmen könne.

Bald darauf hielt Keyes in einer Rede vor dem Unterhaus bittere Abrechnung, in deren Verlauf er erklärte, daß man „jede lohnende Angriffsaktion verhinderte, die ich zu unternehmen versuchte", und über die „negativen Kräfte" herzog, die das Kriegsministerium beherrschten. „Große Führer der Vergangenheit", sagte er, „haben stets den Wert des Zeitfaktors im Kriege hervorgehoben: Die Zeit verrinnt, und solange Zaudern und Saumseligkeit die Politik des Kriegsministeriums bestimmen, werden wir in diesem Krieg auch weiterhin eine günstige Gelegenheit nach der anderen versäumen."

Als ein Nachfolger für Keyes gesucht wurde, traf Churchill eine Wahl, die die Männer der Kommandoeinheiten überraschte und erfreute: Kapitän zur See Lord Louis Mountbatten *(S. 166–177)*. Er war ein Mann, der wie Keyes die Gemüter in Wallung zu bringen

Peter Young, hier als Oberst und mit dem grünen Barett der Kommandotruppen, nahm schon 1940 als Leutnant am ersten Kommandounternehmen auf der Insel Guernsey teil und kämpfte in vielen späteren Operationen von Norwegen bis Burma – mehr als jeder andere Angehörige der Kommandoeinheiten.

Von einem Hafenkai in Svolvær auf den Lofoten beobachten drei britische Kommandosoldaten im März 1941 brennende Fischöltanks. Fabriken auf den Lofoten erzeugten die Hälfte des norwegischen Fischöls und verarbeiteten einen großen Teil davon zu Glyzerin für die Herstellung deutscher Sprengstoffe.

vermochte, aber aus anderen Gründen. Reich, gutaussehend, ein Vetter des Königs, ein guter Polospieler und Mitglied der feinen Londoner Gesellschaft, wurde Mountbatten von manchen als ein Playboy und Dilettant betrachtet. Für andere aber war er ein schneidiger Marineoffizier und eine Führernatur, die beinahe unweigerlich die Bewunderung seiner Untergebenen weckte. Auch hatte er die Fähigkeit – und die Verbindungen –, den bürokratischen Weg zu überspringen und Dinge in Bewegung zu bringen.

Mountbatten war kurz zuvor aus dem Mittelmeerraum zurückgekehrt, wo er mit knapper Not die Versenkung seines Zerstörers *Kelly* überlebt hatte. Nun, als Chef der Amphibischen Operationen, erhielt er den zeitweiligen Rang eines Vizeadmirals der Royal Navy und gleichzeitig die Ehrenränge eines Generalleutnants des Heeres und eines Luftmarschalls der Royal Air Force. Die neuen Titel waren mehr als bloßer Glanz; sie unterstrichen die Notwendigkeit, alle drei Teilstreitkräfte zur Unterstützung von großangelegten Kommandounternehmen einzusetzen.

Die Zusammenarbeit der Teilstreitkräfte wurde im Dezember 1941 im ersten größeren amphibischen Unternehmen des Krieges auf die Probe gestellt. Ziel der Operation war Vågsøy, eine kleine norwegische Insel an der Mündung des Nordfjords zwischen Bergen und Trondheim. Der Zweck der Operation war, wie schon im Fall des Angriffs auf die Lofoten, hauptsächlich wirtschaftlicher Natur: Es sollten Fischölfabriken zerstört und der Handelsschiffahrt im norwegischen Küstenbereich ein Schlag versetzt werden. Die deutsche Führung aber hatte aus der Lofotenaktion gelernt und Vågsøy mit Küstenbatterien und einer kleinen Garnison versehen; aus diesem Grund war kaum mit einer unbehinderten Landung zu rechnen. Nach dem Plan sollte eine Kommandoeinheit das Dorf Sør-Vågsøy angreifen und lange genug halten, bis eine andere die Fabriken gesprengt hätte. Zuvor aber mußten die Küstenartillerie und die Flakbatterien auf Måløy, einer winzigen Insel, die den Kanal zwischen Vågsøy und dem norwegischen Festland schützte, zum Schweigen gebracht werden.

Ein wesentlicher Bestandteil der Operation war die enge Zusammenarbeit mit der Royal Navy und der Royal Air Force. Vor der Landung sollten Hampden-Bomber nahe gelegene deutsche Feldflugplätze bombardieren, und ein Kreuzer sowie vier Zerstörer sollten die deutsche Küstenartillerie auf Vågsøy und Måløy unter Feuer nehmen. Während des Landeunternehmens sollten leichte Kampfflugzeuge der Typen Blenheim und Beaufighter Feuerschutz geben und den Luftraum freihalten. Die Truppe bestand aus 576 Männern der Kommandos Nr. 2 und 3; dazu kamen Pioniere, Sanitätspersonal und eine norwegische Abteilung. Als Angriffsdatum wurde der 26. Dezember 1941 festgesetzt, wenn die Deutschen nach den Weihnachtsfeiern vielleicht ausruhten.

Mountbatten kam nach Scapa Flow, um die Kommandotruppe zu verabschieden. „Dies ist das erstemal, daß ich Leute in den Kampf schicke, ohne selbst mitzugehen“, sagte er in seiner Ansprache,

„und ich kann nicht sagen, daß es mir gefällt." Anschließend erzählte er, daß er einige Monate zuvor, als sein Zerstörer bei der Evakuierung Kretas tödlich getroffen war, erlebt hatte, wie deutsche Flugzeuge auf die im Wasser schwimmenden Schiffbrüchigen mit Bordwaffen geschossen hätten. „Es besteht absolut keine Notwendigkeit, die Deutschen um meinetwillen freundlich zu behandeln", sagte er. „Euch allen viel Glück."

Am Heiligabend lief die Kampftruppe um 21.15 Uhr mit sieben Schiffen von Scapa Flow aus und fuhr direkt in einen Sturm, der vom Nordatlantik ostwärts zog. Der Sturm zwang den Verband zum Anlaufen der Shetland-Inseln und verzögerte den Angriff um 24 Stunden. Als die Schiffe in den frühen Stunden des 27. Dezember vor Vågsøy anlangten, war die See ruhig.

Major Robert Henriques war auf der Brücke des Kreuzers *Kenya,* als der Verband sich dem Ziel näherte. „Es war ein sehr unheimliches Gefühl, langsam und in absoluter Stille in den Fjord einzulaufen", erinnerte er sich. „Ich fragte mich, was geschehen würde, denn es schien, daß das Schiff sein eigentliches Element verlassen hatte, daß es nicht länger ein freies Schiff auf See war. Hier und dort sah ich kleine Häuser, in denen Licht brannte, und überlegte, ob dieses oder jenes Licht plötzlich ausgeschaltet worden sei, weil der Feind uns ausgemacht hatte, oder ob es weiterbrennen würde, weil ein norwegischer Fischer gerade aufstand, um seinen Tag zu beginnen. Mit genau einer Minute Verspätung wurden die Landungsfahrzeuge zu Wasser gelassen und durch das Glas beobachtet: schwarze Käfer, die im Schatten der Berge über das schwarze Wasser des Fjords krabbelten."

Ein deutscher Wachtposten, der einige Kilometer südlich von Vågsøy seinen Dienst an der Fjordküste versah, bemerkte die einlaufenden Schiffe als erster. Er rief den Garnisonskommandanten von Vågsøy an, bekam aber keine Verbindung; der Hauptmann rasierte sich gerade, und sein Bursche war zu beschäftigt, die Stiefel des Hauptmanns zu putzen, um den Hörer abzunehmen. Darauf rief der Wachtposten das Büro des Hafenkapitäns in Sør-Vågsøy an und meldete, daß sieben verdunkelte Schiffe ohne Positionslichter in den Fjord einliefen. Er bekam den Bescheid, er solle sich nicht sorgen: Ein kleines Geleit werde erwartet. Als der Wachtposten darauf hinwies, daß die Schiffe nicht wie Handelsschiffe aussähen, wurde er der Trunkenheit beschuldigt.

Der gewissenhafte Wachtposten versuchte es noch einmal. Er setzte eine Meldung auf – „Unbekannte Kriegsschiffe laufen in den Fjord ein" – und gab sie einem Signalgast, damit dieser sie mit dem Blinkgerät an die Marinesignalstation auf Måløy weitergebe. Sofort nach Erhalt der Meldung sprang der Signalgast überraschenderweise in ein Ruderboot, um sie persönlich bei der Kommandostelle der Kriegsmarine im Hotel Hagen in Sør-Vågsøy abzuliefern. Dort wurde er gefragt, ob er die Küstenbatterie von Måløy alarmiert habe. Er verneinte und gab als Begründung an: „Das ist eine Heeresbatterie, und dies ist eine Meldung der Marine."

In dieser Minute, um 8.48 Uhr, wurden alle Zweifel hinsichtlich der unbekannten Schiffe zerstreut. Die 15-cm-Geschütze der *Kenya* eröffneten das Feuer, und eine Granatsalve explodierte zwischen den Geschützstellungen der Küstenbatterie auf Måløy, wo das Bedienungspersonal sich gerade in einem Raum der Truppenunterkunft versammelt hatte, um dem Vortrag eines Feldwebels über das richtige Verhalten in Anwesenheit eines Offiziers zu lauschen. Zwei Minuten später eröffneten auch die vier Zerstörer das Feuer: Granaten regneten mit einer Frequenz von 50 Schuß pro Minute auf die Küstenbatterie herab, zerstörten die Unterkünfte und drei der vier Geschütze. Im Schutz dieses Granatenhagels brauste die Kommandoeinheit, deren Auftrag die Einnahme der Insel war, in einem Landungsfahrzeug auf das Ufer zu. Sobald die Beschießung endete, kamen die Hampden-Kampfflugzeuge im Tiefflug von der See herein und warfen Rauchbomben. In ihrem Schutz ging die Kommandoeinheit an Land.

Trotz dieses einschüchternden Auftakts leistete die deutsche Garnison auf Måløy tapferen Widerstand, als die Kommandos mit ratternden Maschinenpistolen ausschwärmten. Hauptmann Peter Young und ein Gefreiter namens Harper prallten buchstäblich mit zwei Deutschen zusammen, als sie um eine Ecke kamen. Die Angreifer sprangen in die Deckung zurück, dann wieder heraus und riefen: „Hände hoch!" „Der eine der beiden Deutschen war unbewaffnet, griff aber nach meinem Bajonett", erinnerte sich Young, „und statt es ihm in den Leib zu rennen – was mir nicht in den Sinn kam – zog ich es zurück und erwartete, daß er sich ergeben werde. Statt dessen machte er kehrt und rannte fort, und ich feuerte aus der Hüfte. Ich war ein wenig überrascht, ihn wanken und gegen die Wand einer Baracke sacken zu sehen. Während ich wieder durchlud, hielt Harper mit seiner Maschinenpistole drauf. Im gleichen Augenblick sah Harper, daß der zweite Deutsche aus einer Türöffnung mit der Pistole auf mich zielte. Blitzschnell schwenkte er die MP herum und schoß sein Magazin leer." Das Gefecht dauerte mit unverminderter Heftigkeit bis 9.20 Uhr an; dann war die kleine Insel in den Händen der Angreifer.

Auf Vågsøy hatten sich unterdessen harte Kämpfe entwickelt. Die Kommandos, die Befehl hatten, die kleine Ortschaft Sør-Vågsøy zu nehmen, waren von Anfang an vom Pech verfolgt. Eines der Hampden-Kampfflugzeuge wurde vom Abwehrfeuer der Flak getroffen und entledigte sich in vorzeitigem Notabwurf seiner Phosphor-Rauchbomben. Eine fiel in ein Landungsfahrzeug und tötete oder verwundete die Hälfte der Kommandotruppe an Bord. Und als sie das Ufer erreichten, gerieten die Angreifer sofort ins Abwehrfeuer deutscher Infanterie.

Langsam zogen sich die Deutschen zwischen den Holzhäusern der Stadt zurück, als die Kommandosoldaten mit kurzen Feuerstößen ihrer Maschinenpistolen von Tür zu Tür sprangen und sich durch die schneebedeckten Straßen vorarbeiteten. Rasch gingen die deutschen Infanteristen in Hauseingängen und Fensternischen in Stellung und machten jede Bewegung der Angreifer zu einem unkalkulierbaren Risiko, besonders für die Offiziere an der Spitze des Angriffs. Hauptmann Johnny Giles vom Trupp Nr. 3 kämpfte sich mühsam durch ein großes Haus an der Hauptstraße der Stadt vor, indem er Handgranaten in jedes Zimmer warf. Am Hinterausgang des Gebäudes hielt er eine Sekunde an, um zu entscheiden, wohin er sich als nächstes wenden sollte – und wurde tödlich von einer Kugel getroffen.

Beim Hotel Ulvesund in derselben Straße verloren die Briten zwei weitere Offiziere. Hauptmann Algy Forrester vom Trupp Nr. 4 führte den Angriff gegen das Hotel. Als er auf den Eingang zusprang, eine abgezogene Handgranate wurfbereit in der Hand, traf ihn ein Feuerstoß aus dem Innern des Hotels, und er fiel vornüber auf die Handgranate, welche unter ihm explodierte. Ein zweiter Angriff wurde von dem norwegischen Hauptmann Martin Linge angeführt, der ebenfalls im Eingang erschossen wurde.

Um 10.20 Uhr mußten die auf einem der Schiffe zurückgehaltenen Reserven in den Kampf geworfen werden, um den zähen Widerstand im Stadtzentrum und weiter nördlich zu brechen. Zu diesen Reserven stießen auch Hauptmann Young und sein Trupp, der von Måløy, wo die Kämpfe längst beendet waren, übergesetzt war. „Ich merkte gleich, daß es schlecht stehen mußte", berichtete Young später, „denn als wir in Sør-Vågsøy eintrafen, hörte ich jemanden sagen: ‚Der gute alte Sechser-Trupp.' Unter normalen Umständen hatte niemand ein gutes Wort für uns."

Young stellte fest, daß nur noch einer der beiden ersten in die Stadt eingedrungenen Trupps einen kampffähigen Offizier hatte; infolgedessen war der Angriff steckengeblieben. Die Hauptstraße war praktisch unpassierbar: Auf der einen Seite waren die schneebedeckten Steilhänge des Gebirges, auf der anderen das eisige Wasser des Fjords; die Straße selbst lag unter deutschem Infanteriebeschuß. Young beschloß, sich durch die Lagerhallen entlang den Hafenkais vorzuarbeiten. Während zwei Männer ihm aus den Fenstern eines eroberten Lagerschuppens Feuerschutz gaben, ging Young, von Deckung zu Deckung springend, an der Spitze seines Trupps vor. Nachdem zwei Versuche, ein großes Lagerhaus zu stürmen, das sich fast von der Kaimauer bis zur Hauptstraße erstreckte, gescheitert waren, setzte er kurzentschlossen das Gebäude in Brand. Als die Deutschen, die es gehalten hatten, zuletzt durch Rauch und Flammen ins Freie stolperten, „verschmähten sie ihre Chance, sich zu ergeben", berichtete Young lakonisch. Die Kommandos mähten sie mit einem Kugelhagel nieder.

Die harten Kämpfe um den Ortskern dauerten den ganzen Vormittag an. Ein deutscher Matrose kam aus einer Seitengasse und warf eine Handgranate auf einen Offizier der Kommandoeinheiten. Dann hob er die Hände, um sich zu ergeben. Ein britischer Unteroffizier schoß ihn auf der Stelle nieder. Der Offizier warf sich in einen Hauseingang und kam mit dem Leben davon.

Haus um Haus arbeiteten sich die Kommandosoldaten vor, bis die Stadt mit Ausnahme des nördlichen Teils in ihrer Hand war. Um die Mittagszeit flauten die Straßenkämpfe ab, obwohl es immer noch zu sporadischen Schießereien kam, und die Angreifer begannen sich durch die Hauptstraße des brennenden Stadtkerns zurückzuziehen. Zu beiden Seiten standen die Häuser in Flammen, brennende Balken krachten funkensprühend auf die Straße. Auf dem Weg zurück hatte Durnford-Slater eine kurze, aber ehrenhafte Begegnung mit einem der Gegner. „Ich sah einen jungen Deutschen am Straßenrand liegen, schwer verwundet in der Brust und offenbar dem Tode nahe", erinnerte sich Durnford-Slater. „Als er mir zulächelte und winkte, ging ich hinüber und sprach zu ihm. Er konnte kein Englisch, gab mir aber zu verstehen, daß er einen Händedruck austauschen wollte. Das taten wir. Ich glaube, er wollte damit ausdrücken, daß es ein guter, sauberer Kampf gewesen sei, und ich gab ihm darin recht."

Während die Kommandos um Sør-Vågsøy kämpften, focht der Kreuzer *Kenya* ein vierstündiges Artillerieduell mit einer deutschen Küstenbatterie aus, die sechs Kilometer südöstlich von Vågsøy auf der Insel Rugsundøy stationiert war, ehe ihre Geschütze verstummten. Die Zerstörer versenkten zwei deutsche Vorpostenboote und fünf Frachter mit insgesamt 13 778 BRT und machten unerwartete Beute, als die Besatzung des Vorpostenbootes *Föhn* ihr beschädigtes Schiff während des Gefechts auf Strand setzte. Nach kurzem Gefecht mit der Mannschaft brachten britische Matrosen die Signalbücher der *Föhn* an sich, die für den militärischen Geheimdienst der Briten einen Schatz bargen: Die Funkrufsignale sämtlicher deutscher Schiffe in Norwegen und Frankreich, dazu den kompletten Signalcode der Kriegsmarine.

Als gegen 15.00 Uhr die arktische Nacht hereinbrach, waren die britischen Truppen wieder an Bord ihrer Schiffe, dazu 98 deutsche Gefangene und 71 norwegische Freiwillige. Die Sprengkommandos auf Måløy hatten alle deutschen Anlagen dort zerstört. Auf Vågsøy waren die Fischölfabriken, die Funkstation und der Leuchtturm zerstört oder beschädigt. Im Verlauf der Kämpfe waren etwa 150 Deutsche getötet worden, während die Kommandos 19 Mann verloren hatten und 52 Verwundete zurückbrachten.

Der als Operation *Archery* in die Kriegsgeschichte eingegangene Überfall auf Vågsøy, Großbritanniens erstes größeres amphibisches Unternehmen von Streitkräften aller drei Waffengattungen, war ein glänzender Erfolg: Die Abschirmung aus der Luft und die Bekämpfung der Küstenbatterien durch Kriegsschiffe hatten den Kommandotruppen die Möglichkeit gegeben, ihren Auftrag ohne Störungen aus der Luft oder von See her durchzuführen. Der Angriff hatte endgültig bewiesen, daß sorgfältig vorbereitete und gut koordinierte Kommandounternehmen von Elitetruppen auch gegen zäh verteidigte feindliche Stützpunkte an fremden Küsten erfolgreich durchgeführt werden konnten.

Nach dem Überfall auf Vågsøy ließ der interne Widerstand gegen die Kommandotruppen nach. Am 21. Januar 1942 unterbreitete Mountbatten den Stabschefs der Teilstreitkräfte einen weiteren Plan, der auf Anregungen der Royal Air Force und des militärischen Geheimdienstes zurückging. Diesmal handelte es sich um ein Unternehmen zur Erbeutung geheimer Instrumente einer deutschen Radarstation in Frankreich. Der britische Geheimdienst hatte ermittelt, daß deutschen Wissenschaftlern die Entwicklung eines neuen Radargeräts gelungen war, das die deutsche Luftabwehr befähigte, Flugrichtung, Geschwindigkeit und Flughöhe einfliegender Feindmaschinen zu ermitteln. Ein Flugzeug des Photoaufklärungsdienstes der Royal Air Force hatte das neue Radargerät nahe dem französischen Küstenort Bruneval zwischen Le Havre und Étretat ausgemacht. Britische Wissenschaftler waren an diesem Gerät brennend interessiert, um seine Arbeitsweise kennenzulernen und nach Möglichkeiten zur Störung seiner Funktionen zu suchen. Als Mountbatten anbot, das Gerät durch ein Kommandounternehmen zu beschaffen, waren sie hoch erfreut.

Die Radarstation befand sich isoliert auf einem Plateau oberhalb eines fast 100 Meter hohen Kliffs an der Kanalküste. Der einzige Zugang von der Seeseite war eine steile, schmale Schlucht, die durch Maschinengewehrstellungen und Einmannbunker gesichert war. Jeder Stoßtrupp, der durch diese Schlucht anzugreifen versuchte, würde mit größter Wahrscheinlichkeit vernichtet werden. Hinter der Radarstation aber erstreckten sich offene Felder, hervorragend geeignet für eine Fallschirmlandung. Mountbatten schlug den nächtlichen Absprung einer Kompanie Fallschirmtruppen hinter der Radarstation vor. Nach dem Sammeln sollte sie sofort angreifen, die Radarstation in überraschendem Handstreich nehmen und nach erfülltem Auftrag die deutsche Küstenwache von rückwärts angreifen, um sich dann durch die Schlucht zum Strand zurückzuziehen, wo Schiffe der Royal Navy für ihren Abtransport bereitliegen sollten.

Die Einweisung und Ausbildung von Fallschirmspringern aus der neuaufgestellten 1. Luftlandedivision begann sofort; ein genaues Modell der Radarstation, angefertigt nach den Luftaufnahmen von Aufklärungsflugzeugen, half den Männern bei der Zeitplanung für jede Phase der Operation. Die Angriffstruppe bestand aus einer

Ein zeitgenössisches Gemälde des im Dienst der britischen Armee stehenden Kriegsmalers Richard Eurich zeigt den Fallschirmabsprung britischer Sondereinheiten in der Nähe der deutschen Radarstation bei Bruneval an der französischen Kanalküste. Boote der Royal Navy warten vor der Küste und am Strand, um die Soldaten und das Radargerät nach dem Handstreich aufzunehmen.

Kompanie des 2. Fallschirmjägerbataillons unter Major John D. Frost sowie einer kleinen Gruppe von Pionieren und einem Radiotechniker, dem Luftwaffenfeldwebel E. W. F. Cox, der für Demontage und Abtransport des Radargeräts verantwortlich sein sollte. Für das Unternehmen wurde eine Vollmondnacht gewählt, die Nacht vom 27. zum 28. Februar.

Vor dem Überfall veranstaltete die RAF in mehreren Nächten Störangriffe niedrig fliegender Kampfflugzeuge entlang der französischen Kanalküste, so daß die zwölf Whitley-Bomber, die den Stoßtrupp absetzen sollten, keine unerwünschte Aufmerksamkeit erregen würden. Das Ablenkungsmanöver zahlte sich aus. Am 27. Februar um Mitternacht erreichten zehn der Flugzeuge unbehelligt die Absprungzone, und die Männer stürzten sich hinaus in die sternklare kalte Nacht. Die meisten von ihnen landeten genau im vorgesehenen Zielgebiet. Nur zwei Maschinen wurden durch Flakfeuer zu Abweichungen vom Kurs gezwungen und setzten ihre Fallschirmspringer ungefähr zwei Kilometer entfernt ab, wo sie durch die Schlucht von der Radarstation getrennt waren.

Frost beschloß, nicht zu warten, bis diese Männer zum Rest der Angriffstruppe gestoßen wären, und befahl den sofortigen Angriff. In vier Gruppen rannten die Soldaten über die Felder. Frosts Gruppe sollte das Gebäude neben der Radarstation stürmen, wo man die Mehrzahl der deutschen Techniker einquartiert glaubte. Eine weitere Gruppe hatte die Station selbst zum Ziel, die in einer flachen Senke zwischen dem Haus und dem Kliff lag. Eine dritte Gruppe bezog Stellung, um mögliche Angriffe einer Einheit des deutschen Küstenschutzes abzuwehren, die in La Presbytère stationiert war, einem großen Gutshof im Norden. Die vierte Gruppe sollte die deutschen Stellungen am Eingang zur Schlucht ausschalten und den Rückzugsweg offenhalten.

Durch einen außerordentlich glücklichen Zufall war nur ein deutscher Posten auf Wache, als Frosts Gruppe sich dem Haus näherte. Bis er zum Quartier gerannt war, um den wachhabenden Unteroffizier zu wecken, waren die Angreifer schon an der Tür. Frosts Gruppe stürmte in das Haus, traf dort aber nur einen Mann an. Er wurde getötet, als er zur Waffe greifen wollte. Nachdem er ein paar Männer zur Bewachung des Gebäudes zurückgelassen hatte, eilte Frost weiter zur Radarstation, wo er entdeckte, daß fünf von den sechs Deutschen, die sich in der Station aufgehalten hatten, bereits getötet worden waren. Der sechste leistete keinen Widerstand mehr, versuchte zum Rand des Kliffs zu entkommen und wurde gefangengenommen.

Aus der Richtung des Gutshofs setzte schweres Maschinengewehrfeuer ein, als Cox sich, scheinbar unbeeindruckt vom Kugelhagel und den heulenden Querschlägern ringsumher, an die Demontage des Radargeräts machte. Zwei Kugeln trafen das Gerät, während Cox es abzubauen versuchte, aber er arbeitete ruhig weiter. Zuletzt brachen die Pioniere den unbeweglichen Teil des Radargeräts mit schweren Eisenstangen von der Verankerung los und luden alles auf einen zusammenklappbaren Handkarren, der mit dem Fallschirm abgeworfen worden war. Den schwerbeladenen Karren durch das unebene Gelände schiebend und ziehend, machten sich die Angreifer auf den Weg zur Schlucht. Als der letzte Mann gerade das Gelände geräumt hatte, wurde die Radarstation

Britische Fallschirmjäger durchsuchen zwei Deutsche, die bei dem Überfall auf die Radarstation von Bruneval gefangengenommen wurden. Der Gefangene rechts, ein Radarbeobachter der Luftwaffe, wurde nach England gebracht, um anhand des erbeuteten Geräts die deutsche Radartechnik zu erklären. Der Gefangene links ist ein Infanterist.

gesprengt, um die Deutschen glauben zu machen, daß das Ziel des englischen Überfalls Sabotage gewesen sei.

Auf der Straße von La Presbytère waren schon die Scheinwerfer deutscher Lastwagen zu sehen, als die Fallschirmjäger mit ihrer Beute davoneilten. Jetzt kam es auf Minuten an. War die Schlucht frei, konnte die Truppe rechtzeitig entkommen. Es stellte sich jedoch heraus, daß die mit der Ausschaltung des Gegners beauftragte Gruppe zu schwach war, um anzugreifen. Die meisten der für diese Aktion vorgesehenen Männer waren in den Maschinen gewesen, die vom Kurs hatten abweichen müssen, und diese Gruppe mühte sich noch immer querfeldein. Glücklicherweise traf sie in letzter Minute ein, und obwohl die Männer einen langen und erschöpfenden Gewaltmarsch hinter sich hatten, stürmten sie mit ihren Kameraden einen MG-Bunker, der den Strand beherrschte, und beseitigten damit das letzte Hindernis.

Am Fuß des Kliffs angelangt, signalisierte Frost mit einer Blinklaterne seewärts. Nach einer nervenzermürbenden Wartezeit hörte er eine Stimme aus der Dunkelheit rufen: „Sir! Die Boote kommen herein. Gott segne die verdammte Marine." Als erstes wurde das Radargerät verladen, dann kletterten die Männer in die Landungsboote, und unter MG-Feuer vom Kliff herab – die deutschen Lastwagen hatten Mannschaften für die Verteidigungsstellungen herangebracht – nahmen die Boote Kurs auf die offene See.

Die gesamte Einsatzgruppe traf, eskortiert von Zerstörern und von Tagesanbruch an durch Jagdmaschinen aus der Luft gesichert, gegen Mittag wieder in England ein. Die Verluste betrugen einen Toten und sieben Vermißte; fünf weitere waren verwundet. Mit dem neuen deutschen Radargerät in den Händen war es den britischen Wissenschaftlern nun möglich, den Frequenzbereich zu bestimmen, auf dem es arbeitete, und nach Maßnahmen zum Schutz der alliierten Flugzeuge und ihrer Besatzungen zu suchen.

Die Erfolge von Vågsøy und Bruneval zeigten die zunehmende Einsatzbereitschaft der Kommandotruppen und stellten für die zu dem Zeitpunkt ansonsten vom Kriegsglück nicht verwöhnten Alliierten eine nicht zu unterschätzende moralische Stärkung dar. Die Erfolge beendeten auch die Kontroverse, die seit der Gründung den Aufbau der Kommandotruppen begleitet hatte; nun erkannten sogar die Traditionalisten des britischen Heeres ihren Wert, und im schottischen Achnacarry wurde eine zentrale Ausbildungsstätte für Kommandosoldaten eröffnet *(S. 58–73)*.

Die neue Truppe beeindruckte auch die Armee der Vereinigten Staaten, die im vorangegangenen Dezember in den Krieg eingetreten waren. Ein amerikanischer Bewunderer war Lucian K. Truscott jr., damals Brigadegeneral und Mountbattens Stab für Amphibische Operationen zugeordnet. Nachdem Truscott sich über die Ausbildung in Achnacarry eingehend informiert hatte, machte er General Dwight D. Eisenhower, zu jener Zeit Stellvertretender Stabschef und Leiter der Operationsabteilung des Heeresgeneralstabs, im Frühjahr 1942 den Vorschlag, daß die Amerikaner dem britischen Beispiel folgen und eine eigene Kommandotruppe aufstellen sollten. Seine Anregung wurde rasch aufgegriffen.

Es fiel Truscott zu, einen Namen für die neue Spezialtruppe zu finden. Da die Bezeichnung „Kommandos" bereits den Briten gehörte, entschied sich Truscott für „Rangers", nach den irregulären Kriegern der britischen Neuenglandstaaten, die im Krieg von 1755–1763 gegen Franzosen und Indianer gekämpft hatten.

Ein Aufruf an die Soldaten der in Nordirland stationierten amerikanischen 34. Infanteriedivision und der 1. Panzerdivision, mit dem Freiwillige gesucht wurden, „die gefährlichen Einsätzen nicht abgeneigt" wären, erbrachte eine überwältigende Reaktion. Annähernd 500 Kandidaten wurden ausgewählt, und am 1. Juni 1942 trafen die ersten US-Rangers im schottischen Achnacarry ein, um mit der Spezialausbildung zu beginnen. Zur großen Überraschung einiger britischer Ausbilder verrichteten die Amerikaner ihren Dienst in untadeliger Weise.

Die Kommandotruppen des britischen Heeres hatten inzwischen auch einen heimischen Rivalen bekommen: die Kommandoeinheiten der Royal Marine. Ursprünglich waren die Verbände der Marineinfanterie auch für amphibische Operationen vorgesehen gewesen. Nach der Niederlage von Dünkirchen konnte man sie jedoch nicht mehr für Stoßtruppeinsätze über den Kanal benutzen: Als einer der wenigen britischen Kampfverbände mit Erfahrungen in amphibischer Kriegführung mußte die Marineinfanterie zur Abwehr der erwarteten deutschen Invasion verfügbar gehalten werden. Später, als die Invasionsgefahr nachgelassen hatte, mußte die Marineinfanterie dann erkennen, daß ihre ursprüngliche Rolle von den Kommandoeinheiten des Heeres usurpiert worden war.

So begann die Marineinfanterie im Februar 1942 den Kommandotruppen des Heeres nachzueifern. Als von der Royal Marine Freiwillige zur Kommandoausbildung gesucht wurden, meldeten sich 6000 Mann; sie wurden in zwei Einheiten organisiert, die die Bezeichnungen Kommando Nr. 40 und Nr. 41 erhielten. Bis zum Ende des Jahres sollte die ganze Marineinfanteriedivision eine Zusatzausbildung als Kommandotruppe erhalten. Diese Umwandlung löste eine heftige Rivalität zwischen den Kommandoeinheiten des Heeres und der Marine aus, eine Rivalität, die den ganzen Krieg über andauern sollte.

Während des Winters und Frühjahrs 1942 wurden die Alliierten von einem Rückschlag nach dem anderen getroffen. In Nordafrika wurde die britische 8. Armee von dem wiedererstarkten Afrikakorps zum Rückzug gezwungen. Im Fernen Osten eroberten die Japaner Hongkong, Malaya und den strategisch wichtigen Flottenstützpunkt Singapore. Auf den Philippinen unterlag General Douglas

MacArthur, der Oberbefehlshaber der amerikanischen Streitkräfte im Fernen Osten, den japanischen Invasionsstreitkräften. Und im Nordatlantik fügten deutsche U-Boote der alliierten Schiffahrt schwerste Verluste zu.

Seit seiner Indienststellung im Februar 1941 führte das deutsche 45 000-Tonnen-Schlachtschiff *Tirpitz* von den norwegischen Fjorden aus erfolgreiche Einsätze gegen die alliierten Eismeer-Geleitzüge durch. Die Operationen dieses Schiffes stellten eine erhebliche Gefahr für die Versorgung Großbritanniens und der Sowjetunion mit amerikanischem Kriegsmaterial dar und zwangen wiederholt ganze Geleitzüge zur Umkehr. Am 25. Januar 1942 bemerkte Churchill in einem Memorandum an seine Stabschefs, daß kein anderes Einzelziel so wichtig sei wie die *Tirpitz*. „Die gesamte Kriegsstrategie", schrieb er, „dreht sich im gegenwärtigen Zeitraum um dieses Schiff, das die vierfache Zahl an britischen Großkampfschiffen bindet, nicht zu reden von den zwei neuen amerikanischen Schlachtschiffen, die im Atlantik eingesetzt sind."

Die *Tirpitz* konnte Operationen im Atlantik nur durchführen, wenn sie eine sichere Basis an der Atlantikküste hatte. Gute Voraussetzungen für einen solchen Stützpunkt bot der französische Hafen Saint-Nazaire, wo vor dem Krieg ein riesiges Trockendock erbaut worden war, um das Passagierschiff *Normandie* aufzunehmen. Gelänge es, der *Tirpitz* den Gebrauch dieses Docks – des einzigen in Frankreich, das groß genug war – unmöglich zu machen, so würde eine Ausweitung ihrer Operationen auf den Atlantik hinaus unwahrscheinlich gemacht.

Generalmajor Lucian K. Truscott jr. (links), der Gründer der amerikanischen Rangertruppen, nimmt als Beobachter am britischen Ausbildungsprogramm in Schottland teil. Die Reithose weist auf seine Zugehörigkeit zur Kavallerie hin.

Amerikanische Rangers sehen sich die Scheingräber auf dem Ausbildungsgelände in Achnacarry an. Die Inschrift auf dem linken Kreuz warnt davor, einem Kameraden vor die Gewehrmündung zu laufen, die auf der rechten Tafel weist auf die Gefahr hin, die Fallschirmjägern droht, wenn sie zu rasch hintereinander abspringen.

Der Gedanke, die *Tirpitz* in Norwegen festzuhalten und an weiträumigen Operationen im Atlantik zu hindern, löste das gewagteste und gefährlichste Kommandounternehmen aus, das bis dahin in Mountbattens Hauptquartier für Amphibische Operationen geplant worden war. In der Nacht des 27. auf den 28. März 1942 lief eine Flottille abgedunkelter Schiffe mit Kurs auf den Marinestützpunkt von Saint-Nazaire in die Mündung der Loire ein. An Bord des Führungsschiffes, des Motorkanonenboots 314, waren die gemeinsam für die Durchführung der Operation verantwortlichen Offiziere, Oberstleutnant Charles Newman vom Kommando Nr. 2 und Kapitän Robert „Red" Ryder von der Royal Navy. Noch ehe die Nacht zu Ende ging, sollten beide das Viktoriakreuz errungen haben. Hinter dem Kanonenboot 314 lief ein alter amerikanischer Zerstörer, die *Campbeltown,* mit einer 75 Mann starken Kommandoeinheit an Bord. Die Schornsteine der *Campbeltown* waren verkürzt und abgeschrägt worden, um ihr das Aussehen eines deutschen Zerstörers zu verleihen, und ihr Bugraum war mit Sprengstoff gefüllt. In dem bevorstehenden Drama fiel der *Campbeltown* die Hauptrolle zu: Sie sollte die stählernen Schleusentore des Trockendocks rammen und durch eine mit Hilfe eines Zeitzünders ausgelöste Explosion in die Luft sprengen.

Zwei in Kiellinie laufende Gruppen von je acht Schnellbooten, die weitere 200 Mann Kommandotruppen beförderten, flankierten die *Campbeltown* auf Backbord und Steuerbord. Jedes Boot war mit zusätzlichen Treibstofftanks versehen, die auf Deck festgezurrt waren. Diese Zusatztanks machten die hölzernen Boote im Falle

eines Angriffs äußerst verwundbar, aber es standen keine anderen geeigneten Fahrzeuge für die Operation zur Verfügung. Die Planer hofften, daß das Überraschungselement die Männer an Bord schützen und die hohe Geschwindigkeit der Schnellboote ein Entkommen der Kommandoeinheiten nach der Aktion ermöglichen würde. Gleichwohl machte man sich keine Illusionen über die Risiken. Während der Planung hatte ein älterer Marineoffizier Mountbatten gewarnt: „Wir können alle bis auf den letzten Mann verlieren." Mountbatten hatte das Gesicht verzogen und dieser Einschätzung zugestimmt, aber hinzugefügt: „Wenn sie ihren Auftrag erledigen, müssen wir das in Kauf nehmen."

Kurz vor Mitternacht hörten die Angreifer das Dröhnen eines anfliegenden Bomberverbands, und über dem Osthorizont erhellten Flakscheinwerfer den Himmel. Farbige Leuchtspurgeschosse zuckten himmelwärts, und aus der Ferne hallten dumpf die Abschüsse schwerer Flakbatterien wider. Die britischen Kampfflugzeuge sollten die Aufmerksamkeit von den Schiffen ablenken, die leise flußaufwärts glitten. Aber der Luftangriff dauerte nicht lange. Um unnötige Opfer unter der französischen Zivilbevölkerung zu vermeiden, hatten die Piloten Auftrag erhalten, ihre Bombenlasten nur auf klar identifizierte Ziele im Kriegshafen abzuwerfen. Als Wolken über die Stadt zogen, fand der Luftangriff ein vorzeitiges Ende, und die Suchscheinwerfer erloschen.

Um 0.30 Uhr hatte die Flottille die gefährlichen Untiefen im Mündungsbereich der Loire hinter sich. Zweimal hatte die *Campbeltown* Grundberührung: Beide Male konnte sie mit äußerster Maschinenkraft freikommen. Das Glück schien mit den Briten zu sein. Ungefähr zwei Seemeilen vor dem Hafen passierten sie einen Leuchtturm, der sich mitten im Strom auf einer Insel erhob. Beide Flußufer lagen dunkel und still. Die Männer an Bord der Schiffe empfanden es als beunruhigend, daß sie so weit gekommen waren, ohne gesehen zu werden. Nur das gleichmäßige Pulsieren der gedrosselten Schiffsmaschinen störte die Nachtstille; die Männer an Bord sprachen im Flüsterton.

Um 1.22 Uhr – die Flottille hatte eben das Hafengebiet erreicht – flammten entlang beiden Ufern des Flusses plötzlich Scheinwerfer auf. Die gesamte Streitmacht lag wie auf einer von Flutlicht erleuchteten Bühne. Die Deutschen zögerten. Zwei Signalstationen blinkten Aufforderungen zur Identifikation, und das Kanonenboot 314 antwortete mit einer Botschaft in deutscher Sprache – die man mit Hilfe der bei Vågsøy erbeuteten deutschen Signalbücher vorbereitet hatte. Eine Küstenbatterie gab ein paar Warnschüsse ab, worauf das Kanonenboot und die *Campbeltown* mit dem Signal „Schiff unter Beschuß eigener Kräfte" antworteten. Diese Hinhaltetaktik brachte den Angreifern einen Zeitgewinn von kostbaren vier Minuten, und die *Campbeltown* erhöhte ihre Geschwindigkeit für den letzten Rammstoß.

„Diese wenigen Minuten kamen uns wie eine Ewigkeit vor", erinnerte sich Oberstleutnant Newman. „Dann, ohne Warnung, ging mit einem Schlag der Feuerzauber los. Der Lärm war unvorstellbar. Leuchtspurgeschosse in allen Farben fetzten in die Flottille – die Bordwände der *Campbeltown* wurden von explodierenden 2- und 3,7-cm-Granaten zerrissen. Die Schiffe beantworteten das Feuer nach Kräften und deckten Scheinwerfer- und Geschützstellungen entlang den Ufern ein."

Um 1.34 Uhr rammte die zerschossene *Campbeltown,* aus deren Maschinenraum dichter Rauch quoll, die Schleusentore des *Normandie*-Docks. „Es gab ein knirschendes Krachen", berichteten Ryder und Newman, „und gleich darauf eine kleinere Explosion in der Back, als das Schiff zur Ruhe kam. Hochgewirbelte Planken der Decksverkleidung, Rauch, Funken und Flammen behinderten die Sicht, aber als der Rauch abzog, war klar zu sehen, daß der Bug in der Mitte des Schleusentores verkeilt war."

Durch Rauch und mörderisches Abwehrfeuer kletterten die Stoßtrupps am Bug des Zerstörers über Eisenleitern zum Kai hinunter, wo sie in das Dunkel des Werftgeländes rannten, einige gebeugt unter der Last des mitgeschleppten Sprengstoffs, den sie mitschleppten. Etliche wurden verwundet, bevor sie von Bord der *Campbeltown* gehen konnten. Als einige der Eisenleitern abbrachen, ließen die Männer sich an Tauen hinunter.

Die Stoßtrupps verloren keine Zeit. Newman hatte ihnen eingeschärft, schnell zuzuschlagen und sich ebenso schnell wieder zurückzuziehen. Eine Gruppe griff die Flak- und Maschinengewehrstellungen um das Dock an: Erstes Ziel war ein Schnellfeuergeschütz hinter einer Sandsackbarrikade, nicht weit von ihrem Landeplatz. Eine auf die Angreifer geworfene Handgranate wurde vor der Detonation mit einem Fußtritt geistesgegenwärtig zurückbefördert und explodierte in der Stellung. Sechs Verteidiger lagen tot oder verwundet um ihr Geschütz, als die Kommandos die Stellung überrannten und weiter gegen einen Betonbunker mit einer 3,7-cm-Kanone vorstürmten, die sie mit Handgranaten zum Schweigen brachten. Nach der Zerstörung von zwei weiteren Stellungen waren vier von den zwölf Männern des Trupps durch Verwundung ausgefallen; nichtsdestoweniger hielt die kleine Gruppe nun einen Brückenkopf gegen zunehmenden deutschen Widerstand.

Sprengkommandos hatten den Auftrag, die Anlagen an beiden Enden des Docks zu zerstören; dazu gehörten die Pumpen, die das Dock trockenzulegen hatten, sowie das Räderwerk zum Öffnen und Schließen der Tore. Eine von Leutnant Stuart Chant geführte Gruppe hatte die Pumpenanlagen an der Sohle des Beckens zu sprengen, 13 Meter unter der Ebene des Kais. Chant war von Granatsplittern an einem Bein und beiden Armen verwundet worden, als er an Deck der *Campbeltown* gelegen hatte, um den

Anprall des Zerstörers gegen das Schleusentor abzufangen. Trotz dieser Verletzungen führte er seine Männer die lange Eisentreppe hinunter ins Pumpenhaus, half bei der Anbringung von 70 Kilogramm Sprengstoff um die Pumpen und humpelte dann unter Schmerzen wieder die Treppe hinauf, während die 90-Sekunden-Zündschnur abbrannte.

Das Pumpenhaus explodierte mit einem ohrenbetäubenden Krachen, das für wenige Augenblicke den wütenden Gefechtslärm übertönte. Einige Sekunden später erfolgte eine weitere Explosion im Windenhaus, die den Antrieb eines Torflügels der Schleuse unbrauchbar machte.

Auf der anderen Seite des Docks schlug den Kommandotrupps vernichtendes Feuer aus Maschinengewehren und Schnellfeuerkanonen von Hafentürmen und von den im benachbarten Hafenbekken liegenden Minensuchbooten entgegen. Die Trupps hatten den Auftrag, die Winden- und Pumpenanlagen auf dieser Seite zu zerstören. Angesichts des mörderischen Feuers begann eine Gruppe, ihre Sprengladungen am Schleusentor selbst zu befestigen, während eine zweite sich mit einem Vorschlaghammer Zugang zum Pumpenhaus verschaffte. Die von den Schleusentoren abprallenden Querschläger zwangen die erste Gruppe bald zum Rückzug, doch dann rannte Unteroffizier Frank Carr allein zum Tor hin und setzte die Zündung der Sprengladungen in Gang. Die erst teilweise angeschlossenen Sprengladungen zerstörten das Tor nicht vollständig, richteten aber beträchtlichen Schaden an. Kurz darauf gelang die Sprengung des zweiten Pumpenhauses.

Unterdessen waren Ryder und Newman mit ihrem Kanonenboot gelandet, und Ryder eilte über den Kai, um sich zu vergewissern, daß die *Campbeltown* fest eingekeilt und im Sinken begriffen war. Noch im Laufen, hörte er eine Serie von Explosionen und sah das Heck des Zerstörers wegsacken. Auf dem Rückweg zum Kanonenboot wurde Ryder von der Druckwelle des explodierenden Pumpenhauses erfaßt und zu Boden geschleudert.

Newman, den der bisher offenbar erfolgreiche Verlauf des Unternehmens in eine Hochstimmung versetzt hatte, sah sich um und fand einen geeigneten Gefechtsstand, von dem er den weiteren Verlauf seiner Operation leiten konnte. Bei der Suche nach einem Zugang überraschte er einen deutschen Wachtposten, der erschrocken die Hände hob, obwohl der ebenso verdutzte Oberstleutnant zurückprallte und „Sorry!" stammelte. Doch faßte er sich rasch und erfuhr von dem Posten, daß er auf den deutschen Gefechtsstand gestoßen war.

Plötzlich kamen Newman und seine Gruppe in schweres Kreuzfeuer von den Besatzungen der im Hafen liegenden Minensuch- und Vorpostenboote, die aus nächster Nähe das Feuer auf die Kommandogruppen eröffnet hatten, welche im Umkreis des Docks von Deckung zu Deckung sprangen. Maschinengewehre auf dem Dach eines nahen U-Boot-Bunkers fügten den Kommandoeinheiten schwere Verluste zu, bis ein Unteroffizier ungeachtet des Feuers einen 5-cm-Granatwerfer aufstellte und die Maschinengewehre mit Dauerfeuer eindeckte. Die Munition dafür wurde ihm von einer Kette von Helfern zugereicht, in die auch Newman sich eingereiht hatte. Gleichwohl nahm der Feinddruck stetig zu, und Newman sah sich gezwungen, seine Leute in die Deckung eines Kaischuppens zurückzunehmen. Von dort konnte er die Sprengkommandos zusammenrufen, wenn sie zurückkehrten. Er war noch immer erfüllt von einem unverwüstlichen Optimismus: Die Explosionen von beiden Seiten des Trockendocks hatten ihn zu der Annahme verleitet, daß alles planmäßig verlaufe.

Tatsächlich jedoch war die Operation zu diesem Zeitpunkt in ernste Schwierigkeiten geraten. Die Steuerbordkolonne von sechs Schnellbooten hatte 85 Mann für einen Angriff auf den U-Boot-Bunker anlanden sollen, geriet aber in konzentriertes Feuer. Das erste Boot erhielt drei Treffer und ging in Flammen auf. Der Kommandant gab den Befehl zum Verlassen des manövrierunfähi-

Deutsche Soldaten vernehmen Korvettenkapitän Stephen Beattie, den während des Angriffs auf Saint-Nazaire im März 1942 gefangengenommenen Kommandanten der „Campbeltown". Ebenso wie die zwei Dutzend mitgefangenen Kommandosoldaten verschwieg Beattie in den Verhören, daß im Bug des Zerstörers eine Sprengladung mit Zeitzünder verborgen war. Als sie am nächsten Tag explodierte, wurden etwa 40 Deutsche getötet oder verwundet, die das Schiff untersuchten.

gen und leckgeschlagenen Schiffes; nur fünf der 14 Kommandosoldaten gelangten ans Ufer. Einer von ihnen, Hauptmann Michael Burn, versuchte allein den Auftrag auszuführen, der seiner Gruppe zugewiesen war: Er rannte einen Kilometer durch das vom Feind gehaltene Hafengelände zu den Geschütztürmen des U-Boot-Bunkers, den seine Gruppe angreifen sollte, entdeckte jedoch, daß sie unbemannt und unbewaffnet waren.

Den beiden folgenden Booten gelang es, ihre Truppen anzulanden, doch war das Abwehrfeuer so stark, daß die Kommandos sich wieder einschiffen mußten. Während die beiden Boote zu einem weiteren Landungsversuch einsetzten, wurden sie in Brand geschossen und mußten aufgegeben werden. Das vierte Boot wurde beim Landemanöver getroffen und flog in die Luft; die meisten an Bord wurden getötet. Auch das fünfte Boot geriet in so heftigen Beschuß, daß es zum Rückzug gezwungen wurde, ehe es Truppen anlanden konnte. Nur das sechste Boot konnte seine Leute an Land bringen – eine Kampfgruppe unter Oberfeldwebel George Haines, die den Auftrag hatte, Geschützstellungen zum Schweigen zu bringen, die sich auf der Seeseite befinden sollten. Als er dort keine Stellungen fand, führte Haines seine Gruppe zu dem improvisierten Gefechtsstand Newmans und meldete sich dort.

Als er Haines' Meldung gehört hatte, erkannte Newman, daß nach dem Ausfall fast der gesamten Steuerbordkolonne jede weitergehende Angriffsoperation tollkühn wäre. Statt dessen beschloß er, seine Truppe zum Landungsschiff *Mole* zurückzunehmen, das ungefähr 50 Meter flußabwärts lag. Die Kommandoeinheiten der Backbordkolonne hatten den Befehl erhalten, dort zu landen und einen Brückenkopf zu bilden, durch den die gesamte Kampfgruppe nach Abschluß des Unternehmens evakuiert werden könne.

Um den Rückzug zu organisieren, arbeiteten sich Newman und ein weiterer Offizier durch die Kaischuppen. Als sie hinter einer Reihe von Güterwaggons ins Freie kamen, gewannen sie einen ersten Blick auf den Fluß, wo die *Mole* lag. Die höllische Szene dort ließ sie zurückprallen. „Lieber Himmel!" rief Newman aus. „Das können doch nicht die unsrigen sein."

Der ganze Fluß schien in Flammen zu stehen. Nahe bei der *Mole* lagen die noch glühenden, verkohlten Wracks mehrerer Schnellboote. In der Mitte des Flusses flammten weitere Feuer, und durch die Lichtkegel der Scheinwerfer, die das alptraumhafte Schauspiel erhellten, brodelte schwarzer Rauch empor.

Die Boote um das Landungsschiff *Mole* herum, die den Kommandotruppen die Rückkehr ermöglichen sollten, waren eines nach dem anderen getroffen und in Brand geschossen worden, während sie versucht hatten, ihre Truppen an Land zu bringen. Ryder, der auf seinem Gefechtsstand an Bord des Kanonenboots geblieben war, hatte sich mit der Realität auseinandersetzen müssen. Mit Ausnahme des Kanonenboots waren alle noch schwimmenden Schiffe in Brand geschossen und mit Toten und Verwundeten übersät. Die *Mole* war fest in der Hand des Feindes, und die fortdauernden Kämpfe ließen jede Hoffnung, die Kommandotruppen beim Dock zu retten, unrealistisch erscheinen. Widerwillig gab Ryder den noch fahrtüchtigen Schiffen den Befehl zum Rückzug.

Nun mußte Newman überlegen, was er mit seinen gestrandeten Soldaten machen sollte. „Ich sah ein, daß mit einem Abtransport nicht mehr zu rechnen war", erinnerte er sich, „und so rief ich die Leute bei den Güterwaggons zusammen und informierte sie über meinen Entschluß, landeinwärts durchzubrechen, um vielleicht nach Spanien zu gelangen."

Newmans am Hafen zusammengedrängte Truppe war noch ungefähr 100 Mann stark. Obwohl die meisten verwundet und alle erschöpft waren, hatte ihre Kampfmoral noch nicht nachgelassen. Hinter der Deckung der Waggons, im Geratter der von allen Seiten schießenden Handfeuerwaffen und dem über das Hafengelände ziehenden Rauch, gab Newman seine Anweisungen. Es wurden

Eine deutsche Ehrenwache steht an dem mit der britischen Kriegsflagge bedeckten Sarg eines beim Angriff auf Saint-Nazaire gefallenen Kommandosoldaten, während gefangene Briten vorbeimarschieren, um in dem stellvertretend für alle britischen Opfer der Kämpfe aufgebahrten Toten die gefallenen Kameraden zu ehren. Zum Abschluß des Massenbegräbnisses schoß die Ehrenwache einen Salut von drei Gewehrsalven in die Luft. Die ständig wachsende Härte und Erbitterung, die die Kriegführung auf beiden Seiten kennzeichneten, ließen solche Formen militärischer Ritterlichkeit die ersten Kriegsjahre nicht überdauern.

Gruppen von je 20 Mann gebildet, die sich selbständig aus dem Hafengebiet kämpfen und ins offene Land durchschlagen sollten, wo sie Hilfe von der einheimischen Bevölkerung erwarten konnten. „Die Anweisungen wurden mit Grinsen aufgenommen", berichtete Newman, „was ein Zeichen für den Kampfgeist der Männer war."

Newmans eigene Gruppe brach in geschlossener Formation auf, stürmte im Pfeifen der Querschläger, die über ihren Köpfen in die Träger fuhren, über eine Brücke, die aus dem Hafengebiet führte, und gelangte in die Stadt Saint-Nazaire. „Die Abfolge der Ereignisse während der nächsten halben Stunde kann ich nicht ausreichend beschreiben", erzählte Newman später. „Wir sprangen über Zäune und Mauern in Hinterhöfe und stürzten durch Häuser oder Durchfahrten wieder auf eine Straße hinaus.

Ich erinnere mich, daß ich mit dem Kopf voran durch ein Fenster in jemandes Küche hechtete – wo ich einen gedeckten Frühstückstisch mit kariertem Tischtuch sah und dachte, wie sonderbar das alles sei. Augenblicke später rannten wir eine Straße entlang, als ein Panzerspähwagen um eine Ecke bog und das Feuer eröffnete, aber wir hatten Glück und konnten uns in eine Durchfahrt retten. Kurz darauf erzielte jemand einen Treffer, als eine schwere Beiwagenmaschine mit drei Deutschen über einen Platz gebraust kam.

Mittlerweile aber ging unsere Munition zur Neige, und die Verwundeten, die bis dahin großartig mitgehalten hatten, waren sehr geschwächt und hatten viel Blut verloren. Ich sah ein, daß wir bald würden eine Ruhepause einlegen müssen." Die Gruppe fand schließlich Zuflucht im Keller eines leerstehenden Hauses, wo die Männer ausruhen, die Verletzungen der Verwundeten verbinden und eine Zigarette rauchen konnten. „Ich entschied", sagte Newman, „daß wir uns ergeben sollten, wenn wir gefunden würden, da die Verwundeten sich in einem ziemlich schlechten Zustand befanden und eine einzige, die Treppe heruntergeworfene Handgranate ausreichen würde, um uns allen den Rest zu geben."

Newmans Gruppe wurde einige Stunden später im Zuge einer großangelegten Durchsuchung sämtlicher Häuser entdeckt und gefangengenommen. Den ganzen Tag hindurch wurden die erschöpften Kommandosoldaten nach und nach ausgehoben. Nur fünf konnten der Gefangennahme entgehen und mit Hilfe der französischen Widerstandsbewegung nach England zurückkehren.

Der Handstreich auf Saint-Nazaire war ein verlustreiches Unternehmen. Von den 277 Kommandosoldaten, die an der Aktion teilnahmen, wurden 64 getötet und 153 gefangengenommen. Nur vier von den 18 Schnellbooten, die bei Nacht in den Fluß eingelaufen waren, kehrten zurück: 105 Angehörige der Marine fanden den Tod, 106 gerieten in Gefangenschaft.

Dennoch war das Unternehmen als erfolgreich zu werten, denn sein Ziel, die Zerstörung des großen Trockendocks, wurde erreicht. Am späten Vormittag des 28. März, nachdem die Kämpfe längst aufgehört hatten, erhielt die Schleuse den Todesstoß. Die elektrischen Zeitzünder im Bug der *Campbeltown* lösten eine gewaltige Explosion aus, die das Vorschiff des Zerstörers zerriß und Dutzende von deutschen Seeleuten und Soldaten, die mit der Durchsuchung des Schiffes beschäftigt waren, tötete oder verwundete. Die Explosion zerstörte auch die Schleusentore und setzte das Dock für den Rest des Krieges außer Betrieb. Damit fiel Saint-Nazaire als möglicher Reparaturhafen für die *Tirpitz* aus, die auch in der Folgezeit niemals in den Atlantik vorstieß.

Fünf Viktoriakreuze waren unter den zahlreichen Tapferkeitsauszeichnungen, die in Saint-Nazaire erworben wurden. Die Kommandos hatten nun ihren festen Platz innerhalb der Streitkräfte gefunden und sollten in vielen noch bevorstehenden Schlachten die ihnen gemäße Rolle in der vordersten Front zugewiesen bekommen. Für jene aber, die am Angriff gegen Saint-Nazaire teilgenommen hatten, blieb es „die größte Aktion von allen".

EINE HARTE BEWÄHRUNGSPROBE

Soldaten einer britischen Kommandoeinheit sichern im Widerschein eines brennenden Kaischuppens im Hafen von Sør-Vågsøy am Nordfjord gegen deutsche Gegenangriffe

KÜHNER ANGRIFF AUF EINE NORWEGISCHE INSEL

Nach dem Plan des Kommandos für Amphibische Operationen sollte das Unternehmen gegen die deutsch besetzte norwegische Insel Vågsøy im Dezember 1941 ein kühner Überraschungsschlag gegen eine durch starke Küstenartillerie geschützte Position sein. Schiffsartillerie und Luftstreitkräfte sollten die Abwehr niederhalten und den Landungsfahrzeugen der Kommandoeinheiten Feuerschutz geben. Diese Einheiten sollten an felsigen Küstenabschnitten landen, wo die Deutschen am wenigsten einen Angriff erwarteten. Als Admiral Sir John Tovey, der Oberbefehlshaber der Home Fleet, feststellte, daß gemäß den Angriffsplänen eine Gruppe ihr 10-Tonnen-Landungsfahrzeug nahe einem Kliff verankern sollte, warnte er die Kommandotruppen, daß sie das letzte Stück womöglich im eiskalten Nordmeerwasser würden schwimmen müssen. Später rühmten sich die Kommandoeinheiten, daß sie gelandet seien, ohne sich auch nur die Füße naß zu machen.

Die reibungslose Landeoperation war nur der erste Erfolg der beteiligten Kommandotruppen. Tatsächlich war der Überfall auf Vågsøy so sorgfältig geplant, gründlich geübt und wurde so geschickt ausgeführt, daß seine früheren Befürworter ebenso wie die Zweifler den Beteiligten hohes Lob zollten. „Selbst unsere alten Feinde im Kriegsministerium applaudierten", erinnerte sich ein Offizier. Die Londoner *Times,* bekannt durch ihre zurückhaltenden, maßvollen Kommentare, posaunte hinaus, Vågsøy sei der „perfekte Handstreich" gewesen. Und Hauptmann Peter Young, der eine der Kommandogruppen führte, ernannte das Unternehmen unerschrocken zu einem „kleinen Klassiker der amphibischen Kriegführung, der trotz der ungezählten Pannen, die mit der Kriegführung untrennbar verbunden sind, tatsächlich planmäßig verlief". In der kurzen Zeitspanne eines siebenstündigen subarktischen Wintertages lösten die Kommandotruppen jede der ihnen gestellten taktischen Aufgaben: Sie zerstörten die Küstenbatterie auf der nahe gelegenen kleinen Insel Måløy, besiegten die deutschen Garnisonstruppen, zerstörten oder beschädigten alle Fabriken von Sør-Vågsøy und brachten, nach den Worten von Hauptmann Young, „alles auf der Insel völlig durcheinander".

Da es einen solchen Erfolg nicht nur erhofft, sondern auch fest eingeplant hatte, um die öffentliche Moral in jener düsteren Weihnachtszeit 1941 zu stärken, hatte das britische Kriegsministerium den Kommandotruppen drei Kriegsberichterstatter mitgegeben – einen von der Wochenschau und zwei von der Armee. Diese Männer kehrten mit dramatischen Bildern zurück, die den historischen Überfall von Minute zu Minute dokumentierten.

In der beengten Unterkunft eines Truppentransporters beschäftigen sich Kommandosoldaten mit der Vorbereitung von Sprengsätzen und Handgranaten.

Im Schutz starker Nebelschwaden, die RAF-Bomber gelegt haben, um die Landung zu tarnen, gehen britische Kommandosoldaten am Strand der Insel Vågsøy vor.

Kommandosoldaten verladen Sprengstoff in ein Landungsfahrzeug, das sie an die Küste von Vågsøy bringen soll. Insgesamt führten die Angreifer bei dieser Aktion 150 Kilogramm Plastiksprengstoff, 500 Kilogramm Schießbaumwolle und mehr als 400 Meter Zündschnur mit sich.

Die schwerfälligen Landungsfahrzeuge machten selbst auf dem ruhigen Wasser des Fjords nur sechs Knoten Fahrt. Den voller Spannung auf ihren Einsatz wartenden Soldaten schien es, als wollte die Fahrt kein Ende nehmen.

Ein Landungsfahrzeug nähert sich der von Schiffsartillerie in Brand geschossenen Ortschaft Sør-Vågsøy. Die Kommandotruppen erzielten einen vollständigen Überraschungserfolg; ein Teilnehmer berichtete, daß seine Gruppe breits an Land gewesen sei, als vier deutsche Soldaten gerade erst aus ihrem Quartier stürzten, um in ihre Stellungen zu rennen. Sie seien sofort ausgeschaltet worden.

EIN MUSTERBEISPIEL PRÄZISER ZUSAMMENARBEIT

„Unser Angriff mußte rasch und vernichtend sein", sagte Oberstleutnant John Durnford-Slater, der die Operationen an Land leitete. „Wir hatten wenig Zeit und eine Menge zu tun."

Die Kommandotruppen, die Royal Navy und die Royal Air Force arbeiteten bei dem Unternehmen eng zusammen. In einem geschützten Winkel nahe der Mündung des Nordfjords ließen die Truppentransporter, die die Soldaten über das Nordmeer an die norwegische Küste gebracht hatten, fünf Landungsfahrzeuge zu Wasser. Die Kommandos beluden sie mit Sprengstoff und nahmen Kurs auf ihr Ziel.

Als sie sich Sør-Vågsøy näherten, bombardierten Kampfflugzeuge der RAF die benachbarten norwegischen Flugplätze, um die Luftwaffe am Eingreifen zu hindern, und Jagdflugzeuge hielten die wenigen deutschen Flugzeuge in Schach, denen es gelungen war, von den zerbombten Startbahnen abzuheben. Gleichzeitig nahmen die im Fjord liegenden Kriegsschiffe Geschützstellungen auf der nahe gelegenen Insel Måløy unter Feuer. Schweres Feuer der Schiffsartillerie lag auch auf der Ortschaft Sør-Vågsøy, wo zahreiche Häuser zerstört wurden.

Als die Landungsfahrzeuge auf 100 Meter a die Küste herangekommen waren, schoß da Führungsboot zehn rote Leuchtkugeln in de Himmel. Sie waren das Signal für die Marine das Artilleriefeuer einzustellen, und für dre Kampfflugzeuge der RAF, die Landeplätze mi Rauchbomben einzunebeln. Bis auf eine schweren Unfall, als eine Phosphor-Rauchbombe ein Landungsfahrzeug traf, gelangten all Männer innerhalb von Minuten sicher an Land

DIE EROBERUNG EINER BEFESTIGTEN FELSINSEL

/on einer Anhöhe über zerstörten deutschen Un-erkünften auf Måløy überblickt ein britischer Beob-chtungsposten den Fjord und die kleine Ortschaft ør-Vågsøy. Die Beschießung dieses Ortes war so tark, daß Kommandos von ihren Schiffen aus ehen konnten, wie die leichten Holzhäuser „auf-lammten und in die Luft geschleudert wurden".

Ehe die Kommandos Sør-Vågsøy angreifen konnten, mußten sie die kleine Felsinsel Måløy erobern, wenige 100 Meter östlich der Ortschaft. Die deutsche Küstenverteidigung hatte die strategische Lage der kleinen Insel in der Mitte des Vågsfjords genutzt, um dort eine Batterie von 7,5-cm-Geschützen in Stellung zu bringen, die die Einfahrt nach Sør-Vågsøy beherrschten. „Die Aussicht, direkt vor die Mündung von

mer, „war nicht sehr verlockend."

Dem britischen Kreuzer *Kenya*, der die Felsinsel unter konzentriertes Feuer seiner schweren Schiffsartillerie nahm, gelang es jedoch nach zwanzigminütigem Trommelfeuer, die Batterie zum Schweigen zu bringen. Kurz darauf ergab sich die schwache deutsche Besatzung von Måløy den 105 angelandeten Kommandosoldaten.

Die übrigen 200 Mann landeten beinahe gleichzeitig bei Sør-Vågsøy; die *Kenya* ging südlich von Måløy vor Anker und koordinierte die Aktionen beider Gruppen über Funk.

Britische Funker melden der „Kenya", daß Måløy genommen ist. Auf dem Höhepunkt der Kämpfe un Sør-Vågsøy wurde alle 90 Sekunden ein Funkspruch abgesetzt, um die Führung auf dem Schiff über den Ablauf der Operationen zu unterrichten.

Nach dem Kampf durchkämmen die gelandeter Kommandotruppen Måløy nach deutschen Überlebenden. Zwei deutsche Soldaten hatten im Trommelfeuer einen Nervenzusammenbruch erlitter und mußten aus der Ruine eines Unterstande herausgeschleppt werden. „Sie sahen so elenc aus", sagte einer der britischen Kommandosoldaten, „daß ich beinahe Mitleid mit ihnen hatte."

Während Kameraden am Straßenrand das Gelände sichern, läuft ein Soldat von dem Landeplatz seiner Einheit die schneebedeckte Straße entlang auf Sør-Vågsøy zu.

SCHWERER KAMPF GEGEN EINEN ENTSCHLOSSENEN FEIND

„Ich weiß nicht, was uns bevorsteht, aber es sieht ziemlich brenzlig aus", warnte ein britischer Offizier seine Männer, als sie in Sør-Vågsøy eindrangen. Was ihnen bevorstand, war ein erbitterter Straßen- und Häuserkampf, denn trotz des Artilleriefeuers, das Teile der Ortschaft verwüstet hatte, war die deutsche Garnison zum

Nur ein britischer Offizier überlebte unverletzt den ersten Angriff auf den Südteil der Ortschaft. Ein nach dem Bericht seines Vorgesetzten „wild und gefährlich" aussehender Hauptmann „feuerte seine zögernden Männer mit Zurufen an, warf Handgranaten in jedes Haus, das er erreichte, und feuerte aus der Hüfte", bis er selbst niedergestreckt wurde.

Um die Häuser der Ortsmitte tobten stundenlang erbitterte Kämpfe. Die Kommandos holten Verstärkungen heran und griffen die verteidigten

Flammenwerfern und einem 7,6-cm-Granatwerfer an. Den Verteidigern blieb schließlich nichts anderes mehr übrig, als aufzugeben.

Als um die Mittagszeit der größte Teil des Ortes in der Hand der Briten war, wandten sich die Sprengkommandos ihren Zielen zu: den Fischöl- und Konservenfabriken. Sobald eine Sprengladung gelegt und gezündet war, stieß der Leiter des Sprengkommandos in seine Trillerpfeife, das Signal für alle Beteiligten, sich auf den Boden zu werfen – der nur Bruchteile von

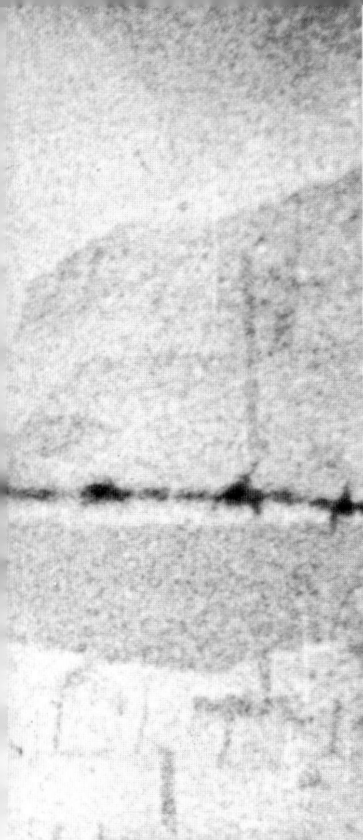

Auf der Hut vor verborgenen Scharfschützen, lauern drei Briten hinter der Ecke eines Hauses in Sør-Vågsøy

Kommandos ziehen einen mit schweren 7,6-cm-Geschossen und einem Granatwerfer beladenen Schlitten zum Zentrum des Ortes Sør-Vågsøy, wo die Deutschen ihren Gefechtsstand hatten und wo die blutigsten Kämpfe tobten.

Die im Abstand von wenigen Sekunden aufgenommenen Photos zeigen die Zerstörung einer Konservenfabrik, deren Erzeugnisse nach Deutschland ausgeführt wurden. Bei den Kommandosoldaten fand der Mut der Photographen, die immer in vorderster Linie anzutreffen waren, Anerkennung.

Scharf bewacht von mehreren Briten, wird eine Gruppe deutscher Gefangener zum Strand geführt Stolz wurde von den Kommandos vermerkt, daß der Überfall 98 Gefangene gebracht hatte, „die erste ansehnliche Zahl von deutschen Gefangenen die England bis dahin gemacht hatte“

SÄUBERUNG UND SCHNELLER RÜCKZUG

Nach erfülltem Auftrag begannen sich die Kommandos – bedrängt von deutschen Flugzeugen, die die Luftsicherung durchbrachen – zu ihren Schiffen zurückzuziehen. Aber wieder bewährte sich die Zusammenarbeit der Waffengattungen. „Die Schiffsflak feuerte aus allen Rohren", berichtete ein Hauptmann, „und hielten die deutschen Maschinen in sicherem Abstand."

Außer den deutschen Gefangenen nahm die Kommandotruppe 71 Norweger mit, die um Evakuierung nachgesucht hatten.

Der Überfall auf Vågsøy verhalf den Angehörigen der Kommandotruppen zu neuem Selbstbewußtsein. „Wir wurden von der Marine, die bis dahin geringschätzig auf die Armee herabgesehen hatte, deren geschlagene Verbände sie ständig irgendwo hatte retten und evakuieren müssen, mit einem Mal begeistert begrüßt", sagte einer von ihnen. „Diesmal war es anders."

Ein britischer Offizier untersucht ein durch Schiffsartillerie beschädigtes deutsches Feldgeschütz auf Måløy.

Obdachlos gewordene Norweger finden sich am Strand ein, um ihre Insel zusammen mit den britischen Kommandotruppen zu verlassen.

Träger schaffen einen verwundeten Kamerader über die verschneiten Hänge Vågsøys zu einen Verbandsplatz am Strand. Die Bergung der Ver wundeten mußte vielfach im Gefechtsbereich statt finden, und es kam häufig vor, daß die Träge Deckung suchen und auf Feuerschutz warten muß ten, ehe sie aus der Gefahrenzone kamen

Von zwei Kameraden gestützt, humpelt ein Verwundeter zum wartenden Landungsfahrzeug. Von den 52 verwundeten Briten starben sechs auf der Rückreise und erhielten ein Seemannsbegräbnis. Wie durch ein Wunder wurde während der mehrstündigen Kämpfe im Ort nur ein Zivilist getötet

Glückliche Sodaten und drei Generationen von Bewohnern Vågsøys drängen sich an der Reling des Truppentransporters, um einen ersten Blick auf die englische Küste zu werfen. Einige Zivilisten verließen Norwegen aus Furcht vor Repressalien der Deutschen, andere, weil sie in Vågsøy obdachlos geworden waren. Eine dritte Gruppe wollte sich den norwegischen Exilstreitkräften in Großbritannien anschließen. Ein gebürtiger Norweger, der in der Kommandotruppe aktiv am Kampf um Sør-Vågsøy teilgenommen hatte, meinte hinterher, der erfolgreiche Überfall sei „die Erfüllung unserer Träume" gewesen.

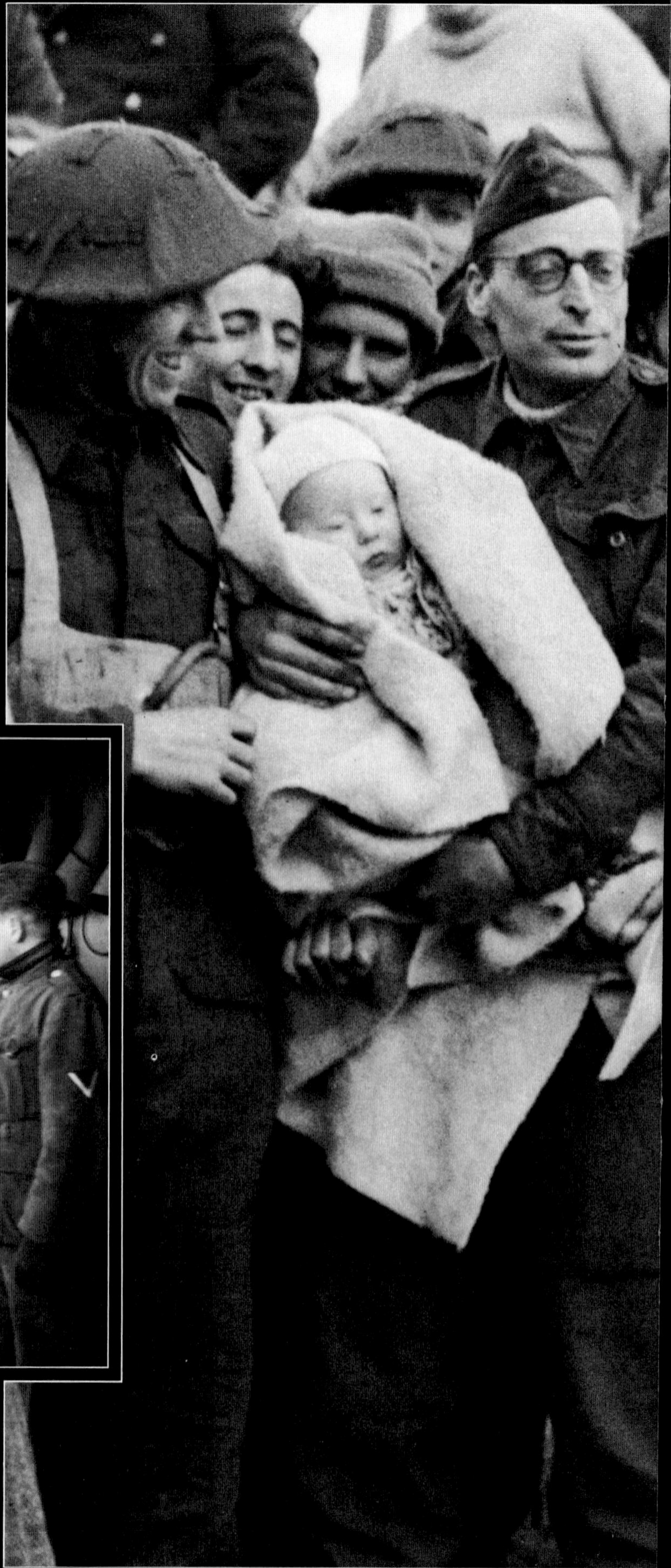

Auf Vågsøy in Kriegsgefangenschaft geratene deutsche Soldaten sind an Deck angetreten, um zur Vernehmung geführt zu werden. Viele ihrer Kameraden waren weniger glücklich davongekommen: Ein deutscher General, der am Tag nach dem Überfall auf der Insel eintraf, um sich ein Bild von den Schäden zu machen, erfuhr, daß es 150 Tote und 41 Vermißte gegeben hatte.

AUFBAU EINER ELITETRUPPE

Im Ausbildungszentrum Achnacarry üben angehende Kommandosoldaten an mit Lumpen und Putzwolle gefüllten Säcken den Nahkampf mit Bajonett und Gewehrkolben.

EIN BEGEHRTES ZIEL: DAS GRÜNE BARETT

Oberstleutnant Charles Vaughan, Ausbildungsleiter der britischen Kommandos, im Gespräch mit Major William Darby von den US-Rangers im Juli 1942.

Das erfolgreiche Kommandounternehmen gegen Vågsøy *(S. 42–57)* bestätigte zweifelsfrei die Richtigkeit der Überlegungen, die zur Schaffung von Kommandotruppen geführt hatten. Der nächste Schritt, sagte Churchill zu Lord Mountbatten, dem Chef der Amphibischen Operationen, müsse die Ausbildung von genügend Männern in den neuen Techniken des handstreichartigen Überraschungsangriffs sein, „um die gesamte feindliche Küste vom Nordkap bis zum Golf von Biskaya in Alarmbereitschaft zu halten".

Mountbattens Stab richtete bald darauf auf Schloß Achnacarry in Schottland, dem Stammsitz des schottischen Cameron-Clans, dessen Oberhaupt Sir Donald Cameron der britischen Regierung den Besitz vermietet hatte, ein Ausbildungszentrum von Kommandotruppen ein. Das im Hochland gelegene Achnacarry mit seinen düsteren Mooren und schroffen Felswänden, seinen tiefen und eiskalten Wasserläufen und Seen, bot alle Geländeschwierigkeiten, die man im Feindesland antreffen konnte.

Zum Ausbildungsleiter ernannte das Kriegsministerium Oberstleutnant Charles Vaughan, einen ehemaligen Rekrutenunteroffizier der Coldstream Guards, der als stellvertretender Chef des Kommandos Nr. 4 am erfolgreichen Unternehmen gegen die Lofoten im März 1941 teilgenommen hatte. Vaughan zeichnete sich durch „eine barsche Entschlossenheit aus, das Letzte aus seinen Leuten herauszuholen", bemerkte ein Offizier der Kommandotruppe.

Vaughan entwickelte einen anstrengenden zwölfwöchigen Kurs, dessen Absolventen zähe, abgehärtete Einzelkämpfer waren, die im Laufen zielsicher schießen, mit Dolch oder Schlinge geräuschlos töten, mit ein paar Seillängen Felswände erklettern und Flüsse überbrücken und 25 Kilometer in zwei Stunden und 20 Minuten marschieren konnten. All jene, deren Nerven oder Muskeln diesen Anforderungen nicht gewachsen waren, wurden zu ihren Einheiten zurückgeschickt. Die Ausbildung war gekennzeichnet von einem extremen Realismus: Bei Gefechtsübungen wurde grundsätzlich scharfe Munition verwendet, und insgesamt kamen während des Krieges etwa 40 Rekruten in Achnacarry ums Leben.

Aber für die alliierten Befehlshaber zählten Resultate, nicht die Kosten, und die Truppe selbst zeichnete sich durch ehrgeizige Einsatzbereitschaft aus. Es meldeten sich so viele Freiwillige, daß Hunderte abgewiesen werden mußten. Insgesamt absolvierten 25 000 alliierte Soldaten – Franzosen und Amerikaner ebenso wie Briten – die Ausbildung. Äußeres Merkmal für ihren erfolgreichen Abschluß war das grüne Barett, das bald als Kennzeichen dieser Elitetruppe galt und entsprechend begehrt war.

Auf recht realistische Weise demonstrieren zwei britische Soldaten in der Kommandoausbildung, wie ein Unbewaffneter einen Gegner kampfunfähig machen kann.

Lehrgangsteilnehmer drücken Stacheldraht nieder, so daß die nachfolgenden Männer das Hindernis über die menschlichen Brücken hinweg im Sturm nehmen können.

ÜBERLEBENSTRAINING IN DER WILDNIS

Zum Übungsgelände in Achnacarry gehörte eine mit natürlichen und künstlichen Barrieren gespickte Hindernisbahn, die die mit Waffen und feldmarschmäßiger Ausrüstung beladenen Soldaten im Laufschritt bewältigen mußten. Zweck dieses Hindernislaufes war die Erziehung zu Mut, Ausdauer und Körperbeherrschung. Das vielgestaltige und anstrengende Gelände verlangte den Männern alles ab. Waren sie eben noch schnaufend vor Anstrengung einen Hang hinaufgestürmt, mußten sie oben ohne Pause dem nächsten Hindernis entgegenrennen.

Ausbilder mit Stoppuhren trieben sie unaufhörlich zu schnellerem Tempo an, wodurch sich das Risiko schlimmer Stürze erhöhte. Felsklippen durchzogen die Hänge und lauerten zwischen Sumpflöchern, und wer beim Überschreiten eines geschälten Stammes das Gleichgewicht verlor, fand sich unten in der Grube auf einem Kissen aus Stacheldrahtrollen wieder.

Drei Kandidaten balancieren auf schmalen Baumstämmen über eine mit Stacheldrahtrollen ausgelegte Grube.

Ein Kursteilnehmer überklettert das in den Rauch gehüllte Dach eines Hauses. Die Übung sollte die Männer daran gewöhnen, auch in brennenden Gebäuden ihren Auftrag durchzuführen.

Ein US-Ranger springt von einem sieben Meter hohen Gerüst aus Baumstämmen (links), während ein Ausbilder bereitsteht, um zu prüfen, ob der Mann das Schlammloch zu Füßen des Gerüsts mit sauberer und schußbereiter Waffe überwindet. Ein anderer Ranger (oben) läuft nach dem Sprung von Kopf bis Fuß mit Schlamm bespritzt weiter.

Ein Marineinfanterist der freifranzösischen Streitkräfte bei einer Schießübung im schottischen Achnacarry.

ANFORDERUNGEN AN SCHNELLIGKEIT UND AUSDAUER

Kommandotruppen zogen zwar mit zusätzlichen Lasten von Waffen und Munition, Ausrüstungen und Sprengstoff beladen in den Kampf, aber ohne die reichlichen Verpflegungssätze, Kochgeschirre und Zelte, die eine Truppe normalerweise auf dem Marsch mit sich führte.

Da sie in feindlichem Gebiet operieren sollten, lernten die Kommandosoldaten in Achnacarry, sich aus dem Land zu versorgen. Sie lernten, wie man unter Zweigen und Gestrüpp Obdach findet, wie man Nahrung stiehlt und über raucharmen Feuern abkocht, ohne die eigene Position zu verraten. Ein Fleischer brachte den Teilnehmern bei, wie man jagdbare Tiere abhäutet und vorbereitet, und bei Feldübungen im regennassen Gelände lernten sie, trockenes Brennholz in ihrem Gepäck mitzuführen, um rohes Fleisch kochen zu können.

Neulinge überraschte man zuweilen mit einer widerlich schmeckenden Speise, die ihnen im Feld kaum zugemutet werden würde. Zum Abschluß eines sogenannten „prähistorischen Kochkurses" erhielt jeder eine saftige Schnitte von einem kleinen, in Lehm gebackenen Tier. Erst nachdem alle gegessen hatte, wurde ihnen gesagt, was es war: Achnacarry-Ratte.

Im Rahmen von Invasions-Übungsmanövern an der englischen Küste im Jahre 1943 warten US-Rangers, gedeckt durch die Felsen, auf die Sprengung eines Hindernisses.

Lehrgangsteilnehmer sind dabei, mit Hilfe von Ästen und Zweigen einen Wetterschutz zu errichten. Kommandosoldaten hatten keine Zelte, sondern nur Regencapes.

Zur Verringerung der Rauchentwicklung sind die Aststücke für das Lagerfeuer nur lose geschichtet worden.

Ausbilder zerlegen ein abgehäutetes Reh, während Lehrgangsteilnehmer zusehen. Fürs Überleben hinter feindlichen Linien konnte es notwendig werden, Wild zu jagen oder Vieh zu stehlen.

Lehrgangsteilnehmer demonstrieren, wie man mit voller Kampfausrüstung einen Fluß auf einem Drahtseil, das von Ufer zu Ufer gespannt worden ist, überqueren kann.

SEILAKROBATIK AUF KOMMANDOART

Jeder Lehrgangsteilnehmer hatte einen 1,20 Meter langen Strick mit einem hölzernen Knebel an einem und einer Schlinge am anderen Ende. Damit konnte er einem Kameraden Hilfestellung beim Klettern geben oder Ausrüstung über einen Felsabhang abseilen. Indem sie mit ihren Knebelstricken drei Drahtseile verbanden, konnten die Soldaten eine schwankende Brücke errichten. Und bei einer Übung zum Überqueren eines Flusses, die sie makabererweise „Todesritt von Achnacary" nannten, diente der Knebelstrick als Sicherung an einem 15 Meter langen Drahtseil, das in zwölf Meter Höhe einen eiskalten Fluß überspannte und an dem die Soldaten sich über das Wasser ziehen mußten.

Nicht jeder Soldat machte später im Einsatz Gebrauch von seinem Knebelstrick, aber die Ausbildung damit zahlte sich in jedem Fall aus. Denn „wer eine Steilwand erklettern konnte", sagte Oberstleutnant John Durnford-Slater, der erste Führer des Kommandos Nr. 3, „hatte das Gefühl, alles zu können".

Während zwei Lehrgangsteilnehmer auf einer Behelfshängebrücke aus drei durch Knebelstricke miteinander verbundenen Drahtseilen einen Fluß überqueren, explodiert im Wasser ein Sprengsatz.

US-Rangers (links) seilen sich im Grundlehrgang für Kommandotruppen von einem Turm des Schlosses Achnacarry ab. Das untere Photo zeigt Angehörige einer britischen Kommandoeinheit, die in einem Kletterkurs für Fortgeschrittene eine Klippe der englischen Steilküste erklimmen. Diese Klippen ähnelten denjenigen, die sie an der französischen Küste vorfinden würden.

Mit schußbereiten Maschinenpistolen springen Soldaten der Kommandotruppe bei einer Angriffsübung aus der Deckung. Überrumpelungstaktiken wie diese waren für die leichtbewaffneten Kommandotruppen eine der wichtigsten Voraussetzungen für den Erfolg ihrer Unternehmen.

ÜBERRUMPELUNG DES GEGNERS

Bei beweglicher Kampfführung in kleinen Gruppen ohne schwere Waffen kam es ganz und gar auf Schnelligkeit, Überraschung und Geschicklichkeit beim Überwältigen des Feindes an. Die Soldaten der Kommandos mußten imstande sein, aus jeder Lage zu feuern und ihr Ziel mit einem einzigen Feuerstoß zu treffen. Sie lernten mit Schlinge und Dolch töten – oder, wenn nötig, mit Stiefeln und bloßen Händen. In ihrer Dienstvorschrift stand geschrieben: „Die Kommandotruppen suchen Feuerkraft durch Überraschung zu ersetzen und Überraschung durch Beweglichkeit und Schnelligkeit auch in schwierigem Gelände zu erreichen."

Um letzterer Anforderung zu entsprechen, wurden die Lehrgangsteilnehmer mehrmals in der Woche erschöpfenden „Gewaltmärschen" unterzogen, die nicht selten über 30 Kilometer in drei Stunden quer durchs schwierige Gelände gingen. An solche Märsche schloß sich unmittelbar ein Übungsangriff an, bei dem die Soldaten sämtliche Tötungstechniken anzuwenden hatten, die sie beherrschten.

Lehrgangsteilnehmer üben die Technik, einen feindlichen Wachtposten mit einem Knie in den Rücken, einer Hand über dem Mund und einem Messer in die Kehle zum Schweigen zu bringen.

In einer Demonstration von Nahkampftechniken während einer Invasions-Manöver-Übung in Schottland reißt ein Angehöriger einer französischen Kommandoeinheit den Kopf eines Kameraden an den Haaren zurück und setzt gleichzeitig sein Messer zum scheinbaren Stoß in den Hals an.

ABSCHLUSSTEST IM MG-FEUER

Nur die Kampfsituation selbst überstieg die Härten und Gefahren der Ausbildung der Kommandotruppen. Im letzten Abschnitt ihrer Grundübung paddelten die Lehrgangsteilnehmer über einen See und stürmten anschließend einen von Ausbildern verteidigten Strandabschnitt. Dabei feuerten die Ausbilder mit MGs und scharfer Munition unmittelbar neben die Angreifer.

Solche Übungen hörten mit dem Abschluß des Lehrgangs nicht auf; um sich zwischen den Einsätzen in Form zu halten, übten die Kommandotruppen in der Brandung der britischen Felsenküste amphibische Angriffe.

Die Erfahrungen zahlten sich im Kampf aus. Als britische Kommandos während des Landungsunternehmens bei Dieppe im August 1942 im Feuerhagel deutscher Maschinengewehre über den Strand liefen, soll einer von ihnen dem Offizier an seiner Seite zugerufen haben: „Dies ist beinahe so schlimm wie Achnacarry.“

Von einem erhöhten Standort am Ufer nimmt ein Ausbilder einlaufende Boote mit US-Rangers unter Feuer.

Während Lehrgangsteilnehmer bei einer Landeübung über einen See bei Achnacarry rudern, prasselt Sperrfeuer von Maschinengewehren und Handgranaten ins Wasser.

In einer Angriffsübung bei Achnacarry robben Lehrgangsteilnehmer der Kommandotruppe durch vom Maschinengewehrfeuer aufspritzenden Sand.

Elektrisch gezündete Sprengsätze detonieren vor einer Gruppe Lehrgangsteilnehmer, die landeinwärts auf ein Stacheldrahthindernis zukriechen.

Mit gezogenem Degen führt ein Kommandooffizier seine Männer bei einer Landeübung am Loch Fyne an der schottischen Westküste durch Brandung und künstliche

Nebelvorhänge zum Ufer. Hinter ihm plagen sich die Soldaten mit Leitern, die zum Überbrücken von Gräben und Erklettern von Kliffs hinter dem Strand benötigt werden.

2

Privatarmeen mit eigenen Gesetzen
Ein Anschlag auf den Wüstenfuchs
Die Brigade, die es gar nicht gab
Ein Handstreich, um eine Wette zu gewinnen
Ein aus Juden gebildetes Himmelfahrtskommando
Verrat durch einen vermeintlichen Überläufer
Fiasko in Tobruk
Blutiges Gemetzel am Sened-Paß

EINSATZ IN DER WÜSTE

Am 12. November 1941 lief das britische U-Boot *Torbay* auf Westkurs parallel zur nordafrikanischen Küste durch das Mittelmeer. Es hatte zwei Tage zuvor den ägyptischen Hafen Alexandria verlassen. In der engen Offiziersmesse saß Oberstleutnant Geoffrey Keyes im gelben Lampenschein und schrieb einen Brief an das Mädchen, das er liebte. Vor einigen Wochen hatte er jenen Brief erhalten, den alle fern von der Heimat dienenden Soldaten fürchten: Das Mädchen bedauerte, ihm dies antun zu müssen, aber es habe einen anderen gefunden, tatsächlich einen seiner besten Freunde, und sie wollten heiraten.

Die erste Zeit war Keyes von dem, was er als einen schweren Schicksalsschlag empfand, wie betäubt gewesen. Nun aber, da er unterwegs zu einem Kommandounternehmen war, wollte er sie doch wissen lassen, daß er sie verstand; solche Dinge kamen in Kriegszeiten vor, und er hoffte, sie würde glücklich sein. „Ich schreibe dies auf der Fahrt zu einem Einsatz", teilte Keyes ihr mit. „Vor mir liegt eine keineswegs einfache Aufgabe, aber es ist mein Unternehmen, und ich trage die Verantwortung. Die Chancen, ungeschoren davonzukommen, sind einigermaßen gut, doch wenn Du diesen Brief bekommst, bedeutet es, daß ich Mist gemacht habe und nicht zurückgekehrt bin, denn ich gebe ihn einem Kameraden zur Verwahrung . . ."

Keyes, der zu einer Einheit gehörte, welche die Bezeichnung Nahost-Kommando trug, hatte seine Überlebenschance nicht wahrheitsgemäß dargestellt. Seine Vorgesetzten hatten ihn durchaus nicht im unklaren darüber gelassen, daß das Unternehmen beinahe den sicheren Tod für diejenigen bedeutete, die daran teilnehmen würden. Sein Ziel war ebenso einfach, wie es gefährlich war: Ein Attentat auf General Erwin Rommel, den Oberbefehlshaber des deutschen Afrikakorps, das für den Abend des 17. November 1941 geplant war.

Mit 24 Jahren war Keyes der jüngste Oberstleutnant in der britischen Armee. Seine Kommandoeinheit bestand aus sechs Offizieren und 53 Mann – dem Rest von 2000 Mann Kommandotruppen, die im Februar 1941 von England in den Nahen Osten entsandt worden waren. Als geschlossener Kampfverband war das Nahost-Kommando Opfer von Umständen geworden, die das Kriegsgeschehen diktiert hatte. Als es in Ägypten eintraf, hatte Rommel den Briten in Nordafrika die Initiative entrissen. Aus der italienischen Verteidigungsstellung bei El Agheila nach Osten vorstoßend, hatte sein Afrikakorps die Briten aus der Monate zuvor eroberten Cyrenaika wieder hinausgeworfen und Mitte April bei Sollum die ägyptische Grenze erreicht.

Die Kommandoeinheiten hatten an vier Schwerpunkten amphibische Angriffe gegen militärische Anlagen der Achsenmächte an der libyschen Küste unternommen, waren aber durch rauhe See an der Ausführung ihrer Vorhaben gehindert worden. Nur eine Kommandoeinheit gelangte bei Bardia ans Ufer und brachte außer der Sprengung einer kleinen Brücke und eines Brandanschlags gegen ein Reifenlager nichts zustande. Im Mai, als deutsche Truppen die strategisch wichtige Insel Kreta eroberten, wurden 800 Mann der Kommandotruppe hinübergebracht, um Rückzug und Einschiffung der hart bedrängten britischen Streitkräfte auf Kreta zu decken. Obwohl sie für diese Aufgabe schlecht ausgerüstet waren, lieferten die Kommandos den vordringenden deutschen Truppen – unter hohen Verlusten – tapfere Nachhutgefechte. Mehr als 600 von ihnen wurden getötet, verwundet oder blieben auf der Insel zurück, wo sie die Gefangenschaft erwartete.

Die Verluste auf Kreta und das Fehlen von Sturm- und Landungsbooten ließen die Aussichten für amphibische Kommandounternehmen ungünstig erscheinen. Damit nicht genug, benötigten doch die angeschlagenen regulären Verbände der britischen Nordafrika-Armee dringend Verstärkungen. Im Juli ordnete das Hauptquartier in Kairo die Auflösung des Nahost-Kommandos – von der nur Keyes' kleine Abteilung ausgenommen blieb – und die Rückführung der Männer zu ihren früheren Einheiten an. Churchill sah die Logik der Entscheidung ein, war aber verärgert. „Die Kommandotruppen sind verzettelt worden", bemerkte er zornig.

Dieser Rückschlag für die Kommandotruppen war jedoch nicht unwiderruflich. Ende 1942 sollten die britischen Kommandos gemeinsam mit ihren amerikanischen Waffengefährten, den US-Rangers, in einer neuen Rolle wieder erscheinen – als Speerspitzen der alliierten Invasion Nordafrikas.

Die Bande des Gemeinschaftsgefühls unter den Angehörigen der Kommandos waren indessen so stark, daß viele Männer nur ungern zu ihren alten Einheiten zurückkehrten. Bot sich eine Gelegenheit dazu, zogen viele es vor, in einem Zentrum für Neuaufstellungen in Kairo zu bleiben und nach einem Dienst Ausschau zu halten, der Gelegenheit zur Aktion bot. Solchen Wünschen kam die Aufstellung von Sondereinheiten für die Kriegführung im Innern der nordafrikanischen Wüste entgegen. Diese unkonventionelle Truppe hatte Ähnlichkeit mit einer kleinen Privatarmee: Sie machte sich ihre Dienstvorschriften selbst und verschmähte alles hergebrachte militärische Brauchtum. Ihre Kämpfe mußten nicht nur gegen feindliche Streitkräfte ausgefochten werden, sondern ebenso gegen die lebensfeindlichen Bedingungen der Wüste, wo die Tage beherrscht waren von Staub und Fliegen und ausdörrender Hitze, und die Nächte von einer Kälte, die durch Mark und Bein ging. Der Überfall mit dem Ziel, Rommel zu töten, war charakteristisch für die freibeuterische Art ihrer Operationen.

Keyes, der das Unternehmen leitete, war der Sohn des früheren Direktors der Amphibischen Operationen, Großadmiral Sir Roger Keyes. Der junge Keyes war ein absonderlich aussehender Held, lang und hager, mit einem wuchernden Schnurrbart, abstehenden Ohren und einem arglosen Gesichtsausdruck, der seinen brennenden militärischen Ehrgeiz und seinen Löwenmut Lügen strafte. Als die Idee eines Überfalls auf Rommels Hauptquartier zur Beseitigung des berühmten Wüstenfuchses zuerst diskutiert wurde, zweifelten viele erfahrene Offiziere an der Durchführbarkeit einer solchen Operation. Oberstleutnant Robert Laycock, der dienstälteste Offizier der Kommandotruppen im Nahen Osten, sagte Keyes unter vier Augen, daß er das Unternehmen für ein Himmelfahrtskommando halte, dessen Teilnehmer mit Sicherheit den Tod finden würden, aber Keyes bat ihn, seine Meinung für sich zu behalten, damit die Operation nicht abgesagt würde. Keyes' Begeisterung, seine Zuversicht und die kühle Hinnahme der Risiken überzeugten Laycock und die vorgesetzten Offiziere zuletzt so weit, daß sie sich zur Durchführung des Vorhabens entschlossen.

Die Wahl des richtigen Zeitpunkts würde für den Erfolg der Operation entscheidend sein. Keyes' Kampfgruppe sollte Rommel am 17. November 1941 tot oder lebendig in ihre Gewalt bringen, am Vorabend des geplanten Beginns einer Gegenoffensive mit dem Ziel, das von den Briten noch gehaltene, hart bedrängte Tobruk an der libyschen Küste zu entsetzen. Wäre das deutsche Afrikakorps plötzlich seines Führers beraubt, so kalkulierten die Planer, würden dem Angriff der britischen 8. Armee sehr viel bessere Erfolgsaussichten beschieden sein.

Die Nacht vom 13. auf den 14. November 1941 war finster und stürmisch. Die zwei britischen U-Boote *Torbay* und *Talisman* tauchten vor der libyschen Küste auf, kilometerweit hinter den deutschen Linien, und liefen mit langsamer Fahrt auf die dunkle Uferlinie zu. An Bord der *Torbay* waren Keyes und eine vierundzwanzigköpfige Kommandoeinheit, die ihn bei dem Überfall auf Rommels Hauptquartier im Dorf Beda Littoria, 18 Kilometer landeinwärts, begleiten sollten. Sie sollten sich zuerst ausschiffen. An Bord der *Talisman* waren zwei weitere Gruppen, die den Befehl hatten, italienische Lager in Cyrene und Apollonia anzugreifen, ferner Oberstleutnant Laycock, der am Strand einen rückwärtigen Meldekopf einzurichten hatte.

Kurz nach dem Auftauchen der Unterseeboote machten die Kommandoeinheiten an der Küste ein Blinklicht aus. Es gehörte einem britischen Geheimdienstagenten, der den Ankömmlingen signalisierte, daß der Strand feindfrei sei. In Zweierreihen nahmen die Männer bei starkem Wind auf dem nassen und schlüpfrigen Vordeck Aufstellung. Sie fanden Halt an einem als Stütztau zwischen Bug und Turm gespannten Stahlkabel. Besatzungsangehörige reichten die Schlauchboote aus der vorderen Luke und gesellten sich zu den Kommandosoldaten auf dem schwankenden Deck, um beim Auseinanderfalten und Aufpumpen der Schlauchboote zu helfen. Das Aufblasen war keine leichte Arbeit, es mußte mit

Fußpumpen bewerkstelligt werden, und niemand wagte das Haltekabel loszulassen, weil er befürchten mußte, in die tintenschwarze See gespült zu werden.

Da das Wetter ständig schlechter wurde, ließ der Kapitän die *Torbay* teilweise tauchen, um Deck und Wasseroberfläche auf gleiche Höhe zu bringen und so das Abstoßen der Schlauchboote zu erleichtern. Es war eine gute Idee, die jedoch schiefging; plötzlich schlug eine hohe Welle über das Deck und nahm mehrere Schlauchboote und den Gefreiten Spike Hughes mit sich, der noch rief: „Ich kann nicht gut schwimmen!" bevor er in der Nacht verschwand. Es gelang ihm aber dann, an einem der treibenden Schlauchboote Halt zu finden, hineinzuklettern und ein zweites festzuhalten, und wunderbarerweise trug die Strömung ihn zurück zur *Torbay*, wo er von Keyes für die Bergung von zwei Schlauchbooten beglückwünscht wurde.

Der Sturm, die hochgehende See und das Stampfen des U-Boots machten es immer schwieriger, die Schlauchboote zu Wasser zu bringen. Kam ein Mann sicher hinein, brachte der nächste das leichte, auf den Wellen tanzende Fahrzeug zum Kentern. Zwei Männer der U-Boot-Besatzung blieben angeseilt im Wasser und bargen gekenterte Schlauchboote und Insassen.

Unterdessen vergingen fünf Stunden, und Laycock wartete an Bord der *Talisman* ungeduldig auf das Blinksignal von der Küste, das ihm anzeigen sollte, daß alle Männer von der *Torbay* sicher gelandet seien. Laycock konnte die Verzögerung nicht verstehen. Bei der Planung des Unternehmens hatten sie geschätzt, daß Keyes und seine Leute nicht länger als eine Stunde benötigen würden, um das Ufer zu erreichen. Innerhalb der nächsten fünf Stunden würde das U-Boot ablaufen müssen, um seine Batterien aufzuladen. Eine weitere Stunde verging, und Laycock begann zu überlegen, ob er seine Landung nicht bis zum folgenden Abend verschieben sollte. Endlich – Mitternacht war längst vorbei – sah er das Signallicht. Keyes Truppe hatte sechs Stunden benötigt, um mit 13 Schlauchbooten von der *Torbay* abzulegen und an die Küste zu paddeln.

Die Windgeschwindigkeit hatte bis Mitternacht 13 Knoten erreicht und näherte sich inzwischen 28 Knoten. Außerdem wurde die Zeit knapp. Die *Talisman* schob sich näher an die Küste heran, während sich die Kommandos auf Deck an ihre Schlauchboote klammerten. Auf einmal bekam das U-Boot Grundberührung. Es gab einen Stoß, und gleichzeitig überrollte eine Welle das Deck und spülte elf Mann und sieben Schlauchboote über Bord. Das U-Boot kam rückwärts laufend wieder frei, während die Männer im Wasser verzweifelte Anstrengungen unternahmen, um sich in die tanzenden Schlauchboote hinaufzuziehen. Die auf Deck zurückgebliebenen Soldaten versuchten wieder und wieder, ihre Boote zu Wasser zu bringen; jedesmal schlugen die Schlauchboote in der hochgehenden See um. Um 4.00 Uhr war Rückzug die einzige Alternative. Die Besatzung der *Talisman* zog alle Männer und Schlauchboote, die sie in der Dunkelheit finden konnte, wieder an Bord, und das U-Boot nahm Kurs auf die See. Nur vier Schlauchboote von der *Talisman* erreichten das Ufer.

Eines dieser Boote beförderte Laycock, der am Ufer mit Keyes und seiner Gruppe zusammentraf. Obwohl die neun Soldaten in Laycocks Begleitung müde und enttäuscht waren, führte e die ganze Gruppe landeinwärts zu einem Buschdickicht, wo sie unterkriechen und ein paar Stunden schlafen konnten. Am Morgen beschlossen Laycock und Keyes, die Nebenziele in Cyrene und Apollonia aufzugeben und sich auf das Hauptziel zu konzentrieren: Rommel. Das Wetter wurde stürmischer, und es bestand wenig Hoffnung, mehr Leute an Land zu bekommen. Überdies war keine Zeit zu verlieren. Rommel mußte eliminiert werden, bevor die britische Offensive einsetzte.

Tief im feindlichen Hinterland war die Kommandoeinheit nur bei Nacht beweglich. Während der Tagesstunden blieben sie im

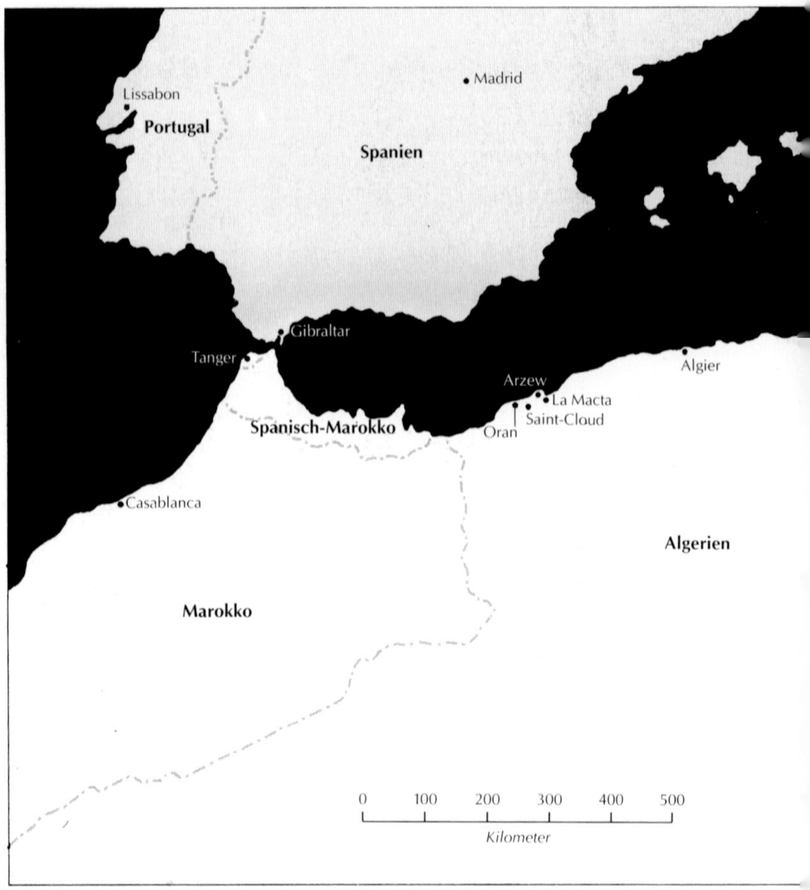

Versteck liegen. Um 20.00 Uhr machten sie sich, schlechten Schafpfaden folgend, in strömendem Regen auf den Marsch ins Landesinnere. Laycock war, wie ursprünglich geplant, am Strand zurückgeblieben, und Keyes führte den Angriff allein. Als es Tag wurde, verkrochen sich die Männer so gut sie konnten im tropfenden Gesträuch und versuchten zu schlafen. Dieser Wechsel von Nachtmärschen und Tagesaufenthalten in dürftigen Verstecken blieb für die nächsten 48 Stunden bestimmend. Am Morgen des 17. November rasteten die Männer in einer Höhle ungefähr acht Kilometer von Beda Littoria entfernt, während Gewitter über das Hügelland hinwegrollten und wolkenbruchartiger Regen die Wüste in einen Morast verwandelte.

Das Wetter trug nicht dazu bei, der nachlassenden Moral der Truppe aufzuhelfen. „Kaum hatte der Regen einmal nachgelassen, schienen die Wolken erneut alle Schleusen zu öffnen, und sintflutartiger Regen schüttete herab", erinnerte sich Hauptmann Robin Campbell, Keyes' Stellvertreter. „Das Land, das wir zu durchqueren hatten, verwandelte sich vor unseren Augen in Schlamm. Kleine Gießbäche lehmigen Wassers strömten von den umliegenden Anhöhen, die wir aus der Höhlenöffnung sehen konnten. Schließlich begann es noch vom Höhlendach zu tropfen. Die Aussicht auf den langen Marsch durch lehmig aufgeweichtes Gelände, in Kälte und durchnäßten Kleidern, bevor wir auch nur den Ausgangspunkt unserer gefährlichen Operation erreichten, ließ die Stimmung auf den Tiefpunkt sinken – jedenfalls meine."

Keyes versuchte seine Männer aufzumuntern, indem er ihnen erzählte, dieses Wetter sei genau das, was sie brauchten; Wind und Regen würden ihre Annäherung an Beda Littoria decken und der Feind würde die Unterkünfte aufsuchen, so daß die Gefahr, entdeckt zu werden, verringert würde. Kurz nach 18.00 Uhr gab es eine letzte Mahlzeit aus Brot und Marmelade. Nachdem sie sich anschließend die Gesichter zur Tarnung geschwärzt hatten, brachen die Männer im Gänsemarsch auf und patschten und schlitterten durch den Lehm weiter nach Süden. Bald war es so dunkel, daß

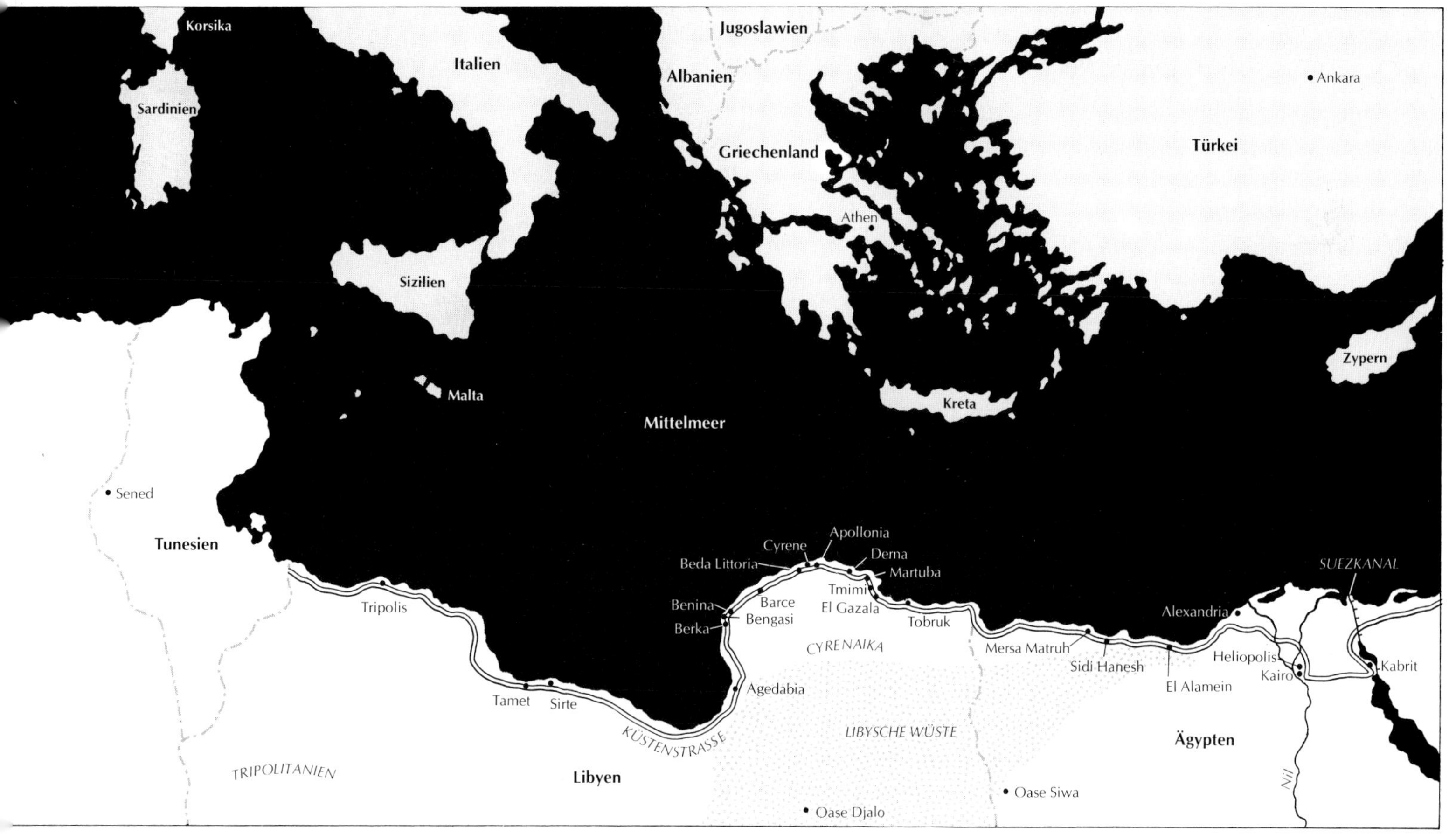

Zwischen 1940 und 1943 operierten alliierte Sondereinheiten in dem sich über mehr als 2500 Kilometer erstreckenden unwirtlichen Terrain, von den Einöden der libysch-ägyptischen Sandwüste, wo britische und neuseeländische Sabotagetrupps Feldflugplätze der Achsenmächte angriffen, bis zu dem rauhen Bergland Tunesiens und den kahlen Stränden Algeriens, wo US-Rangers die Stützpunkte der Vichy-treuen französischen Streitkräfte überfielen.

jeder die Bajonettscheide des Vordermanns festhalten mußte, um in Verbindung zu bleiben.

Ungefähr einen halben Kilometer vom Dorf entfernt, machte der Trupp bei einer Weggabelung eine letzte Zigarettenpause. Dann stapften Leutnant Roy Cooke und sechs Mann zur Straße nach Cyrene davon, um die Kabel der militärischen Telegraphen- und Telephonleitungen der Achsenstreitkräfte zu unterbrechen. Keyes setzte mit den restlichen 22 Mann den Marsch ins Dorf fort. Die Waffen schußbereit, drangen sie verstohlen zu einem anscheinend verlassenen arabischen Marktplatz vor, hinter dem etwa 100 Schritte entfernt das weiße Steinhaus auszumachen war, das ihre Karte als Rommels Hauptquartier auswies. Die Gruppe wartete am Rand der schlammigen Straße, während Keyes und Unteroffizier Jack Terry vorausgingen, um das Haus auszukundschaften.

Die Soldaten waren nervös und angespannt. Einer stolperte über eine Blechdose und schreckte einen Hund auf, der wütend zu kläffen begann. Plötzlich wurde eine Tür aufgestoßen, heller Lichtschein fiel auf die Straße, und ein arabischer Offizier in der Uniform der italienisch-libyschen Kolonialtruppe wollte wissen, was vorging. Campbell zögerte keinen Augenblick, sondern antwortete barsch auf deutsch, daß er eine deutsche Patrouille führe und daß der Araber seinen Hund beruhigen solle. Der Araber schien sich mit der Auskunft zufriedenzugeben, wünschte eine „Gute Nacht“ und kehrte in den Schutz seines Hauses zurück.

Als Keyes und Terry zurückkehrten, meldeten sie, daß der Weg frei sei. Nun bekamen die Männer ihre letzten Befehle. Keyes wollte den Angriff mit Campbell, Terry und drei anderen führen. Die übrigen sollten sich in zwei Gruppen teilen und die Zugänge zum Haus überwachen, falls der Angriffstrupp bei seiner Suche nach Rommel gestört werden sollte. Sie hatten Befehl, jeden niederzuschießen, der aus der rückwärtigen Tür des Hauses käme.

Es ging auf Mitternacht zu, als die Angriffsgruppe ein Loch in den Drahtzaun schnitt, der das Haus umgab, und unter den dunklen Schatten von Zypressen in den Garten schlüpfte. Sie konnten einen einzelnen Wachtposten sehen, der am Eingang zur Einfahrt seinen Dienst versah: Keyes rannte zwischen den Bäumen hinüber und tötete ihn ohne ein Geräusch. Dann kauerten sie im strömenden Regen nieder, um zu warten, bis das einsame Licht, das noch hinter einem Fenster im Obergeschoß brannte, gelöscht würde.

Sobald das Licht im Obergeschoß ausgegangen war, führte Keyes seine Männer zum Eingang. Die Soldaten sprangen die steinernen Stufen hinauf und hämmerten gegen die Tür, während Campbell mit lauter Stimme auf deutsch Einlaß begehrte. Ein deutscher Soldat mit Stahlhelm und Mantel öffnete die Tür. Campbell berichtete, was dann geschah: „Keyes sprang sofort auf ihn zu und hielt ihn mit seinem Revolver in Schach. Der Mann aber packte den Revolverlauf und versuchte Keyes die Waffe zu entwinden. Ehe ich oder Terry hinter ihn gelangen konnten, zog er sich, ohne Keyes' Waffe loszulassen, weiter zurück, bis er mit dem Rücken zur Wand stand.“ Als der Deutsche laut zu rufen begann, schoß Campbell ihn mit seinem Revolver nieder.

Daraufhin kamen die Kommandosoldaten von draußen ins Haus gestürzt und fanden sich in einer breiten, nur dürftig erleuchteten Eingangshalle mit Türen zu beiden Seiten wieder. Rechts führte eine steinerne Treppe zum Obergeschoß hinauf. Dort wurden schwere Stiefeltritte hörbar, die sich der Treppe näherten, und als die Füße des Mannes auf den Stufen in Sicht kamen, gab Unteroffizier Terry einen Feuerstoß aus seiner Maschinenpistole ab. Der Mann trat hastig den Rückzug an.

Keyes entdeckte einen Lichtschimmer unter einer Tür und riß sie auf. Es war offenbar eine Wachstube. Ungefähr zehn deutsche Soldaten in Stahlhelmen saßen beziehungsweise standen um einen Tisch herum. „Ich schleuder' eine Handgranate hinein!“ rief Campbell. Keyes warf die Tür zu und stemmte sich dagegen, während Campbell eine Handgranate abzog; dann öffnete Keyes die Tür wieder, und Campbell rollte die Handgranate in den Raum. Gleichzeitig feuerte Terry mit der Maschinenpistole hinein. „Gut gemacht!“ sagte Keyes. In diesem Augenblick feuerte einer der Deutschen zurück, und eine Kugel traf Keyes knapp über dem Herzen in die Brust. Er fiel seinen beiden Kameraden vor die Füße.

Campbell sprang vor und stieß die Tür zu, dann warfen er und Terry sich zur Seite, als die Handgranate explodierte. Der Widerhall der Explosion dröhnte noch in ihren Ohren, als sie Keyes hinaustrugen und neben dem Eingang ins Gras legten. Campbell kniete nieder, um nach Keyes' Herz zu fühlen, aber es hatte schon aufgehört zu schlagen.

„Ziehen wir uns zurück, Sir?“ fragte ein Soldat, der Wache stand. „Nein!“ erwiderte Campbell und ging zurück ins Haus. Wenige Minuten später krachten Schüsse hinter dem Gebäude. Unteroffizier Terry lief um das Haus und fand Campbell am Boden liegend, schwer verwundet am Bein. Er war von einem der Kommandosoldaten niedergeschossen worden, der sich an den Befehl gehalten hatte, auf jeden zu schießen, der aus dem rückwärtigen Eingang des Hauses käme. Campbell übergab das Kommando an den neunzehnjährigen Unteroffizier und befahl ihm, Sprengladungen im Innern des Hauses anzubringen und sich dann mit dem Rest der Gruppe zurückzuziehen. Einige der Männer boten an, den schwerverwundeten Campbell zur Küste zurückzutragen, eine Entfernung von mehr als 16 Kilometern, aber Campbell wußte, daß es unmöglich war, und befahl ihnen, ihn zurückzulassen. Er geriet in deutsche Kriegsgefangenschaft.

In Dunkelheit und Regen eilte der traurige und entmutigte kleine Trupp aus dem Dorf fort, nachdem er ein paar Sprengladungen zur

Explosion gebracht hatte. Keyes' Tod hatte jeden Mann betroffen gemacht. Und wo war Rommel, den zu töten sie so weit marschiert waren? Niemand hatte in Beda Littoria einen Hinweis auf seine Anwesenheit gefunden.

Am Spätnachmittag des 18. November wankten die erschöpften Männer des Kommandos an den Strand, wo Laycock sie in Sorge erwartete. Unteroffizier Terrys Meldung hätte kaum schlechter ausfallen können: Keyes war tot, Rommel dagegen lebte, und Campbell war verwundet zurückgeblieben. Die Überlebenden konnten nichts anderes tun, als sich in Höhlen an der Küste zu verstecken und zu warten, daß die U-Boote in der Nacht kämen, um sie abzuholen. Zwar traf die *Torbay* planmäßig ein, doch war die See zu rauh, um die Schlauchboote zu Wasser zu bringen. Das U-Boot signalisierte, daß es in der folgenden Nacht zurückkehren werde, und ließ die Männer zurück.

Die Gruppe war jedoch bereits von arabischen Hirten entdeckt worden, die ihre Beobachtungen prompt den italienischen Behörden mitgeteilt hatten. Um die Mittagszeit erschien arabische Militärpolizei mit roten Fes als Kopfbedeckungen am Strand und begann gegen die Höhlen vorzugehen, wo die Kommandos Unterschlupf gesucht hatten. Es kam zu einem Feuergefecht. Zunächst war Laycock nicht übermäßig besorgt, doch bald erschien eine starke italienische Abteilung am Horizont, gefolgt von einigen Deutschen. Um 14.00 Uhr war die Suchabteilung bis auf 200 Schritte herangekommen und begann das Gelände abzuriegeln. Laycock forderte daraufhin seine Männer auf, sich in Gruppen von zwei bis drei Mann ins Landesinnere durchzuschlagen.

Nur zwei Männer schafften es. Am Weihnachtstag erreichten Laycock und Unteroffizier Terry die Vorhuten der vorrückenden 8. Armee bei Cyrene. Sie waren die ganze Zeit kaum 15 Kilometer von ihren Landsleuten entfernt gewesen, aber 36 Tage lang orientierungslos durch die Buschsteppe geirrt und hatten sich während dieser Zeit kümmerlich von Beeren ernährt.

Keyes erhielt für seinen Einsatz posthum das Viktoriakreuz, aber die bittere Ironie war, daß der britische Geheimdienst sich geirrt hatte. Rommel hatte das Haus in Beda Littoria niemals als Hauptquartier benutzt. In der Nacht des Überfalls war er nicht einmal im Dorf gewesen, sondern an der Front bei der kämpfenden Truppe.

Keyes' unglückliches Unternehmen fand zu einer Zeit statt, da zwei andere für den Wüstenkrieg konzipierte Einheiten sich anschickten, dem Afrikakorps das Leben schwerzumachen. Eine dieser Einheiten war die Long Range Desert Group (LRDG), eine bewegliche Fernaufklärungstruppe, deren Geschicklichkeit im Überwinden der Sand- und Felswüsten jener der nomadisierenden Araber nicht nachstand. Die andere war eine Geheimtruppe, gegründet von der Führung des zusammengeschrumpften Nahost-Kommandos zu dem Zweck, um Sabotageaktionen gegen deutsche Außenposten durchzuführen. Anfangs wurde diese Truppe einfach Abteilung L genannt, doch sollte sie sich mit der Zeit unter der Bezeichnung Special Air Service (SAS) einen Namen machen.

Abteilung L war das geistige Kind David Stirlings. Stirling, der fast zwei Meter groß war, hatte als erster den Mount Everest besteigen wollen und in den Rocky Mountains für dieses Unternehmen geübt, als der Krieg ausbrach. Nach Haus zurückgekehrt, meldete er sich als Kriegsfreiwilliger bei der Schottischen Garde, ließ sich aber schon 1940, nachdem er Robert Laycock in der Bar eines Londoner Clubs kennengelernt hatte, zur Kommandotruppe Nr. 8 versetzen und wurde nach Nordafrika geschickt.

Nach Auflösung der Kommandotruppen im Nahen Osten erhielten Stirling und Jock Lewis, ein anderer Offizier des Kommandos Nr. 8, die Erlaubnis, mit 50 Fallschirmen zu experimentieren, die irrtümlich in Alexandria ausgeladen worden waren. Das war ein riskantes Unterfangen, denn bis dahin war noch kein Ausbilder für Fallschirmspringer im Nahen Osten eingetroffen, und das einzige Transportflugzeug, das sie für Übungszwecke von der Royal Air Force bekommen konnten, war eine alte Valentia mit einer winzigen Bodenluke und einem großen, frei herabhängenden Spornrad, die das Abspringen zu einem gefährlichen Manöver machten. Diese Umstände störten Stirling nicht, obwohl sie es hätten tun sollen. Bei seinem ersten Sprung blieb der Fallschirm am Spornrad hängen und trug, als er endlich freikam, einen langen Riß davon. Stirling sank zu schnell und zog sich beim Aufprall eine ernste Rückenverletzung zu. Im Schottischen Militärkrankenhaus in Alexandria verbrachte er seine Zeit damit, daß er Ideen für eine kleine, hochbewegliche Kampftruppe zu Papier brachte, die imstande sein sollte, mit Fallschirmen hinter den Linien der Achsenmächte abzuspringen und nächtliche Anschläge gegen Flugplätze und Nachrichtenverbindungen zu verüben.

Sobald er sich – im Juli 1941 – wieder auf Krücken fortbewegen konnte, nahm Stirling eine Mitfahrgelegenheit zum Armeehauptquartier in Kairo wahr, um seine Pläne General Sir Claude Auchinleck vorzutragen, dem kurz zuvor ernannten Oberbefehlshaber für den Nahen Osten. Unglücklicherweise war Stirling bei dem General weder angemeldet, noch besaß er einen Passierschein für das Hauptquartier. So wurde ihm von den Posten am Tor der Zutritt verwehrt. Er wartete, bis ihre Aufmerksamkeit vorübergehend abgelenkt war, dann schlüpfte er so unauffällig durch, wie seine Körperlänge es erlaubte. Völlig unverfroren, versuchte Stirling sein Glück bei einer Tür und sah sich dem Stellvertretenden Stabschef des Oberkommandos Naher Osten, Generalleutnant Neil M. Ritchie, gegenüber. Nachdem er erklärt hatte, daß er in einer dringenden Angelegenheit gekommen sei, wurde Stirling zu seiner Überraschung aufgefordert, Platz zu nehmen. Ritchie hörte den jungen

Offizier an, las die zerknitterte, mit Bleistift geschriebene Denkschrift, die Stirling aus der Tasche zog, und sagte schließlich: „Ich glaube, das könnte ein Plan sein, wie wir ihn brauchen."

Drei Tage später wurde Stirling zu einer Besprechung mit General Auchinleck gerufen. Zu dieser Zeit wurde Auchinleck vom Premierminister gedrängt, eine größere Gegenoffensive gegen Rommel einzuleiten. Churchill glaubte, daß der im vorhergehenden Monat begonnene deutsche Angriff gegen die Sowjetunion die Kräfte des Reiches derart beanspruche, daß die Versorgung seiner Armee in Nordafrika nicht mehr gewährleistet sei. Je eher die britische 8. Armee zum Angriff übergehe, argumentierte er, desto besser. Auchinleck war anderer Meinung. Er brauchte Zeit, um seine geschlagenen Truppen aufzufüllen und neu auszurüsten, Verstärkungen auszubilden, die Panzerfahrzeuge zu reparieren und Versorgungseinrichtungen aufzufüllen. Auchinleck war ein gründlicher, vorsichtiger Schotte und nicht der Mann, der ganze Divisionen aufs Spiel gesetzt hätte, nur weil der Premierminister auf Aktionen drängte. Aber hier war ein Vorschlag von einem schottischen Landsmann. Stirlings Plan begrenzte das Risiko auf eine Handvoll Männer, und mit ein wenig Glück könnte er einen beträchtlichen Beitrag zum Erfolg einer Offensive leisten, sobald Auchinleck den Zeitpunkt für günstig hielt. Er forderte Stirling auf, seinen Plan zu verwirklichen.

Stirling wurde sofort zum Hauptmann befördert und autorisiert, sechs Offiziere und 60 Mann anzuwerben. Seine Einheit sollte als Abteilung L der Special Air Service Brigade bekannt werden, einer Brigade, die gar nicht existierte. Die Codebezeichnung SAS-Brigade war im Juli 1941 erfunden worden, um die Deutschen glauben zu machen, daß im Nahen Osten britische Fallschirmjäger in Brigadestärke eingetroffen seien. In Wahrheit war die Brigade nicht mehr als ein Erzeugnis der blühenden Phantasie des Stabsoffiziers Dudley Clarke, der ein Jahr zuvor die Bildung der Kommandoeinheiten vorgeschlagen hatte.

Stirling hatte keine Schwierigkeiten, unter den Angehörigen der aufgelösten Kommandoeinheiten in Kairo und Alexandria Freiwillige zu finden. Die Abteilung L errichtete ein Ausbildungslager in Kabrit, einem Dorf am Ufer des Großen Bittersees, ungefähr 100 Kilometer östlich von Kairo, und begann mit der Schulung.

Von Anfang an hatte die Abteilung L Mühe, geeigneten Sprengstoff für die geplanten Aktionen gegen Feldflugplätze der Achsenmächte zu bekommen. Benötigt wurde eine handliche, leichte Bombe, die hohe Sprengwirkung mit leichter Entflammbarkeit vereinigte und ein Flugzeug durch die Explosion beschädigen und dann in Brand setzen würde. Sachverständige sagten, diese Anforderungen seien unerfüllbar, aber Hauptmann Jock Lewis (der erste Offizier, den Stirling für seine Truppe gewann) weigerte sich, ihnen zu glauben. Nach einigen Wochen geräuschvoller Experimente brachte er eine geeignete Mischung aus knetbarer Sprenggelatine, Thermit und Öl zustande, die den Anforderungen entsprach und von da an als „Lewis-Bombe" bekannt wurde.

Als ein Offizier der RAF Stirling bei einem Besuch in Kabrit warnte, daß er die Schwierigkeit von Überfällen auf Flugplätze unterschätze, wettete Stirling zehn Pfund, daß er unentdeckt auf den Militärflughafen von Heliopolis bei Kairo und wieder herauskommen könne. Im Oktober 1941 fand die Wachmannschaft des Flughafens Heliopolis eines Morgens Löcher in der mit Stacheldraht

Oberstleutnant David Stirling, Begründer des britischen Special Air Service (SAS), einer Organisation zur Durchführung von Sabotageaktionen gegen Flugplätze und militärische Anlagen der Achsenmächte, im Gespräch mit Oberstleutnant Edward McDonald, der viele SAS-Patrouillen führte.

Da es ihnen in der Wüste am nötigen Gerät fehlte, übten die Rekruten des SAS Fallschirmlandungen, indem sie von mit 50 Stundenkilometer Geschwindigkeit fahrenden Lastwagen sprangen.

verstärkten Einzäunung sowie 45 Zettel, die an abgestellten Flugzeugen angeklebt waren. Jeder Zettel trug die Aufschrift: „Abteilung L". Stirling gewann seine zehn Pfund.

Nach diesem halb komischen, halb bedenkenswerten Erfolg sammelte Stirling die Männer der Abteilung L um sich und erklärte ihnen, sie würden bald ein Unternehmen starten, um Rommels Jägerwaffe „zu erledigen". Die Männer begrüßten die Neuigkeit mit begeisterten Hochrufen. Der Angriff war so geplant, daß er mit Rommels Ermordung durch Geoffrey Keyes zusammenfallen sollte. Für eine neuaufgestellte, unerfahrene Einheit war es ein ehrgeiziges Vorhaben: Nicht weniger als fünf deutsche Feldflugplätze im Gebiet von El Gazala und Tmimi sollten in den frühen Morgenstunden des 18. November vor Tagesanbruch überfallen werden. Hauptziel des Unternehmens war die Zerstörung der neuen Me-109-F-Jagdflugzeuge. Die Einsatztrupps sollten mit dem Fallschirm in der Nähe ihrer Ziele abspringen, ihre Aufträge ausführen und anschließend einen 70-Kilometer-Marsch zu einem Treffpunkt im Landesinnern antreten, wo eine Patrouille der Long Range Desert Group mit zwei Lkws ihren Rücktransport übernehmen.

Das Unternehmen schien von Anfang an unter einem Unstern zu stehen. Am 16. November saßen Stirling und 62 seiner Leute an Bord von fünf Bombern der RAF, die westlich von Tobruk über der Wüste kreisten, geschüttelt von stürmischen Windböen. Das schon beim Start windige Wetter hatte sich rapide verschlechtert, und die Besatzungen der Flugzeuge hatten die Orientierung verloren. Ein heftiger Sandsturm über dem Erdboden verdeckte alle markanten Landschaftspunkte. Mehr als eine Stunde verging, während die Bomber über der Wüste kreuzten und die Piloten den richtigen Kurs zu finden suchten. Für die Männer, die angespannt auf den Sprung in die Nacht warteten, schien eine Ewigkeit zu vergehen, bis das grüne Licht über der Luke aufleuchtete.

Stirling sprang als erster seiner Gruppe. In der Dunkelheit der sturmdurchtosten Nacht konnte er nichts sehen, als er in die Tiefe stürzte. Er prallte mit solcher Gewalt auf, daß er einige Augenblicke bewußtlos wurde; und als er zu sich kam, merkte er, daß der Wind ihn an seinem Fallschirm über den steinigen Wüstenboden schleifte. Stirling befreite sich von den Gurten, richtete sich auf und wurde vom Wind beinahe umgeworfen. Hochgewirbelter Sand und Staub erfüllte die Luft, drang in Mund und Nase. Er versuchte zu rufen, um die anderen Männer ausfindig zu machen, aber seine Stimme ging im Heulen des Sturmes unter. Die Augen gegen den beißenden Sand zusammengekniffen, zog er eine Taschenlampe hervor und begann damit in alle Richtungen zu signalisieren. Nach einer Weile erschien in der Dunkelheit ein winziger Lichtpunkt, dann allmählich noch mehrere andere.

Stirling verbrachte annähernd eine Stunde mit Versuchen, die Männer zusammenzubringen, die mit ihm abgesprungen waren. Einer war verschwunden; Stirling vermutete, daß auch er beim Aufprall am Boden das Bewußtsein verloren hatte und vom Fallschirm fortgeschleift worden war. Die übrigen Mitglieder der Gruppe hatten alle Prellungen und Platzwunden davongetragen; einer hatte einen gebrochenen Arm, zwei hatten verstauchte Knöchel und einer ein verstauchtes Handgelenk. Schlimmer aber war, daß sie nur zwei ihrer zehn Versorgungsfallschirme finden konnten. Diese enthielten ein halbes Dutzend Wolldecken, zwölf Wasserflaschen, einen Tagesvorrat an Nahrung und sechs Sprengstoffkanister

– aber keine Zünder. Diese befanden sich in einem der verlorengegangenen Behälter. Ihre Hoffnungen, Rommels Jägerwaffe zu „erledigen", waren zunichte geworden. Das Unternehmen war zu Ende, ehe es begonnen hatte.

Um wenigstens etwas von der Operation zu retten, beschloß Stirling, zur Küstenstraße vorzustoßen und die deutschen Truppenbewegungen auszukundschaften. Er nahm einen Unteroffizier namens Tait mit sich und ließ den Rest seiner Gruppe zu dem Treffpunkt abmarschieren, wo sie von der Long Range Desert Group abgeholt werden sollte. Stirling rechnete, daß, wenn sie an der richtigen Stelle abgesprungen waren, die Entfernung zum Treffpunkt nur etwa 50 Kilometer betragen würde. Die beiden Gruppen wünschten einander Glück und marschierten los.

Bei Tagesanbruch legte sich der Sandsturm. Stirling und Tait sahen sich im kalten, grauen Licht des frühen Morgens von einförmiger Wüstenlandschaft umgeben. Nach Stirlings Rechnung mußte die Mittelmeerküste 15 Kilometer von ihrem Landeplatz entfernt verlaufen, doch waren sie bereits 20 Kilometer marschiert und hatten kein Anzeichen der Hügelkette gesehen, die sich an der Küste entlangzog. Ungefähr um 10.00 Uhr konnte Stirling durch den Feldstecher die Silhouette des Hügelkamms am nördlichen Horizont ausmachen. Die beiden Männer rasteten in einer sandigen Mulde, versuchten ein wenig zu schlafen und marschierten dann weiter. Es war kurz vor 17.00 Uhr, als Stirling und Tait endlich den Rand des Steilhangs erreichten. Inzwischen waren schwere, dunkle Wolken aufgezogen. Aus der Deckung eines Felsvorsprungs beobachteten sie den Verkehr auf der Küstenstraße zu ihren Füßen, bis der Regen einsetzte und sie nichts mehr sehen konnten.

Erschöpft machten die beiden Männer sich wieder auf den Weg nach Süden zum Treffpunkt. Die ganze Nacht hindurch regnete es, doch sie marschierten weiter. Um 7.00 Uhr hörte der Regen auf, und sie legten sich auf den durchnäßten Wüstenboden und schliefen vier Stunden. Dann nahmen sie ihre lange Wanderung wieder auf. Kurz vor Mitternacht sahen sie tief am Horizont ein Licht. Es war die Signallampe, mit der die Long Range Desert Group ihren Lagerplatz markiert hatten. Zwei Stunden später schleppten sich Stirling und der Unteroffizier humpelnd ins Lager.

Die Männer von einer anderen Maschine waren bereits eingetroffen. Sie hatten eine ähnliche Geschichte zu erzählen, waren während des Absprungs weit auseinandergetrieben worden und hatten den größten Teil ihrer Versorgungslasten verloren. Die Ironie wollte es, daß sie die Zünder gefunden hatten, aber keinen Sprengstoff. Einer der Männer war vermißt, ein zweiter hatte sich das Bein gebrochen und war nicht transportfähig.

Am folgenden Tag trafen noch einmal zehn Mann ein, die ähnliches erlebt hatten. Stirling wartete weitere 36 Stunden, ehe er die Hoffnung für den Rest seiner Truppe aufgab. Von den 62 Mann, die sich aufgemacht hatten, Rommels Flugzeuge zu zerstören, waren nur 22 übriggeblieben. Und diesem hohen Verlust stand nicht der allergeringste Erfolg gegenüber.

Aber die Abteilung L hatte eine wertvolle Lektion gelernt. Die Tragödie lehrte Stirling, daß Fallschirmabsprünge nicht die beste Art und Weise waren, sich einem Ziel in der Wüste zu nähern: Die Winde waren zu gefährlich, zu leicht imstande, die Wüstenoberfläche in Staubwolken einzuhüllen und die Männer ins Verderben zu tragen. Dabei gab es eine naheliegende Lösung für Stirlings Transportprobleme: Wenn die Long Range Desert Group die Männer mit Lastwagen aus dem Zielgebiet zurückbringen konnte, dann konnte sie sie auch hinfahren. Der Vorschlag wurde von der LRDG mit uneingeschränktem Enthusiasmus aufgenommen.

Die Long Range Desert Group war im Sommer 1940 von Major Ralph Bagnold gebildet worden, einem aktiven Heeresoffizier, Geographen und Wüstenforscher. Mit Unterstützung der Royal Geographical Society hatte Bagnold den größten Teil der Jahre zwischen 1925 und 1935 mit der kartographischen Erfassung der menschenleeren Einöden und wandernden Sanddünen der libyschen Wüste verbracht. Bei Expeditionen in die Wüste hatte er einen verbesserten Sonnenkompaß zur genaueren Richtungsbestimmung, Schienen aus Profil-Stahlblech, um die Räder von im weichen Sand steckengebliebenen Fahrzeugen freizubekommen, und einen Kondensator, der die von einem Kraftfahrzeug in der Wüste benötigte Wassermenge drastisch reduzierte, entwickelt. In seine Karten hatte Bagnold auch die Lage zahlreicher Wasserstellen eingetragen, die bis dahin nur den nomadisierenden Arabern der Wüste bekannt gewesen waren.

Als der Krieg ausbrach, wies Bagnold den damaligen Oberbefehlshaber für den Nahen Osten, General Sir Archibald Wavell, darauf hin, daß er eine Aufklärungseinheit aufstellen könne, die imstande sein würde, wochenlang in der Wüste zu leben und feindliche Bewegungen aus den Weiten der menschenleeren Wüsteneinöden zu beobachten. Wavell war begeistert, und bald darauf wurde die LRDG aufgestellt.

Bagnolds erste Rekruten waren einige britische Akademiker und Wissenschaftler, die ihn auf seinen früheren, von Kairo und Alexandria ausgehenden Expeditionen begleitet hatten. Bis zum Sommer 1941 hatte die LRDG eine Kette von Versorgungslagern in der Wüste angelegt und damit die Reichweite künftiger Operationen auf gewaltige Entfernungen ausgedehnt. Sie führte regelmäßig Aufklärungs- und Überwachungspatrouillen durch, die sie von Kairo aus über 2000 Kilometer Wüste bis nach Tripolis führten. Ein guter Teil der Informationen, die der 8. Armee während dieses Zeitabschnitts über Nachschubbewegungen und Versorgungslager des Gegners zugingen, kamen von den Funkwagen der LRDG-

Einheiten, die hinter den Linien der Achsenmächte stationiert waren. Die Angehörigen der Long Range Desert Group kleideten sich weitgehend wie die Einheimischen, und aus Mangel an Wasser zum Rasieren ließen sie sich Bärte wachsen. Die Männer der LRDG sahen nach europäischen Maßstäben außerordentlich unsoldatisch aus, aber ihr Mut wurde nie in Frage gestellt, und ihre Tüchtigkeit war über jeden Zweifel erhaben.

Das Operationsgebiet der LRDG hatte mit ungefähr 1600 Kilometer Breite und 2000 Kilometer Länge etwa die Größe Indiens. Weite Teile davon waren einförmige Sandwüste, die vielfach als unpassierbar angesehen wurde, und wenn man die Durchquerung wagte, mußte man zur Positionsbestimmung wie auf hoher See Kompaß und Sextant zu Hilfe nehmen. Die Fahrer der LRDG lernten schwerbeladene Geländewagen Sanddünen geduldig auf einer Seite hinaufzubugsieren und auf der anderen hinuntergleiten zu lassen – und so Düne um Düne zu überwinden, Stunde um Stunde, Kilometer um Kilometer, immer wieder unterbrochen von unfreiwilligen Pausen, um Räder freizuschaufeln, die bis zu den Achsen im weichen Sand versunken waren. Ungewaschen und unrasiert, gewohnt, neben ihren Fahrzeugen am Boden zu schlafen und extreme Klimaunterschiede zu ertragen, gezeichnet von ihrem anstrengenden Leben, betrachteten die Männer der Long Range Desert Group die Wüste als ihr persönliches Territorium, das sie nur mit den Arabern zu teilen hatten.

Ein Funker der Long Range Desert Group versucht eine Verbindung mit seinem Stützpunkt herzustellen. Mit ausziehbaren Antennen konnte ein guter Funker die Reichweite seines Geräts auf bis fast 1600 Kilometer ausdehnen.

Das Bindeglied zwischen der Abteilung L, die bald als Special Air Service, oder SAS, besser bekannt werden sollte, und der Long Range Desert Group wurde bei einem Abendessen unter den Palmen und farbigen Lampen im Garten des Shepheard's Hotel in Kairo geschmiedet, an dem Offiziere beider Einheiten teilnahmen. Die Verbindung erwies sich als nutzbringend, denn beide Gruppen respektierten einander, und alle Männer hatten eine Liebe zur Wüste und eine Tendenz, ihre Unternehmen wie Schuljungenstreiche oder Gesellschaftsausflüge zu behandeln: Ihre Überfälle schilderten sie gern als „Vergnügen".

Gemeinsame Aktionen von SAS und LRDG wurden am 8. Dezember 1941 von einem Stützpunkt in der Oase Djalo gestartet, einem ärmlichen Dorf aus Lehmhütten und verkümmerten Palmen, 1000 Kilometer westlich von Kairo. Am Abend des 14. Dezember saßen italienische Luftwaffenoffiziere des Feldflugplatzes Tamet bei Sirte in lärmender Geselligkeit beisammen, als die Tür der Offiziersmesse aufgestoßen wurde und Männer mit geschwärzten Gesichtern und Maschinenpistolen das Feuer eröffneten. Wenige Minuten später krachten Explosionen zwischen den neben der Startbahn abgestellten Flugzeugen, und zehn Mann der SAS-Streifabteilung rannten in die Nacht hinaus zu ihrem drei Kilometer entfernten Treffpunkt mit der LRDG, während die Flugzeuge in Flammen aufgingen. 24 Maschinen wurden zerstört.

Am folgenden Abend hängten sich fünf LRDG-Lastwagen unauffällig an eine italienische Fahrzeugkolonne auf der Küstenstraße. Als die Kolonne beim Rasthaus Mersa Brega hielt, rannten drei SAS-Männer die geparkte Fahrzeugkolonne entlang, um 30 Bomben zu legen, während ihre Kameraden ihnen Feuerschutz gewährten. Dann liefen die drei zu ihren Fahrzeugen zurück, und als die Sprengladungen detonierten, wendeten die fünf britischen Fahrzeuge und jagten die Straße entlang zu einem Punkt, wo sie abbiegen und in die Sicherheit der Wüste fliehen konnten.

Am 18. Dezember wurden 37 deutsche Flugzeuge auf dem Feldflugplatz von Agedabia von vier SAS-Männer zerstört oder beschädigt. Sieben Tage später kehrte die SAS nach Tamet zurück und vernichtete weitere 27 neue Flugzeuge, die erst am Tag vorher dort eingetroffen waren.

Die Sabotageaktionen dauerten an. Während der nächsten zwölf Monate zerstörte der SAS unter Stirling etwa 250 Feindflugzeuge und hinterließ eine breite Spur von Verwüstungen im feindlichen Hinterland. Kaum war ein Überfall durchgeführt, wurde schon der nächste geplant. Während Deutsche und Italiener in einem Teil der Wüste nach SAS-Kampfgruppen suchten, schlugen diese in einem anderen zu. Das deutsch-italienische Oberkommando war gezwungen, Kampftruppen aus der Front zu ziehen und für Sicherungsaufgaben im Hinterland einzusetzen. Der deutsche Soldatensender nannte Stirling den Geistermajor, weil er aus der Nacht kam und vor Tagesanbruch verschwand; nur Tote und rauchende Trümmer bezeugten, daß er dagewesen war.

Von Zeit zu Zeit, wenn Auffrischungen nötig wurden oder die Versorgungslage es erforderte, zog Stirling seine Truppe zum Basislager in der etwa 600 Kilometer westlich von Kairo gelegenen Oase Siwa zurück, und er und einige seiner Offiziere flogen in die ägyptische Hauptstadt, um sich dort auszuruhen und sich zu entspannen. Stirlings Bruder Peter war Diplomat und Angehöriger der britischen Botschaft in Kairo und hatte sich mittlerweile daran gewöhnt, daß seine an einer breiten und eleganten Allee gegenüber der Botschaft gelegene Wohnung als zeitweiliges Hauptquartier des SAS herhalten mußte.

„In jenen Tagen, als solche privaten Feldzüge noch möglich waren", sagte Leutnant Carol Mather, ein junger SAS-Offizier, „war es kein außergewöhnlicher Anblick, in einem der ruhigen, vornehmen Wohnviertel Kairos eine SAS-Kolonne im Schatten der Bäume parken zu sehen, die Jeeps und Lastwagen überquellend von Bettzeug und Waffen, die Fahrer lässig an die Bäume gelehnt und mit der Frage beschäftigt, ob sich Teekochen auf der Straße mit den Erfordernissen der Schicklichkeit in Einklang bringen lasse."

Peter Stirlings Wohnung bot ein ähnlich widerspruchsvolles, halb saloppes und halb kriegerisches Bild. „Die Wohnung war völlig überfüllt", berichtete Mather in seiner Schilderung eines typischen Nachmittags, den er dort verbrachte. „David stand an der Tür und führte ein hitziges Streitgespräch mit Mo, dem ägyptischen Diener, der eine wichtige Botschaft zum Armeehauptquartier hätte schicken sollen. Auf dem Sofa saßen ein paar Mädchen, und eine Gruppe von Offizieren diskutierte Kondition und Siegeschancen der Teilnehmer am Pferderennen in Gezira, während wir über Wüstenstrecken, Treibstoff und Munition sprachen oder über Landkarten gebeugt am Boden kauerten und im Stimmengewirr und dem Krächzen eines Grammophons zu denken versuchten."

Die Annehmlichkeiten Kairos kontrastierten seltsam mit dem Leben in der Wüste. Ein weiterer SAS-Offizier, Leutnant Stephen Hastings, schilderte einige Wochen später den Zustand seiner Kameraden nach dem Überfall auf einen Feldflugplatz. Sie waren mit zwei Kolonnen Jeeps die Startbahn entlanggerast und hatten die abseits abgestellten Flugzeuge mit Maschinengewehren beschossen. Dann waren sie wieder in die Wüste geflohen.

In einem Wadi, wo niedriges Buschwerk einige Deckung gegen die Flugzeuge bot, die ihnen bald auf der Spur sein würden, legte die SAS-Einheit eine Pause ein. „Jetzt erst hatten wir Zeit, einander anzusehen", erinnerte sich Hastings. „Was für ein abgerissener Haufen waren wir! Gesichter, Haar und Bärte waren mit dickem, gelbgrauem Staub bedeckt, die Augen gerötet und übermüdet. In den schmutzigen, aufgeknöpften Uniformen und Mänteln glichen wir Vogelscheuchen – und diese fügten sich in den Hintergrund der Wüste gut ein. Ein Offizier versuchte mit einem Stock große, angetrocknete und mit Sand verklebte Blutflecken von seiner Hose zu kratzen; es war das Blut eines toten Kameraden, der unter einem Busch nicht weit entfernt auf dem Rücken lag, verhüllt mit einer schmutzigen Decke. Unsere Kehlen waren ausgetrocknet, ein schlechter Geschmack war im Mund, und hinter den Augen bohrte ein dumpfer Schmerz wie von einem Katzenjammer. Aber für den Augenblick waren wir einigermaßen sicher."

Ende Mai 1942 wurde Stirling nach Kairo zum Chef der Operationsabteilung des Oberkommandos Nahost gerufen. Dieser unterrichtete ihn, daß im Juni ein Geleitzug aus 17 Schiffen versuchen würde, die belagerte Insel Malta zu erreichen. Malta war ein ebenso wichtiger wie gefährdeter alliierter Stützpunkt im Mittelmeer, und sein Überleben hing von der Nachschubsituation ab. Stirling wurde ersucht, an einer Aktion der britischen Streitkräfte teilzunehmen, deren Ziel die Verhinderung oder Schwächung von Luftangriffen der Achsenmächte gegen den Geleitzug war.

Innerhalb von 24 Stunden entwickelte er einen Plan für gleichzeitige Sabotageüberfälle auf acht feindliche Flugplätze in der Nacht vom 13. auf den 14. Juni. Dabei sollte eine Abteilung eingesetzt werden, die der SAS unter freifranzösischen Truppenteilen des Generals de Gaulle angeworben hatte. Die meisten der ins Auge gefaßten Anschläge bereiteten dem SAS keine sonderlichen Schwierigkeiten, aber drei wichtige Flugplätze auf Stirlings Liste lagen in einem Gebiet, das von Einheiten des Afrikakorps ständig überwacht wurde, und Stirling hielt die Chancen der LRDG, unbemerkt durch die deutschen Patrouillen zu gelangen, für äußerst gering. Als er das Problem im Hauptquartier in Kairo zur Sprache brachte, wurde er von der Existenz einer weiteren Gruppe in Kenntnis gesetzt, die bei der Durchführung dieses Unternehmens von Nutzen sein könnte. Diese Gruppe hatte einen völlig insignifikanten Namen – Special Interrogation Group (SIG) –, um die verwegene Natur ihres Kampfauftrags zu verschleiern.

Die SIG bildete praktisch ein Himmelfahrtskommando. Sie war zusammengesetzt aus einer Handvoll deutscher Juden aus Palästina, deren Aufgabe es war, als Soldaten des Afrikakorps verkleidet in die deutschen Linien einzusickern. Jeder von ihnen wußte, daß Gefangennahme den Tod bedeuten konnte. Die SIG war die Schöpfung eines britischen Offiziers, des Hauptmanns Herbert Buck, der von den Deutschen bei El Gazala gefangengenommen worden war, später aber hatte entkommen können. Bei seiner Flucht hatte er sich eine Schirmmütze des Afrikakorps verschafft und stellte zu seiner Erleichterung und Verblüffung fest, daß er sich damit während seiner Flucht frei unter den Deutschen bewegen konnte. Er sprach fließend Deutsch und wurde von den Soldaten bereitwillig als ein Kamerad vom Afrikakorps akzeptiert. Als Buck sich so zu den alliierten Linien durchgeschlagen hatte, schlug er die Bildung der Special Interrogation Group vor.

Buck war ein Perfektionist. Innerhalb der SIG wurde nur deutsch gesprochen und die deutsche militärische Disziplin angewendet. Jeder Mann bekam eine deutsche Uniform, einen falschen Namen und eine erfundene Lebensgeschichte, ferner ein gefälschtes Soldbuch, eine nachgemachte Erkennungsmarke und Briefe von „zu Hause". Er hatte sogar eine Aufnahme bei sich, die ihn mit seiner „Freundin in Berlin" zeigte; die Freundin war tatsächlich eine gefällige britische Armeehelferin mit hinreichend arischen Zügen, und der Berliner Hintergrund war in der Dunkelkammer der Armeephotographen in Kairo einkopiert worden. Die SIG wurde mit erbeuteten deutschen Waffen und Fahrzeugen ausgestattet und vom britischen Geheimdienst laufend über das Tagesgeschehen auf der Feindseite unterrichtet. Die Angehörigen der SIG nahmen sogar die Mühe auf sich, die im Afrikakorps geläufigen Redewendungen und Ausdrücke zu lernen.

Als Stirling sich bei Buck erkundigte, ob die SIG die freifranzösischen SAS-Sabotagetrupps zu den drei Flugplätzen in der Region Derna-Martuba transportieren könne, bot Buck sich sofort an, die Expedition selbst zu führen. Am Abend des 12. Juni holperte eine Kolonne von vier Fahrzeugen – drei deutschen Lastwagen und einem britischen Dreitonner, der als Beutefahrzeug des Afrikakorps gekennzeichnet war – in ein deutsches Lager an der Straße nach Derna. Mehrere Männer stiegen mit ihren Kochgeschirren aus und stellten sich beiläufig vor der Feldküche an, wo zum Abendessen Linsen mit Fleischklößen ausgegeben wurden. Die Männer waren Angehörige der SIG. Auf den Ladeflächen ihrer Fahrzeuge lagen die Sabotagetrupps hinter Kisten und unter Planen versteckt.

An einem Lagerplatz acht Kilometer vor Derna wurden am nächsten Tag letzte Einzelheiten für die bevorstehenden Aktionen festgelegt. Jeder der drei Sabotagetrupps sollte aus fünf freifranzösischen Freiwilligen bestehen. Buck entschloß sich, nur zwei Lastwagen zu verwenden. Einer sollte nach Martuba fahren, wo es einen Feldflugplatz gab, der andere mit zwei Sabotagetrupps nach Derna, wo zwei Flugplätze anzugreifen waren. Drei SIG-Männer sollten jedes Fahrzeug begleiten. Im Anschluß an die Sabotageaktionen sollten die Trupps sofort zum Lager zurückkehren, um von hier gemeinsam zu einem gut 40 Kilometer entfernten Treffpunkt mit der LRDG aufzubrechen.

Am Abend des 13. Juni, kurz vor 21.00 Uhr, rollten die beiden Lastwagen in die Nacht davon. Die Franzosen waren wieder unter den Planen versteckt. Buck, der nach einigem Zögern beschlossen hatte, am Lagerplatz zurückzubleiben, um den Rückzug zu koordinieren, ließ sich nieder, um ihre Rückkehr abzuwarten.

Gegen Mitternacht kehrte Leutnant Augustin Jordan allein zurück; er kam ins Lager gestolpert und stieß eine Meldung hervor, die Buck das Blut in den Adern gerinnen ließ. Der für Derna bestimmte Lastwagen war durch mechanische Defekte wiederholt aufgehalten worden. Schließlich hatte der SIG-Fahrer ungefähr 200 Meter vor dem Flugplatz angehalten, etwas von Überhitzung der Maschine gemurmelt und war ausgestiegen. Gleich darauf hörten die zehn auf der Ladefläche des Lastwagens versteckten Franzosen plötzlich das dumpfe Getrappel rennender Menschen, und als Jordan über die hintere Ladeklappe spähte, sah er in der Dunkelheit deutsche Soldaten, die den Lastwagen in einem weiten Kreis umstellt hatten. Einer von ihnen rief: „Alle Franzosen rauskommen!"

Die Franzosen antworteten mit blindlings abgegebenen Feuerstößen aus Maschinenpistolen und unter der Plane hinausgeworfenen Handgranaten. Im Durcheinander der nächsten paar Sekunden sprang Jordan vom Lastwagen und rannte um sein Leben. Wenige Augenblicke später explodierte der mit Sprengstoff und Munition beladene Lastwagen unter dem Beschuß von allen Seiten.

Mit der schwachen Hoffnung, daß die anderen von dem Überfall auf Martuba zurückkehren würden, warteten Jordan und Buck eine Woche lang am LRDG-Treffpunkt. Niemand kam. Die Männer im zweiten Lastwagen hatten ein ähnliches Schicksal erlitten: Alle waren getötet oder in Gefangenschaft geraten.

Der militärische Geheimdienst ermittelte später, daß der SIG-Fahrer von Jordans Lastwagen die Aktion verraten hatte. Er war ein deutscher Kriegsgefangener, der von Buck angeworben worden war, um die deutsche Identität der Einheit zu vervollkommnen. Der Fahrer war von britischen Geheimdienstoffizieren gründlich durchleuchtet und als vertrauenswürdig akzeptiert worden. Am Ende aber war seine Loyalität zum Vaterland stärker gewesen. Auf der Fahrt nach Derna hatte er die Essenspause benutzt, um seine Landsleute zu warnen. Anschließend hatte er mechanische Defekte vorgegeben, um die Sabotagetrupps den Wachmannschaften genau zur rechten Zeit in die Hände zu spielen.

Die anderen SAS-Überfälle dieser Nacht waren erfolgreicher. Auf dem Flugplatz Benina bei Bengasi zerstörten Stirling und zwei Gefreite mit Sprengladungen mehrere Flugzeuge und steckten eine Halle in Brand. Auf dem Rückzug öffnete Stirling die Tür einer Wachstube und warf mit den Worten: „Hier, fang!" eine abgezogene Handgranate hinein. Sein Begleiter, der Gefreite Seekings berichtete: „Der Deutsche am Schreibtisch war so überrascht, daß er sie tatsächlich auffing und dann mit entsetzter Stimme rief: ‚Nein, nein!' ‚Ja, ja', sagte Stirling und schloß die Tür. Einen Augenblick später gab es eine große Explosion. Dann rannten wir wie vom Teufel gejagt, weil auch die in Hangars gelegten Bomben hochgingen." Auf dem Flugplatz von Berka fand der SAS-Trupp, daß jede Maschine von Posten bewacht war. Es kam zu einem Schußwechsel, und die SAS-Männer mußten sich zurückziehen, stießen dabei aber auf ein Depot mit Treibstoffässern, das sie in die Luft sprengten. Beim Überfall auf einen weiteren Flugplatz in der Nähe zerstörten oder beschädigten die französischen SAS-Kämpfer elf Kampfflugzeuge und töteten zahlreiche Bewacher.

Insgesamt wurden in dieser Nacht 16 Flugzeuge zerstört oder beschädigt; vernichtet wurden ferner Hunderte von Tonnen Treibstoff, Munition und Ersatzteile. Diese Erfolge waren jedoch eine geringe Entschädigung für die hohen Verluste unter den Sabotagetrupps und konnten dem Geleitzug nach Malta wenig helfen. Angriffe von See- und Luftstreitkräften der Achsenmächte fügten dem Geleitzug schwerste Verluste zu; nur zwei Schiffe kamen durch – kaum genug, um die Insel in der Krisenzeit zu versorgen.

Weitere schlechte Nachrichten erwarteten die SAS-Sabotagetrupps, als sie zu ihrem Basislager in der Oase Siwa zurückkehrten: Am 21. Juni war Tobruk gefallen. Seine Einnahme verschaffte dem Afrikakorps eine wichtige vorgeschobene Versorgungsbasis für den Angriff gegen Ägypten. Die Eroberung Tobruks war für Rommel, der am 22. Juni zum Generalfeldmarschall befördert worden war, darüber hinaus von Bedeutung, weil dem Afrikakorps unübersehbare Mengen an schweren Waffen, Munition und Verpflegung sowie Treibstofflager unversehrt in die Hände gefallen waren und die von der Festung bis dahin gebundenen Kräfte für die Front frei wurden. Der britischen Führung waren diese Zusammenhänge bekannt, und sie entwarf einen ehrgeizigen Plan mit dem Ziel, die Stadt für die Deutschen wertlos zu machen.

Die zentrale Gestalt des geplanten Unternehmens gegen Tobruk war einer der farbigsten unter den vielen absonderlichen Charakteren, die der Wüstenkrieg angezogen hatte. Dieser Mann war John Haselden, ein in Ägypten geborener Engländer, dessen Vater ein florierendes Baumwollhandelshaus aufgebaut hatte. Haselden hatte das Familienunternehmen und das schöne, weiße Landhaus der Familie am Nilufer bei El Minya geerbt. Im Juni 1940 hatte er sich freiwillig zum Militärdienst gemeldet, und im Oberkommando Nahost in Kairo begriff man rasch, daß seine Dienste von unschätz-

Als arabischer Schafhirte verkleidet, trifft sich der britische Geheimagent Oberstleutnant John Haselden tief in der Sahara mit einer Patrouille der Long Range Desert Group. Haselden, der oft wochenlang allein hinter den feindlichen Linien das Land durchstreifte, vereinbarte solche Treffs mit Hilfe eines Funkgeräts, das er unter seinen Schlafdecken trug.

barem Wert sein konnten. Haselden sprach fließend Arabisch und war bei vielen Beduinenstämmen bekannt und angesehen. Damit nicht genug, konnte er leicht für einen Araber gehalten werden.

Das Oberkommando in Kairo beschloß, Haselden als Agenten des militärischen Nachrichtendienstes einzusetzen. Er zog es vor, allein zu arbeiten, und erwies sich bald als ein furchtloser Mann. Die Long Range Desert Group fuhr ihn wiederholte Male tief in die Wüste, um ihn an irgendeiner gottverlassenen Stelle für ein geheimnisvolles Unternehmen abzusetzen. Wochen später kamen die Männer der LRDG dann zurück, um ihn an einem vereinbarten Treffpunkt abzuholen, und mehr als einmal erkannten sie den bärtigen „Araber" kaum wieder, der aus den Sand- und Felseinöden auf sie zukam. In seinen arabischen Gewändern bewegte sich Haselden frei und unbehindert in den Städten und Dörfern im Hinterland der Achsenmächte und wagte sich sogar in die Feldlager ihrer Truppen. In einem Fall trieb er eine Schafherde über einen Feldflugplatz der Luftwaffe, um die dort stationierten Maschinen aus der Nähe zu sehen. Da arabische Hirten häufig das gleiche taten, sahen die deutschen Wachen nichts Bemerkenswertes darin.

Nach dem Fall Tobruks schlug Haselden ein Handstreichunternehmen gegen die Stadt vor. Er sei zuversichtlich, erklärte er seinen Auftraggebern im Hauptquartier, daß er mit einem kleinen Sabotagetrupp von nicht mehr als zwölf Mann in die Stadt eindringen und die in deutsche Hände gefallenen Treibstofflager zerstören könne. Seine Anregung wurde von den militärischen Planern in Kairo mit Begeisterung aufgenommen. Mit der laufenden Zuführung neuer Verbände und großer Mengen Kriegsmaterial zur Auffrischung und Verstärkung der 8. Armee waren die Vorbereitungen für eine Schlacht bei El Alamein zur Zurückdrängung des deutschen Afrikakorps aus Ägypten bereits weit fortgeschritten; die Zerstörung der wichtigen Versorgungslager in Tobruk würde ein schwerer Schlag gegen den Wüstenfuchs sein.

Was Haselden aber als kleines Handstreichunternehmen vorgestellt hatte, dessen Erfolg vor allem auf der Ausnutzung des Überraschungseffekts beruhen sollte, wuchs in den Köpfen der Planer im Generalstab rasch an Größe und Umfang. Mitte August sah sich Haselden an der Spitze einer Operation, die von den meisten der im Nahen Osten stationierten Sondereinheiten getragen werden sollte und amphibische Landungen mit Marine- und Luftunterstützung vorsah. Anstelle der Zerstörung einiger Tanklager wurde nun von Haselden erwartet, daß Tobruk eingenommen und zwölf Stunden gehalten würde, damit Schiffe und Hafeneinrichtungen zerstört werden könnten. Unterdessen sollten die SAS-Sabotagetrupps den Hafen von Bengasi überfallen und möglichst vieles darin in die Luft sprengen. Damit nicht genug: Die Long Range Desert Group sollte gleichzeitig den Feldflugplatz von Barce angreifen, und die Sudan Defense Force, eine unter britischem Kommando dienende Truppe aus Sudanesen, sollte die von den Italienern zurückgewonnene Oase Djalo erobern.

Die Operation war für die Nacht vom 13. auf den 14. September 1942 geplant und erhielt die Codebezeichnung *Agreement*. Der Name war unpassend, denn es bestand wenig Übereinstimmung in irgend etwas. Zweifel an Strategie und Taktik des Unternehmens wurden laut und lieferten Diskussionsstoff für die Offizierskasinos; viele Heeresoffiziere hielten den Angriff auf Tobruk für absolut unausführbar. Die Royal Navy sorgte sich um mögliche Verluste an Schiffen und Besatzungen in einer Operation, der sie nur geringe Erfolgsaussichten zubilligte. Ein Offizier der LRDG sagte nach einem Besuch im Oberkommando, er sei erschrocken über die „unbekümmerte" Art, wie man die Probleme dort angehe, nämlich mit „10 Prozent Planung und 90 Prozent Wunschdenken".

Die vielleicht größte Sorge der Teilnehmer an dem Unternehmen war die mangelnde Geheimhaltung. Der Angriff wurde in den Bars und Nachtclubs von Kairo und Alexandria offen diskutiert. Manöver der Schnellboote, die Tobruk von See her angreifen sollten, wurden vor dem Königlich Ägyptischen Yachtclub in Alexandria veranstaltet; die zivilen Mitglieder des Clubs benötigten nicht viel Phantasie, um zu erraten, was gespielt wurde. Beide Städte aber waren Tummelplätze von Spionen der Achsenmächte, und es war nur zu klar, daß Dinge, die in Kairo Stadtgespräch waren, auch im Hauptquartier des Afrikakorps bekannt sein würden. Dennoch wurde die Operation *Agreement* nicht abgesagt, und während der ersten Septembertage versammelten sich die von der Landseite gegen Tobruk und andere Ziele angesetzten Einheiten nach und nach in der Oase Kufra, tief in der Wüste und rund 1300 Kilometer von ihren jeweiligen Zielen entfernt.

Am Abend des 5. September verließ Haseldens Einheit Kufra mit dem Ziel Tobruk. Haselden sollte mit einer Streitmacht von 83 als britische Kriegsgefangene ausgegebenen Männern in die Stadt eindringen. Bewaffnet mit Maschinenpistolen, die sie unter den Mänteln trugen, wurden sie in drei deutsche Lastkraftwagen mit Planenverdecken und Kennzeichen des deutschen Afrikakorps verladen. Die Fahrer waren Angehörige der SIG in deutschen Uniformen. Nach geglücktem Eindringen in die Stadt sollte Haseldens Gruppe zu einer kleinen Bucht in Hafennähe fahren und dort einen Brückenkopf für 400 Marinesoldaten schaffen, die im Morgengrauen von zwei Zerstörern und mehreren Schnellbooten angelandet werden sollten. Kampfauftrag war die Zerstörung des Hafens und die Befreiung des noch in Tobruk befindlichen Teiles der bei der Eroberung der Stadt am 21. Juni gefangengenommenen 28 000 alliierten Soldaten. Im Anschluß an diese Aktionen war die Evakuierung der gesamten Streitmacht auf dem Seewege vorgesehen. Der erste Hinweis auf die schlechte Sicherheitslage kam von einer LRDG-Patrouille, die ungefähr 30 Kilometer vor Tobruk auf zwei italienische Fahrzeuge stieß, als Haselden und seine Männer die Stadt bereits erreicht hatten. Nur ein italienischer Soldat überlebte die Begegnung, aber er verriet Hauptmann David Lloyd Owen, dem Patrouillenführer, daß er und seine Kameraden zu den zahlreichen Verstärkungen gehört hätten, die in letzter Zeit nach Tobruk verlegt worden seien. Er sagte auch, daß die Garnison mit Angriffen rechne und in Alarmbereitschaft sei. Für Lloyd Owen waren dies beunruhigende Neuigkeiten.

Nichtsdestoweniger gelangten die drei Lastwagen, die Haselden und seine Truppe beförderten, ohne Schwierigkeiten in die Stadt. Italienische Soldaten, die die Straßensperren kontrollierten, winkten sie durch, ohne sich mit der Überprüfung ihrer Papiere abzumühen. Um 21.30 Uhr erreichte Haseldens Gruppe planmäßig die Bucht, wo sie den Brückenkopf bilden sollte. Zur gleichen Zeit dröhnte eine Welle von Wellington-Bombern der RAF heran und unternahm einen Ablenkungsangriff auf die Stadt.

Während Scheinwerfer den Himmel absuchten und Flakbatterien dröhnten, machten sich die Eindringlinge rasch ans Werk. Eine Gruppe ging daran, sich die Geschützstellungen auf der Westseite der Bucht zu erobern, eine zweite griff die Stellungen auf der Ostseite an. Das Vordringen beider Gruppen war begleitet von gedämpften Zurufen in der Nacht, kurzen Feuerstößen aus Maschinenpistolen und vereinzelten Schreien. Binnen kurzem waren die Geschützstellungen überrumpelt und die zugehörige Funkstation unbrauchbar gemacht. Kurz vor Mitternacht stieg auf der Westseite der Bucht eine Leuchtkugel auf und zeigte an, daß die Angreifer ihr Ziel erreicht hatten. Etwas mehr als eine Stunde später kam ein ähnliches Leuchtsignal von der Ostseite. Auf einem Aussichtspunkt über dem Strand begann eine Signallampe zu blinken, um die Flotte der britischen Schnellboote in die Bucht zu lenken.

Aber die 18 Schnellboote und drei Sturmboote draußen auf See hatten Schwierigkeiten. Die Flottille hatte die Küste gesichtet, doch konnten die Seeleute außer Flakscheinwerfern und dem Widerschein brennender Gebäude in der Stadt keine Signale vom Ufer erkennen. So fuhren die Boote hilflos in der Dunkelheit umher und suchten die außerhalb der Hafensperre bei Umm-el-Sciause gelegene Bucht, drei Kilometer südöstlich der Stadt, während der Blinker am Ufer, ohne zu ahnen, daß seine Signallampe nicht gesehen werden konnte, besorgt in die Nacht hinausspähte.

Schließlich liefen zwei Schnellboote in die Bucht ein, nachdem sie sie mehr oder weniger durch Zufall gefunden hatten. Keines der anderen Fahrzeuge erreichte den für die Landung vorgesehenenen Brückenkopf. Unterdessen ging weiter draußen auf See ein Bataillon Marineinfanterie von den Zerstörern *Sikh* und *Zulu* in Landungsboote, die für diese Operation in Eile gebaut worden waren und die sich als schwer manövrierbar und obendrein als undicht erwiesen. Um 3.45 Uhr war die erste Welle von Landungsbooten im Schlepp von Sturmbooten unterwegs zur Küste, aber es ging eine hohe Dünung, und die Schlepptaue hielten der Belastung nicht stand. Die stampfenden und gierenden Landungsboote trieben hilflos, während die Sturmboote manövrierten, um die Taue wieder aufzunehmen. Als die ersten Boote das Ufer erreichten, zerschellten mehrere von ihnen in der Brandung auf den Felsen und warfen die schwerbeladenen Marineinfanteristen in die tosende Brandung. Schließlich gelangte nur eine Handvoll Männer sicher an Land – um zu entdecken, daß sie am falschen Ort waren.

Um 5.05 Uhr schwenkten die Scheinwerfer, die bis dahin den Himmel nach den Wellington-Bombern abgesucht hatten, plötzlich seewärts. Die *Sikh,* die ein Stück auf das Ufer zugelaufen war, um die Landung zu decken, wurde innerhalb weniger Minuten von Scheinwerfern erfaßt und erhielt Treffer von einer Küstenbatterie am Hafeneingang. Die Ruderanlage wurde zerstört.

Darauf unternahm die *Zulu* mutige Versuche, den anderen Zerstörer in Schlepp zu nehmen, aber schweres Feuer von derselben Batterie zwang sie zum Rückzug. Die Männer, die noch immer den Brückenkopf um die Bucht hielten, waren inzwischen in ein heftiges Gefecht mit deutschen Truppen verwickelt, die, von gepanzerten Fahrzeugen unterstützt, gegen ihre Positionen vorgingen. Das Unternehmen war offensichtlich nicht mehr zu retten, und an ein Entkommen auf dem Seewege war nicht zu denken; die *Sikh*

war in Brand geschossen und sank langsam, und eine Anzahl von Schnellbooten war zerstört.

Haseldens Gruppe, die keine Verbindung mit den an anderer Stelle gelandeten Truppen hatte, versuchte sich kämpfend durchzuschlagen, obwohl den Männern die Hoffnungslosigkeit dieses Unterfangens klar gewesen sein mußte. Am Vormittag des 14. September steckten die wenigen, die noch nicht in Gefangenschaft geraten oder gefallen waren, in einem von deutschen und italienischen Einheiten und Panzern umstellten Wadi. Dort leisteten sie letzten Widerstand, wobei der tapfere Haselden fiel. Nur sechs Mann konnten sich nach dem Fiasko von Tobruk bis zu den eigenen Linien durchschlagen.

Den gegen Bengasi angesetzten SAS-Einheiten erging es kaum besser. Die Fahrzeugkolonne wurde vor der Stadt durch eine Straßensperre aufgehalten. Als ein Offizier den Wagen an der Kolonnenspitze verließ und die Schranke öffnete, tat er es mit der spöttischen Nachahmung des Faschistengrußes und dem munteren Ausruf: „Der Kampf kann beginnen!" Zu seiner Bestürzung begann er tatsächlich. Maschinengewehr- und Granatwerferfeuer aus eingegrabenen italienischen Stellungen zu beiden Seiten der Straße deckten die Kolonne ein. Die SAS-Einheit war in einen Hinterhalt geraten. Die Männer wehrten sich so gut sie konnten mit ihren auf Jeeps montierten Vickers-K-Maschinengewehren, doch war an eine Fortführung des Unternehmens nicht mehr zu denken. Der Vorteil der Überraschung war verlorengegangen, und Stirling befahl den Rückzug. Mit dem ersten Licht stiegen deutsche und italienische Maschinen auf und griffen die dezimierte Kolonne auf ihrer Flucht durch die Wüste an. Als der Tag zu Ende ging, war jeder vierte Angehörige der SAS-Truppe gefallen, viele waren verwundet, drei Viertel der Fahrzeuge verloren.

In dieser verhängnisvollen Nacht war nur dem Überfall der LRDG auf den Feldflugplatz Barce Erfolg beschieden. Ein kleiner Sabotagetrupp, ähnlich dem, den Haselden ursprünglich hatte nach Tobruk führen wollen, stieß durch die Wüste vor, gelangte unbemerkt vom Feind ans Ziel und zerstörte etwa 30 Flugzeuge.

Die Ereignisse von Tobruk verloren wenig später an Bedeutung durch die entscheidende Wende im Wüstenkrieg. Am 3. November 1942 durchbrach die 8. Armee nach tagelangen harten Kämpfen die Abwehrstellungen bei El Alamein und zwang das Afrikakorps zum Rückzug. Wenige Tage später traten die Kommandotruppen in einer neuen Rolle wieder in Erscheinung: als Speerspitze einer großangelegten Invasion. Die Operation *Torch,* das alliierte Landeunternehmen in Französisch-Nordafrika, hatte den Zweck, die Panzerarmee Afrika im Rücken anzugreifen und der Beherrschung Nordafrikas durch die Achsenmächte ein Ende zu machen. Den in der Vorhut der Landungstruppen kämpfenden Kommandoeinheiten fielen wichtige Aufgaben zu – in diesem Sinne kann die Operation *Torch* als eine Generalprobe für die späteren großen Invasionen Siziliens, Italiens und Frankreichs betrachtet werden. Und neben den britischen Kommandoeinheiten nahmen erstmals in größerem Umfang Verbände der US-Rangers teil.

In den ersten Morgenstunden des 8. November 1942 dienten Kommandos und Rangers als Sturmtruppen für die mehr als 107 000 Soldaten starken alliierten Streitkräfte, die entlang der Küste Französisch-Nordafrikas zwischen Casablanca und Algier an Land gingen. Die alliierten Befehlshaber waren nicht sicher, wie die französischen Streitkräfte reagieren würden. Seit die Briten nach Frankreichs Kapitulation die in nordafrikanischen Häfen liegende französische Kriegsflotte mehrfach mit eigenen Seestreitkräften überfallen hatten, um eine etwaige Auslieferung an Deutschland zu verhindern, waren sie bei den Vichy-treuen französischen Streitkräften denkbar unbeliebt. Da man meinte, daß die Franzosen auf Amerikaner weniger bereitwillig feuern würden, hatte man die britischen Kommandotruppen in amerikanische Uniformen gesteckt. Die Rechnung ging nur vereinzelt auf. In Algier zum Beispiel griff das britische Kommando Nr. 1 in zwei Abteilungen Befestigungen auf beiden Seiten der Bucht an. Auf der westlichen Seite wurden sie als Freunde empfangen, auf der östlichen aber stießen sie auf harte Gegenwehr, und die Kämpfe dauerten dort den ganzen Tag über an, bevor die Franzosen schließlich die Waffen niederlegten.

Auf einem Feldflugplatz nahe Barce in Libyen liegen die ausgebrannten Reste italienischer Flugzeuge. Am 13. September 1942 zerstörten Sabotagetrupps der Long Range Desert Group etwa 30 Maschinen und behinderten damit erheblich die Nachschubtransporte der Achsenmächte.

Weit entfernt von ihrem Stützpunkt, ruhen verwundete britische und neuseeländische Überlebende des Angriffs auf Barce in einer Notunterkunft aus Planen, die über Ölfässer gespannt wurden.

Bei Arzew, 35 Kilometer nordöstlich von Oran, stürmten die 1. Rangers unter Oberstleutnant William Darby aus den Landungsbooten einen steilen, gewundenen Felspfad zu einem Fort hinauf, das die Hafeneinfahrt beherrschte. Spähtrupps schnitten Gassen in den Stacheldrahtverhau, und wie heulende Derwische ergossen sich die Rangers durch die Breschen. Nach dreistündigem Kampf feuerte Darby eine grüne Leuchtkugel in den Himmel, um den auf See wartenden Landungsbooten zu signalisieren, daß das Fort in den Händen der Rangers sei.

Am folgenden Tag wurden zwei Rangerkompanien vorgeschickt, um zwei amerikanische Infanterietruppen zu verstärken, die an zwei Punkten aufgehalten wurden: in Saint-Cloud, einem befestigten Dorf zehn Kilometer von Arzew, und bei La Macta, einem Dorf östlich von Oran, wo eine französische Batterie die linke Flanke der alliierten Landungstruppen bedrohte. „Eine verdammte Schande", beklagte sich ein Ranger. „Wir öffnen einen Hafen, damit diese Kerle an Land spazieren können, und nun müssen wir noch ihre Schlachten für sie schlagen." Die C-Kompanie der 1. Rangers drängte die Verteidiger von Saint-Cloud ins Dorf zurück, während die E-Kompanie bei La Macta mit gepanzerten Halbkettenfahrzeugen einen Flankenangriff unternahm und die Batterie überrannte.

Mancher Ranger mochte denken, daß er nun eine Zeitlang auf den frisch gewonnenen Lorbeeren ausruhen konnte, aber Darby war anderer Meinung. Als die Kämpfe nachließen und eine französische Einheit nach der anderen die Waffen streckte, trat die Ausbildung wieder in den Vordergrund: Geschwindigkeitsmärsche, Gebirgsübungen, Landemanöver, Nachtgefechte. Den ganzen Januar 1943 hindurch schliefen die 1. Rangers bei Tag und übten bei Nacht. Darby nutzte die Zeit, um die Kommunikation bei nächtlichen Operationen zu verbessern. Dazu verwendete er Taschenlampen mit farbigen Signalfiltern und Abdeckungen, die nur ein winziges Punktlicht durchließen. Die Einheiten bekamen verschiedene Farben zugewiesen, so daß ein Kommandeur auch im nächtlichen Gelände mit einem Blick die Positionen seiner Einheiten ausmachen konnte.

Gerade als viele der Rangers den Eindruck gewannen, daß es ihnen beschieden sei, den Rest des Krieges in der Ausbildung zu verbringen, erhielten sie endlich einen Auftrag. Am Abend des 11. Februar 1943 marschierten die 1. Rangers über die mit Felsbrocken und Geröll übersäten Hänge des mitteltunesischen Berglandes zum Sened-Paß, wo sie einen italienischen Stützpunkt vernichten sollten. „Wir müssen diesen Leuten unseren Stempel aufdrücken", erklärte Hauptmann Roy Murray. „Sie sollen wissen, daß sie von Rangers fertiggemacht worden sind. Jeder hat das Bajonett zu gebrauchen, soviel er kann – so lautet unser Befehl."

Während des nächsten Tages verbargen sich die Rangers zwischen den Felsblöcken einer Talmulde, ungefähr zehn Kilometer von ihrem Ziel entfernt. Mit Anbruch der Dämmerung marschierten sie weiter, und bald konnten sie dumpfes Motorengeräusch von Panzern und Lastwagen hören, die auf der Paßstraße fuhren. Nach

der wochenlangen Ausbildung gehörte das Marschieren bei Nacht zu den Spezialitäten der Rangers. Um 2.00 Uhr formierten sie sich 800 Meter vor der italienischen Paßstellung mit Hilfe winziger roter und grüner Lichtsignale zu einer Schützenkette und gingen langsam und so geräuschlos wie möglich vor.

Sie waren nur noch 50 Meter vom Gegner entfernt, als auf der linken Flanke plötzlich ein Maschinengewehr zu feuern begann. In der Mitte hörten die Rangers nervöse italienische Wachtposten rufen: *„Chi va là?"* – „Wer da?" Dann setzte auf der ganzen Front Feuer ein, und die Kugeln pfiffen durch die Nacht und klatschten gegen den Fels. Die Rangers warfen sich zu Boden und robbten vorwärts, während Querschläger sie mit Erde und Steinen überschütteten. Ein Feldgeschütz beteiligte sich an dem Sperrfeuer der italienischen Maschinengewehre. Der kahle Hang bot wenig Dekkung, und hier und dort hörte man die Schreie getroffener Rangers durch das Geratter der Maschinengewehre.

Endlich erreichten die Angreifer den toten Winkel unter den italienischen Grabenstellungen und fanden Deckung für eine Verschnaufpause. Jemand brüllte: „Macht sie fertig!", und Handgranaten flogen und explodierten in und um die italienischen Stellungen, dann sprangen die Rangers auf und stürmten brüllend das letzte Stück den Hang hinauf. Gefreiter James Altieri verlor im Vorwärtsstürmen den Boden unter den Füßen und fiel in einen Deckungsgraben, der von einem einzelnen italienischen Soldaten besetzt war. Er erholte sich einen Sekundenbruchteil schneller als der andere von seinem Schreck, riß den Kommandodolch heraus und stieß ihn wieder und wieder in den Italiener, bis der Mann zusammenbrach.

Überall entlang der Front spielten sich Szenen brutaler Raserei ab. „Wir stürzten uns auf die restlichen Widerstandsnester", sagte Altieri. „Mit Handgranaten, Bajonetten und Kugeln, mit Schreien, Flüchen und Grunzlauten. Die Italiener hatten keine Chance. Wir machten sie in einem wütenden Blutrausch nieder, gaben kein Pardon. Es war ekelerregend, unmenschlich."

Nachdem aller Widerstand aufgehört hatte, war nur noch das Stöhnen der Sterbenden zu hören, die Hilferufe der Verwundeten und das Keuchen von Männern, die nach Atem rangen. Mehr als 100 Italiener lagen tot in ihren Stellungen. Die Rangers hatten dagegen nur geringe Verluste.

Nachdem die Angreifer die vorgefundenen Feindwaffen unbrauchbar gemacht hatten, traten sie den Rückzug an. Die eigenen Verwundeten wurden auf improvisierten Bahren abtransportiert. Bis zu ihrem Stützpunkt hatten sie noch 30 Kilometer zu marschieren. Darby wußte, daß die Zeit für ihre Flucht knapp wurde; besonders fürchtete er, daß deutsche gepanzerte Streifkommandos ihnen den Rückweg abschneiden könnten.

Das Gesetz der Rangereinheiten im Hinblick auf Verwundete war unmißverständlich: Nach einem Unternehmen mußten sie zurückgelassen werden, wenn sie den Rückzug behinderten. Aber weder Darby noch seine Leute dachten daran, sich an diese Vorschrift zu halten. Den Rest der Nacht stolperten und glitten die Rangers die rauhen Gebirgspfade abwärts, die geschwärzten Gesichter vom Schweiß gestreift, jeder abwechselnd als Bahrenträger oder zur Unterstützung der gehfähigen Verwundeten eingesetzt. Als die Sonne aufging, trieb Darby seine Männer noch immer an. Er war überall, bald an der Spitze der Kolonne, bald an ihrem Ende, half die Verwundeten tragen und munterte die Nachzügler auf: „Nur weiter!" rief er wieder und wieder. „Nicht nachlassen!"

Nur einige wenige der Männer konnten sich später überhaupt noch daran erinnern, wie sie es fertiggebracht hatten, die letzten Kilometer zu marschieren, bis sie in der flimmernden Hitze der steinigen Einöde endlich die Baracken des Lagers ausmachen konnten. Hohlwangig, schmutzig und erschöpft schleppten sich die 1. Rangers ins Lager, wo sie zusammenbrachen.

Mit ihrem Überfall am Sened-Paß hatten die amerikanischen Ranger sich ihren Platz unter den Spezialeinheiten des Afrikafeldzugs gesichert. Sie hatten die Qualitäten gezeigt, zu denen sie ausgebildet worden waren und die die alliierten Führung von ihnen erwartete. Überdies hatten sie die Ausdauer, den Mut und die Entschlossenheit bewiesen, nicht nur den Feind zu bezwingen, sondern auch die unwirtliche Wüste.

Der Wüstenkrieg war um diese Zeit praktisch beendet. Im April 1943 trafen die Vorausabteilungen der aus Ägypten vordringenden britischen 8. Armee im Süden Tunesiens mit den Spitzen der aus Algerien angreifenden 1. Armee zusammen. Damit waren die in Tunesien stehenden deutschen und italienischen Truppen eingeschlossen. Für die Kommandoeinheiten jedoch, die unter diesem oder jenem Namen im Afrikafeldzug eine bedeutende Rolle gespielt und nicht unwesentlich zur Niederringung des deutschen Afrikakorps beigetragen hatten, gab es auf anderen Schauplätzen noch manchen Kriegsruhm zu gewinnen.

Angehörige des 1. US-Rangerbataillons bewachen nach durchkämpfter Nacht einen eroberten französischen Geschützbunker bei Arzew in Französisch-Algerien. Die Rangers schalteten an der Spitze der alliierten Invasionstruppen zwei Forts aus, die den strategisch wichtigen Hafen beherrschten.

OPERATIONEN IN DER SAHARA

Mit Schutzbrillen und Kefijas gegen Sand und Staub geschützt, warten Männer der Long Range Desert Group im Windschatten ihres Lastwagens einen Sandsturm ab.

STREIFZÜGE DURCH EIN MEER AUS SAND

Die in der Sahara operierenden Spezialeinheiten hatten Mühsal und Härten zu bestehen, die die Risiken des Kampfes bisweilen beinahe unbedeutend erscheinen ließen. An Sommertagen ertrugen sie Temperaturen bis zu 50° C im Schatten, und in Winternächten Temperaturen unter dem Gefrierpunkt. Jederzeit konnten heulende Winde die Wüstenoberfläche in beißenden Sandstrahl verwandeln, der den Männern die Haut vom Gesicht und die Farbe von den Fahrzeugen schleifen konnte. Häufig blieben die Fahrzeuge im Sand stecken und mußten mühsam ausgegraben werden. Angst überfiel die Männer selbst dann, wenn sie weder vom Feind noch von der Wüste bedroht waren; niemals vergaßen sie, wie einer es ausdrückte, „daß wir Eindringlinge waren und, wenn auf frischer Tat ertappt, mit harter Behandlung rechnen mußten".

Daß sich diese Sabotagetrupps in der Wüste so gut schlugen und Hunderte von Kilometern hinter den Linien der Achsenmächte erfolgreiche Anschläge gegen Flugplätze und Versorgungskolonnen verübten, bezeugt eine Tüchtigkeit, die über bloße Zähigkeit hinausging: die Fähigkeit, sich den Forderungen der Wüstennatur anzupassen und diese gleichzeitig für die Erreichung der eigenen Ziele nutzbar zu machen. Sie lernten wie motorisierte Beduinentrupps zu operieren und lasen Fahrzeugspuren mit der gleichen Geschicklichkeit wie die Araber diejenigen von Kamelen. Sie veränderten ihre Fahrzeuge wie ihre Verpflegung, sie machten die ersteren leichter und die letztere gehaltvoller, bis sie die beste Verpflegung der ganzen Armee hatten – pro Tag 500 Kalorien mehr als die Norm. Und sie sorgten für den Durst ihrer Fahrzeuge vor, indem sie geheime Treibstoff- und Versorgungslager anlegten.

Die Fahrer lernten ebenso die Bodenbeschaffenheit erkennen wie den Luftspiegelungen und der Wüstennacht mißtrauen, die den Neuling zu dem Glauben verleiten konnte, daß „jeder Strauch ein feindlicher Panzer und jedes Trockenbett ein bodenloser Abgrund sei", wie ein Fahrer sich erinnerte. Die Truppführer bestimmten den Kurs durch die weiten einförmigen Sandmeere durch Beobachtung und Messung von Sonne und Sternen, wie die alten Seefahrer es einst taten. Auch mußten sie im Verlauf ihrer Operationen Tausende von Quadratkilometern Wüste kartographisch aufnehmen; die wenigen Karten, die sie hatten, waren unzuverlässig. „Die Berge der italienischen Kolonie Libyen waren alle hoch – wie es der Würde des faschistischen Mutterlandes zukam", schrieb ein Geheimdienstoffizier. „Als wir uns dann voll banger Sorge auf so eine Hügelkette zubewegten, stellten wir fest, daß wir über sie hinweggefahren waren, ohne die Bodenwelle zu spüren."

Eine Wüstenpatrouille verläßt ihren Stützpunkt in Ägypten. Zur Verringerung des Gewichts sind die Fahrerhausverkleidungen der Lkws ausgebaut worden.

Ein Streiftrupp ist dabei, seine Fahrzeuge zu beladen. Auf jeden Lkw wurden sorgfältig bis zu zwei Tonnen Versorgungsgüter – wozu eine Verpflegung für drei Wochen und ausreichend Treibstoff für 2000 Kilometer gehörte – verstaut.

MOBILITÄT: VORAUSSETZUNG ZUM ÜBERLEBEN

Die Männer der Long Range Desert Group operierten in den ungeheuren Weiten der libyschen Wüste, wo eine Patrouille bis zu 1200 Kilometer von jeglicher Hilfe entfernt sein konnte. Aus diesem Grund mußten die Soldaten stets alle Mühe aufwenden, um ihre Fahrzeuge in betriebsfähigem Zustand zu halten. Reparaturen im Feld erforderten mitunter große Erfindungsgabe; als einmal bei einem Lastkraftwagen das Kurbelgehäuse brach, flickten die Männer den Riß mit einer hastig improvisierten Mischung aus Sand und Kaugummi.

Die Patrouillen führten Reserve-Stoßdämpfer und im Schnitt drei Ersatzreifen für jedes Fahrzeug mit, um den Gefahren der Hammadas, der Steinwüsten, zu begegnen, die das Vorankommen auf nur sechs Kilometer am Tag verlangsamen konnten. Die Wahrscheinlichkeit, im Sand steckenzubleiben, verminderten sie durch Ablassen von Luft aus den Reifen und indem sie sich weitgehend an die Dünenkämme hielten, um bergab ausweichen zu können, wenn sie auf eine weiche Stelle stießen.

Dennoch verursachten „trockener Flugsand", der fein wie Mehl war, und die unerklärlich in der ganzen Wüste verstreut vorkommenden Salzsümpfe auf fast jeder Fahrt lange Aufenthalte. Räder, die sich bis über die Achsen in den weichen Sand gewühlt hatten, mußten ausgegraben werden und Matten oder perforierte Anfahrrinnen aus Stahlblech untergeschoben werden, um das Fahrzeug wieder flottzumachen.

Ein schwerbeladener Lastkraftwagen ist wieder einmal im weichen Sand stekkengeblieben. „Einen Augenblick lang fährt man gleichmäßige 50 Stundenkilometer bei beruhigendem Klang der Reifen", schrieb ein Offizier, „und im nächsten Moment steht man bis zu den Wagenachsen im Sand."

Zum Schutz gegen die Kälte in einen warmen Mantel gehüllt, beobachtet ein Offizier die Vorbereitungen zum Abschleppen eines im Sumpfgelände steckengebliebenen Lastwagens. Die Stahlkabel wurden auch zum Abschleppen von Wracks verwendet, die man ungern der Wüste oder dem Feind überließ.

Eine Patrouille beim Durchqueren einer Steinwüste. Die Männer der Long Range Desert Group befuhren Gelände jeglicher Art, darunter auch solches, das „für Motorfahrzeuge unpassierbar" war, wie ein Patrouillenführer bemerkte.

Eine Wüstenpatrouille bei der Mittagsrast. Drei Männer haben sich in den Schatten ihres Fahrzeugs geflüchtet – den einzigen, den es im Umkreis von Kilometern gibt.

IM KAMPF GEGEN DIE ELEMENTE

„Es kommt darauf an", erklärte ein Kämpfer, „sich so weit zum Herrn über die Beschwerlichkeiten der Wüste – Hitze, Durst, Kälte, Regen, Übermüdung – zu machen, daß man bei ihrer Überwindung die körperliche Energie und die geistige Spannkraft bewahrt, um sich dem eigentlichen Ziel, dem Gewinnen des Krieges, zu widmen." Dieses fortwährende Ringen um die Beherrschung der widrigen äußeren Umstände brachte die Männer dazu, ihre Uniformen den verschiedenartigen Klimabedingungen anzugleichen. Schaffellgefütterte Mäntel wärmten an kalten Wintermorgen; die Kefijas, die traditionelle Kopfbedeckung der Beduinen, schützten nicht nur gegen Kälte und Wind, sondern ebenso zuverlässig vor der sengenden Wüstensonne.

Die Temperatur aber war nur eines der Probleme, denen sich die Männer gegenübersahen. „Es ist einem nicht bloß heiß", schrieb ein Offizier über den Gibli genannten, furchtbaren Sommerwind, „man fühlt sich nicht bloß müde, es ist, als habe einen der letzte Rest von Energie verlassen, als wolle das Gehirn aus dem berstenden Schädel drängen, und man möchte nur noch in stumpfer Erstarrung daliegen, bis die verwünschte Sonne untergegangen ist." Für solche Zeiten, in denen die übliche Wasserration von drei Litern pro Tag jämmerlich unzureichend schien, hielten die Patrouillen eine belebende Mischung Rum und Limettensaft bereit.

Ein Offizier und seine Männer nehmen einen Imbiß im Stehen. „Das Beste, was es in Dosen gab", erinnerte sich einer.

Ein Soldat schenkt Rum aus – einen hochgeschätzten Teil der Verpflegung, der in der Hitze die Stimmung hob und im Winter die Illusion von Wärme gab.

Ein mit Gestrüpp getarnter Lastwagen fügt sich unauffällig in die umgebende Wüstensteppe ein. Die Patrouillen mußten häufig ihre Fahrzeuge derartig getarnt zurücklassen, da viele Vorstöße zum Zwecke von Sabotageanschlägen oder Erkundungsstreifzüge nur zu Fuß zu bewältigen waren.

Die Besatzung eines Lastkraftwagens umhüllt ihr Fahrzeug mit Tarnnetzen. Wurden sie im feindlichen Hinterland von Flugzeugen überrascht, so daß keine Zeit mehr zur Tarnung blieb, versuchten sich die Patrouillen manchmal zu retten, indem sie mit Winken und zum Gruß ausgestrecktem Arm „eine Schaustellung faschistischer Freundschaft gaben", wie ein Mann es ausdrückte.

SCHWIERIGKEITEN BEI DER SUCHE NACH DECKUNG

Die Aufgabe, in der Wüste eine Patrouille von zehn Lastkraftwagen – oder auch bloß einem – zu verbergen und dadurch vor Luftangriffen zu schützen, war eine Frage von Leben und Tod. Die Long Range Desert Group nutzte die spärliche Deckung steiler Dünen, tiefer Wadis und dürftigen Gesträuchs, „das nicht einmal hoch genug war, um einen Skorpion zu verbergen". Einen gewissen Schutz bot auch der Dunst der Nachmittagshitze; und wenn es galt, angreifenden Flugzeugen zu entkommen, versuchten die Patrouillen Hals über Kopf in Staubstürmen, Sandstürmen und sogar in den Staubwolken explodierender Bomben Deckung zu finden.

Mit der Zeit lernten die Wüstenpatrouillen, ihre Tarnungen immer vollkommener der Natur anzupassen. Sie behängten ihre Fahrzeuge mit Netzen und Gestrüpp und gingen schließlich dazu über, sie olivgrün, graugelb und blaßrosa anzustreichen. „Der erste Fahrer, der einen frisch bemalten Lastwagen übernahm", schrieb ein Patrouillenführer, „sagte mir, er könne sich in Kairo mit einem solchen Ding nicht blicken lassen." Doch gerade solche Farben, die in der Stadt spöttisches Gelächter ausgelöst hätten, machten die Fahrzeuge in der Wüste nahezu unsichtbar, wenigstens wenn sie stillstanden.

Angehörige eines Sabotagetrupps machen im Schutz eines Wadis Rast. Die wendigen Jeeps waren beliebt bei den Wüstenpatrouillen, die sie sowohl für Angriffsunternehmen als auch für Erkundungsstreifzüge einsetzten.

Ausnahmsweise mit üppiger Deckung gesegnet, erfreuen sich Männer der Long Range Desert Group einer Ruhepause im Schatten von Palmen, deren ausladende, dichte Wedel zugleich ihre gesamte Ausrüstung verbergen.

Aus der spärlichen Deckung eines niedrigen Strauches überwacht ein Beobachterteam feindliche Truppenbewegungen. Solche Pflichten waren ebenso anstrengend wie ermüdend. Beobachter mußten 24 Stunden an ihrem Platz ausharren und wagten sich kaum zu bewegen, um nicht entdeckt zu werden. „Man schaut um elf auf die Uhr", schrieb einer, „und vier Stunden später schaut man wieder, und es ist Viertel nach elf."

EINE WELT RAUHER SCHÖNHEIT

Neuseeländer der Long Range Desert Group halten Rast zu Füßen bizarrer Felskegel, während der Navigator den Kurs festlegt. Das Aquarell ist von Peter McIntyre.

DER WÜSTENKRIEG AUS DER SICHT EINES KÜNSTLERS

Über einem Schützenloch in der Wüste sitzend, zeichnet Hauptmann Peter McIntyre, der Kriegsmaler der LRDG, eine Gefechtsszene aus dem Gedächtnis.

Dem durchschnittlichen Bewohner der gemäßigten Breiten gilt die Wüste neben den Polarregionen wohl als die lebensfeindlichste und abschreckendste Umgebung, mag es mittlerweile auch manche geben, die sich von ihrer grausamen, verwunschenen Schönheit angezogen fühlen. „Vormittags stieg die heiße Luft in Wellen auf", schrieb der Hauptmann Peter McIntyre, der offizielle Kriegsmaler der neuseeländischen Long Range Desert Group, über einen Wüstentag im Jahr 1942. „Wir befanden uns inmitten kegelförmiger Hügel – mit spitz zulaufenden Gipfeln aus schwarzem Fels –, und jeder von ihnen hatte eine so vollkommene Kegelgestalt, daß sie von Menschenhand gemacht schienen, doch gab es Hunderte von ihnen. Je weiter wir nach Süden vordrangen, desto größer, höher und zahlreicher wurden die Kegel. Dann lag plötzlich offene Wüste vor uns, eben und glatt bis zum Horizont. Die Lastwagen rollten mit der Leichtigkeit von Billardkugeln auf einem Tisch über den harten Sand. Nicht ein Kieselstein war zu sehen, und trotz der Geschwindigkeit blieb der Horizont unverändert. Wir scheinen jenseits des Randes der Welt in grenzenlosem Raum zu gleiten."

McIntyre begleitete eine aus seinen neuseeländischen Landsleuten bestehende Patrouille der Long Range Desert Group, die in drei Wochen von ihrem Stützpunkt im südöstlichen Libyen bis zum Nil 1200 Kilometer unkarthographiertes Gebiet durchfuhr. Kein Tag verging, ohne daß der Künstler nicht von neuem von der überraschenden Vielgestaltigkeit und der spröden, fremdartigen Schönheit der Wüstenlandschaft fasziniert war. Weder die sengende Sonne noch die Moskitoschwärme, die die Oasen heimsuchten, vermochten seine Begeisterung für so überraschende Anblicke wie einen versteinerten Wald aus hohlen, schwarzen Bäumen mitten im Treibsand oder für die „verrückte Sandsteinwelt der Koboldgestalten", wie er sie nannte, durch Wind mit Flugsand entstandene bizarre Formationen aus weichem Gestein, zu schmälern. Im Verlauf der Reise entdeckte er, daß die Wüste seinen eigenen „Sinn für Normalität" genauso unnachgiebig ausgehöhlt hatte, bis das Phantastische ihm fast auch schon alltäglich erschien.

McIntyre zeichnete Portraits von den unerschrockenen Mitgliedern der Patrouille und fertigte Skizzen von den ägyptischen Kamelreiterkorps an, einer Grenzpolizei, die der Patrouille entgegenritt, sobald sie in Ägypten eintraf. Seine größte Leistung aber war es, die Stimmungen der Wüste selbst einzufangen – wo, wie er schrieb, „die Farben gegen jeden Wirklichkeitssinn revoltieren" – und das gefährliche tägliche Leben der Männer aufzuzeichnen, die dort kämpfen mußten.

Die Fahrzeuge sind zum Schutz gegen Luftangriffe in weiten Abständen voneinander abgestellt, während Navigator und Patrouillenführer noch den Kurs beratschlagen.

Die Patrouille bricht am frühen Morgen in ihren Lastkraftwagen auf. Die zusammengerollten Matten auf den Kotflügeln waren mit Stahlstäben verstärkt und mußten häufig alle paar Kilometer ausgelegt werden, um den in weichem Sand steckengebliebenen Fahrzeugen wieder herauszuhelfen. Die Zylinder an den Seiten fingen überkochendes Wasser aus den Kühlern auf.

Der Soldat R. J. Moore blickt herausfordernd unter seiner Kefija hervor. Einmal gelang es Moore, der in einem Gefecht verwundet und von seiner Einheit getrennt worden war, sich zu Fuß 300 Kilometer in Richtung seines Stützpunktes durchzuschlagen, bis man ihn fand.

Der MG-Schütze Edgar Sanders steht in dieser Skizze recht entspannt da. McIntyre beschrieb ihn als „einen der unerschrockensten Männer, die ich je gekannt habe". Sanders wurde mit der Military Medal ausgezeichnet, weil er ganz allein vier bewaffnete italienische Lastkraftwagen außer Gefecht gesetzt hatte.

Während der Navigator mit seinen Karten abseits sitzt, ruhen sich die übrigen Männer der Patrouille unter einer bizarren Sandsteinformation, dem sogenannten „Pilzfelsen", aus. Die Sandstürme erzeugten viele solcher „phantastischen Mißgestalten, die sechs bis neun Meter hoch aufragten", schrieb McIntyre.

Eine Eskorte des ägyptischen Kamelreiterkorps geleitet die neuseeländischen Streiftrupps am Ende ihrer aufsehenerregenden Reise zum Nil. In drei Jahren Wüstenkrieg erwarb mehr als ein Viertel der aus 200 Mann bestehenden Long Range Desert Group eine Tapferkeitsauszeichnung für ihre Leistung.

3

Eine spektakuläre Ein-Mann-Aktion
Im Paddelboot zu feindlichen Küsten
Major Haslers neue „Waffe“
In tückischen Gewässern
Französische Zivilistinnen wahren ein Geheimnis
Der lange Heimweg von einem Einsatz in Bordeaux
Schwierigkeiten bei der Erkundung von Stränden
Schmerzliche Lektionen aus Fehlschlägen
Die Korsaren der Ägäis
Jubelnder Empfang für die Befreier von Simi

MIT FALTBOOTEN GEGEN DEN FEIND

Leutnant Roger Courtney hatte vor dem Zweiten Weltkrieg als Entdecker und Großwildjäger in Afrika gelebt. Er hatte häufig vom Kanu aus gejagt und war einmal 5560 Kilometer den Nil hinuntergepaddelt, vom Viktoriasee bis Kairo. Als er sich im Juli 1940 zu den Kommandotruppen meldete, erkundigte er sich, ob er in einem Kanu Deutsche jagen könne.

Seine Vorgesetzten wollten von der Anregung nichts wissen. Sie betrachteten Kanus und vergleichbare kleine Boote als geeignet für Pfadfinder, nicht aber für Soldaten. Courtney jedoch, damals Rekrut im Ausbildungszentrum Achnacarry in Schottland, ließ sich von seinem Vorhaben nicht abbringen. Er erreichte ein Gespräch mit Vizeadmiral Theodore Hallett, dem Kommandeur des Ausbildungszentrums, und unterbreitete ihm einen Plan zur Verwendung von Faltbooten bei Sabotageaktionen. Als Hallett sich für die Idee ebensowenig erwärmen konnte wie die anderen Offiziere, beendete Courtney das Gespräch mit dem zornigen Versprechen, den Beweis für die Brauchbarkeit seiner Ideen zu liefern.

Courtney hielt Wort. Vier Abende später, als Hallett im Kreis hoher Marineoffiziere im Salon des Hotels Argyll Arms in Inveraray saß, sprang die Tür auf, und Courtney kam herein, bekleidet nur mit einer Badehose und ein großes, triefendes Bündel schleppend. Dieses ließ er mitten im Raum zu Boden fallen und verkündete, daß er gerade das Landungsboot *Glengyle* an seinem Ankerplatz im Clyde geentert und unbehindert die Abdeckplane des Geschützes auf dem Achterdeck gestohlen habe. Zum Beweis habe er die Abdeckplane mitgebracht.

Der Kapitän der *Glengyle,* der sich unter den Anwesenden befand, vernahm mit wachsendem Zorn, wie der junge Offizier mit einem Faltboot zum Schiff hinausgepaddelt und unbemerkt an Bord geklettert war, wie er dann seine Initialen an die Tür der Kapitänskajüte gemalt und sich zu seinem Souvenir verholfen hatte.

Unter anderen Umständen hätte sich Courtney womöglich einem Kriegsgerichtsverfahren gegenübergesehen. Zu seinem Glück wußten die Offiziere des Kommandos für Amphibische Operationen, vermutlich sogar der Kapitän, in dessen Herrschaftsbereich er eingedrungen war, natürliche Begabung und Initiative zu schätzen. Die versammelten Offiziere entschieden, daß Courtney den Beweis für seine Behauptung geliefert habe: Faltboote und andere kleine, durch Muskelkraft angetriebene Wasserfahrzeuge könnten für Sabotagezwecke eingesetzt werden. Hallett gab Courtney die Erlaubnis, eine kleine Gruppe Faltbootfahrer auszubilden. Seine Einheit, die bald als Special Boat Section (SBS) bekannt werden sollte, bahnte den Weg zum Einsatz kleiner Wasserfahrzeuge für Sabotage- und Aufklärungszwecke.

Sobald die SBS ihre ersten Operationen durchgeführt hatte, war niemand mehr der Meinung, daß Paddelboote nur etwas für Pfadfinder seien. Obwohl die Einheit zu keiner Zeit mehr als 100

Mann stark war, spielten ihre Angehörigen verschiedentlich wichtige Rollen auf so weit auseinanderliegenden Kriegsschauplätzen wie dem Golf von Biscaya und dem östlichen Mittelmeer.

Wenige Männer kämpften wohl einen einsameren Krieg als jene, die in kleinen Booten operierten. Ihre Einsätze fanden fast immer bei Nacht statt. In der vollen Erkenntnis, daß sie für Stunden, vielleicht Tage von jeder Hilfe abgeschnitten sein würden, paddelten sie auf unbekannte und feindliche Küsten zu. Die meiste Zeit arbeiteten sie unmittelbar unter den Augen des Feindes und mußten sich bei allen Aktionen darauf verlassen, daß sie Glück hatten und unentdeckt blieben. Durchgefroren, naß und hundemüde zu sein war normal. Diejenigen, die nach ihrem Einsatz den Rückweg zu dem U-Boot schafften, das sie abgesetzt hatte, mußten häufig in einem Zustand völliger Erschöpfung aus ihren Booten gezogen werden. Viele gerieten in Gefangenschaft, weil sie ihren Treffpunkt verpaßten und bei Tageslicht entdeckt wurden. Andere verschwanden in die Nacht und blieben verschollen.

Ihren ersten Kampfauftrag führte die Special Boat Section am Abend des 22. Juni 1941 im Mittelmeer aus. Leutnant Tug Wilson und Marineinfanterist Taffy Hughes zogen ihr Faltboot vor der Westküste Italiens aus der Torpedoluke eines Unterseeboots; auf dem Deck setzten sie den Rahmen zusammen, zogen die Außenhaut aus gummibeschichtetem Segeltuch darüber, verstauten das benötigte Material und ließen das Boot zu Wasser. Dann hielten sie auf einen Punkt an der Küste zu, wo nach ihrer Karte eine nahe dem Ufer verlaufende Eisenbahnstrecke in einen Tunnel eintrat. Am Ziel angelangt, befestigten Wilson und Hughes im Eingang des Tunnels Sprengladungen mit Druckzündern an den Schienen und kehrten sicher zu ihrem U-Boot zurück. Bevor es tauchte, hörten sie zu ihrer Befriedigung das Krachen einer Explosion.

Bis November 1941 hatte Courtney eine zweite SBS-Einheit ausgebildet, die Trupp 101 genannt wurde und Erkundungs- und Sabotageaufträge gegen Schiffe entlang der französischen Küste durchführen sollte. Ihr erstes Unternehmen, das einer größeren Kommandoaktion den Weg ebnen sollte, war kein Erfolg. Ein Schnellboot setzte zwei Faltboote mit vier Mann ab, die zum Ufer paddelten, um einen Küstenabschnitt der Normandie bei Houlgate zu erkunden. Ein Boot kenterte in der schweren Brandung, und beide Insassen verloren ihre Paddel. Sie wurden von einer deutschen Patrouille festgenommen, als sie versuchten, landeinwärts ein Versteck zu finden. Das andere Paar, zwei Soldaten namens Ellis und Lewis, führten ihren Auftrag aus, verpaßten aber das Schnellboot, das sie aufnehmen sollte; unerschrocken paddelten sie den ganzen Weg zurück über den Kanal.

Sechs Monate später konnte der Trupp 101 seinen Ruf mit einem wagemutigen Unternehmen seines kommandierenden Offiziers, des Hauptmanns Gerald Montanaro, wiedererlangen. In der Nacht zum 12. April 1942 paddelten Montanaro und Unteroffizier Frederick Preece mit einem leckgeschlagenen Faltboot in den Hafen von Boulogne und befestigten magnetische Haftminen an einem deutschen Tankschiff. Als sie wieder auf die See hinauspaddelten, war ihr Boot voll Wasser und am Sinken; mit knapper Not erreichten sie die Sturmboote, die sie einige Stunden vorher abgesetzt hatten. Aber ihr Risiko zahlte sich aus. Am nächsten Tag aufgenommene Luftaufnahmen des Hafens zeigten, daß nur die Aufbauten des Schiffes aus dem Wasser ragten.

Montanaros Aktion leitete über zu dem schwierigsten und gefährlichsten Unternehmen, das der Trupp 101 im Krieg zu bestehen hatte und das zugleich der tiefste Vorstoß in feindliches Territorium war, der jemals mit kleinen Booten durchgeführt wurde. Führer dieses Unternehmens war Major H. G. Hasler, ein 28 Jahre alter aktiver Offizier der Royal Marines, wegen seines blonden Schnurrbarts Blondie genannt. Der Umstand, daß er kahlköpfig war, fügte dem Spitznamen eine ironische Pointe hinzu.

Hasler war ein erfahrener Segler, der Anfang 1942 für den Stab des Entwicklungszentrums der Amphibischen Operationen in Southsea bei Portsmouth angeworben worden war. Wegen seiner Erfahrung mit Booten wurde er beauftragt, eine britische Version des Sprengboots zu entwickeln, mit dem die Italiener im Frühjahr 1941 einen britischen Flottenverband bei Kreta angegriffen und einen Zerstörer sowie zwei Tanker vernichtet hatten.

In diesem Stadium des Krieges waren die Italiener den Alliierten in den Angriffstechniken gegen Schiffe, die in Hafenbecken festgemacht waren, weit voraus und experimentierten mit einer beträchtlichen Anzahl militärischer Neuerungen *(S. 142–151)*. Das Sprengboot – ein schnelles Motorboot, das im Bug eine Sprengladung von 250 Kilogramm trug – war die neueste Ergänzung des italienischen Arsenals an ausgefallenen, zu Wasser beförderten Waffen. Der Steuermann richtete das Sprengboot auf sein Ziel, gab Vollgas und zog rechtzeitig vor dem Aufprall den Auslösehebel eines Schleudermechanismus, der ihn über das Heck katapultierte.

In Weiterentwicklung der Idee begannen Hasler und seine Mitarbeiter mit einem Sprengboot zu experimentieren, das samt Steuermann mit dem Fallschirm abgeworfen werden konnte. Bald war ein Prototyp versuchsbereit. Leutnant David Cox, der Freiwillige, der in dem Boot saß, als es von den Bombenhalterungen einer Lancaster ausgeklinkt wurde, erhielt verdientermaßen die Auszeichnung eines Member of the Order of the British Empire. Aber sein Versuch blieb der einzige; das Hin- und Herschwingen durch die Luft, festgeschnallt in einem Boot, war für Cox ein so nervenaufreibendes Erlebnis, daß Hasler das Projekt aufgab.

Haslers Gruppe entwickelte Dutzende von anderen Konstruktionen und Geräten, darunter den Vorläufer eines Kleinst-U-Bootes, ein torpedoförmiges, mit zwei Mann besetztes Fahrzeug, das eine 250-Kilogramm-Sprengladung trug. Hasler experimentierte auch mit Schwimmflossen und Atemgeräten für Froschmänner sowie mit einem schreckenerregenden Fallschirm, der statt des üblichen seidenen Schirms Rotorblätter verwendete. Die kreisenden Blätter sollten den Fallschirmspringer befähigen, durch die Luft zu einem sicheren Landeplatz zu steuern. Es war nicht allzu überraschend, daß nur ein einziger Offizier den Mut aufbrachte, diesen neuartigen Fallschirm zu erproben, und nach der Erprobung war er so arg mitgenommen, daß er, wie Hasler trocken bemerkte, „beide Hände brauchte, um ein Glas zu halten".

Während dieser Experimente gelangte Hasler mehr und mehr zu der Überzeugung, daß nur ein einziges Transportmittel die meisten der Anforderungen erfüllte, die das unbemerkte Eindringen in einen feindlichen Hafen stellte: das ein- oder zweisitzige Paddelboot. Hasler führte lange Gespräche mit Roger Courtney und Gerald Montanaro, die die Techniken der Faltboot-Überfälle inzwischen vervollkommnet hatten. Montanaros Gruppe hatte einen kleinen magnetischen Griff erfunden, der es den Saboteuren ermöglichte, sich an den Bordwänden festzuhalten, während sie ihr Werk verrichteten. Um Haftminen ein gutes Stück unter der Wasserlinie des Schiffes anzubringen, entwickelten Haslers Ingenieure eine Plazierstange, eine ausziehbare, 1,80 Meter lange Stahlstange mit einem U-förmigen Haken am Ende.

Soldaten einer britischen Kommandoeinheit lassen 1942 ein Faltboot durch die vordere Torpedoluke eines Unterseeboots hinab. Solche Faltboote schlugen bei schwerer See leicht leck und brachen auch häufig auseinander.

Die Kanuten und Faltbootfahrer der britischen Special Boat Section, die im ganzen Mittelmeer und entlang der französischen Küste operierten, verübten Sabotageanschläge auf eine Eisenbahnlinie an der italienischen Küste, auf deutsche Handelsschiffe im Hafen von Bordeaux und Ziele im Ägäischen Meer. Andere SBS-Gruppen führten Küsten- und Stranderkundungen durch, um die Eignung bestimmter Abschnitte für Truppenanlandungen zu untersuchen.

Hasler schlug dem Kommando für Amphibische Operationen die Schaffung einer Einheit vor, die den taktischen Einsatz von Paddelbooten in Kombination mit Sprengbooten entwickeln sollte: Die Paddler sollten Hindernisse aus der Bahn des Motorboots räumen und die Steuerleute aufnehmen, nachdem sie sich von Bord katapultiert hätten. Nicht ohne ein beträchtliches Maß an diskreter Beeinflussung gelang es Hasler, seine vorgesetzten Dienststellen zur Billigung der Vorschläge zu bewegen. Seine Einheit, die unter der eigenwilligen Bezeichnung Royal Marine Boom Patrol Detachment operieren sollte, wurde am 6. Juli 1942 gebildet.

Die 34 Freiwilligen, die sich zu dieser Abteilung meldeten, ahnten kaum, worauf sie sich einließen; sie wußten nur, daß die Arbeit mit kleinen Booten zu tun hatte und gefährlich sein könnte. Nach einmonatiger Ausbildung waren alle bis auf 22 Mann ausgeschieden. Diese unterzog Hasler einem rigorosen Training, bestehend aus Leibesübungen, Schwimmen, Tauchen und Seemannschaft. Die Männer lernten den Umgang mit allen Arten von kleinen Booten. Sie lernten Sabotagetechniken und Tarnungstricks. Sie lernten liegend zu paddeln, um ihre Silhouetten unauffälliger zu machen. Sie lernten in Bewegungslosigkeit zu verharren, wenn Entdeckungsgefahr drohte, so daß ihre Boote, von Wind und Wellen getrieben, Baumstämmen ähnelten. Und sie lernten, daß fettgetränkte Pullover und lange, wollene Unterhosen einigen Schutz gegen die Kälte des Wassers boten.

Hasler führte Übungen durch, während derer seine Männer vier bis fünf Tage ununterbrochen auf See in ihren Booten verbrachten. Bald waren sie auf dem Wasser ebenso zu Hause wie auf dem Land. Die Idee, motorisierte Sprengboote einzusetzen, ließ Hasler fallen; die Paddelboote waren nun Gegenstand seines Interesses. Anfang September glaubte er seine Männer hinreichend ausgebildet, um ein Unternehmen gegen einen Hafen durchzuführen.

Das Boom Patrol Detachment brauchte nicht lange auf einen Auftrag zu warten, denn die britische Regierung war besorgt über den Schiffsverkehr der Achsenmächte, der trotz einer alliierten Blockade der europäischen Häfen beträchtlich zugenommen hatte, seit Japan in den Krieg eingetreten war. Ein auf Geheimdienstmeldungen beruhender Bericht des britischen Ministeriums für Wirtschaftliche Kriegführung vom Juli 1942 schätzte, daß während der voraufgegangenen zwölf Monate 22 500 Tonnen Rohgummi aus Asien, die für Deutschland und Italien bestimmt waren, in der französischen Hafenstadt Bordeaux eingetroffen waren. Auch andere wichtige Rohstoffe wie Zinn, Wolfram und Erdöl wurden zum Mißvergnügen der britischen Regierung von den Achsenmächten über Bordeaux eingeführt.

Aus diesem Grund nahm Bordeaux als mögliches Ziel eine Vorrangstellung ein; die Frage war nur, wie es zu erreichen sei. Royal Navy und Royal Air Force erklärten sich außerstande, einen

Angriff auf den Hafen durchzuführen. Bordeaux lag 100 Kilometer flußaufwärts von der bewachten und befestigten Girondemündung entfernt und außerhalb der Reichweite tiefgehender Kriegsschiffe. Die RAF lehnte einen Angriff mit der Begründung ab, daß eine Bombardierung des mitten im Stadtgebiet liegenden Hafens zu viele Opfer unter der französischen Zivilbevölkerung fordern und der antibritischen Strömung neue Nahrung geben würde. Als das Problem Bordeaux an das Kommando für Amphibische Operationen weitergegeben wurde, beschlossen die Planer, daß ein Landeunternehmen nicht in Frage komme, weil es mindestens drei Infanteriedivisionen mit ungefähr 50 000 Mann erfordern würde.

Am 21. September wurde Major Hasler gefragt, ob seine Einheit ein Sabotageunternehmen gegen Handelsschiffe im Hafen von Bordeaux durchführen könne. Seine Antwort ließ nicht auf sich warten; schon am nächsten Tag legte er einen grobskizzierten Plan vor, dem er „eine gute Erfolgschance" zuerkannte. Er schlug vor, daß der Sabotagetrupp in Zweiergruppen bei Nacht die Gironde hinaufpaddeln und tagsüber in Verstecken bleiben und ausruhen sollte. Nach der Anbringung von Haftminen an feindlichen Schiffen sollten die Gruppen mit Unterstützung der französischen Widerstandsbewegung auf dem Landweg durch das besetzte Frankreich nach Spanien entkommen. Am 30. Oktober unterzeichnete Lord Louis Mountbatten den Befehl zur Durchführung der Operation, die den Codenamen *Frankton* erhielt.

Die von Hasler vorgesehenen Paddelboote waren eigens nach seinen Anforderungen entworfen und gebaut. Gewöhnliche Faltboote waren für das geplante Unternehmen wenig geeignet: Sie konnten nicht über einen Strand geschleift und in beladenem Zustand gehoben werden. Des weiteren konnten Faltboote nicht durch die Luke eines U-Boots ein- und ausgeladen werden, ohne daß sie zuvor auseinandergenommen wurden. Das von Hasler und seinen Technikern entwickelte Paddelboot überwand diese Probleme. Wie normale Faltboote bestand es aus gummibeschichtetem Segeltuch über einem hölzernen Rahmen. Aber es war stabil genug, um außer zwei Mann Besatzung 70 Kilogramm Ausrüstung zu tragen, und war bedeutend widerstandsfähiger. Es hatte einen flachen, hölzernen Boden und ein Deck, beide aus drei Millimeter dickem Sperrholz; es war überdies mit Gleitkufen versehen, so daß man es wie einen Schlitten über Land ziehen konnte, ohne den Segeltuchrumpf zu beschädigen. Ungeachtet dieser Verbesserungen blieb es jedoch ein zerbrechliches Fahrzeug, das von seinen Benutzern „cockle" (Nußschale) genannt wurde.

Nach Genehmigung der Operation *Frankton* hatte Hasler nur noch ein größeres Hindernis zu überwinden. Da die Aussichten der Teilnehmer, lebendig zurückzukommen, nicht allzu günstig eingeschätzt wurden, lehnte Mountbatten es ab, Hasler die persönliche Leitung des Unternehmens zu übertragen; seine Dienste wurden als zu wertvoll angesehen.

Aber Hasler war entschlossen, an dem Unternehmen teilzunehmen. In einer Konferenz des Kommandos für Amphibische Operationen, an der auch Mountbatten teilnahm, vertrat er eindringlich seinen Standpunkt. Nachdem er Haslers Argumente angehört hatte, bat Mountbatten die anderen anwesenden Offiziere um ihre Meinung. Bis auf einen vertraten alle die Ansicht, daß Hasler zurückbleiben solle. Mountbatten sah Haslers niedergeschlagene Miene, dachte einen Moment nach und lächelte, weil er selbst ein Mann war, der das Abenteuer liebte. „Wider meine bessere Einsicht", sagte er, „werde ich Sie gehen lassen."

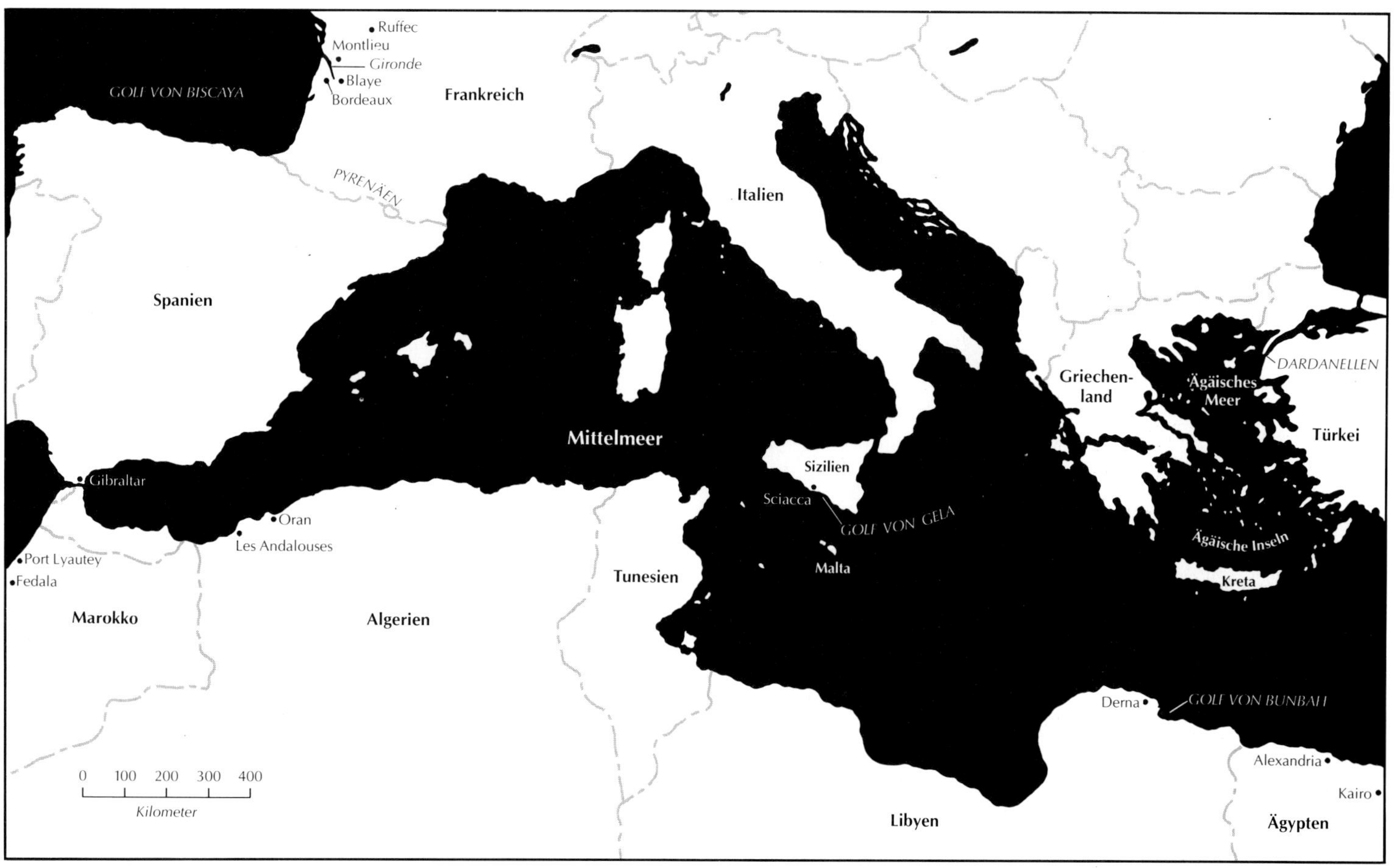

Anfang November zog die erste Gruppe des Royal Marine Boom Patrol Detachment nach Holy Loch an der Westküste Schottlands, um das Wassern ihrer Paddelboote vom Deck eines U-Boots aus zu üben und sich im Umgang mit den Haftminen zu vervollkommnen. Außer Hasler wußte keiner der Männer, was im Gange war; man sagte ihnen nur, daß sie von dem U-Boot-Versorgungsschiff, auf dem sie hausten, nicht mehr an Land gehen dürften. Es war jedoch offensichtlich, daß etwas in der Luft lag. Ein höherer Marineoffizier kam an Bord, um den Männern eine aufmunternde Ansprache zu halten, an deren Ende er feierlich vor ihnen salutierte. „Da fingen wir an, uns richtig Sorgen zu machen", sagte Marinegefreiter William Sparks. „Wenn die Navy vor der Marineinfanterie salutiert, muß es etwas Großes sein."

Am Morgen des 30. November wurden sechs Paddelboote behutsam durch die Torpedoluke des U-Boots *Tuna* hinuntergelassen und unter Deck verstaut. Hasler und elf Marineinfanteristen der ersten Gruppe gingen mit an Bord. Die Leute spekulierten, daß ihr wahrscheinlichstes Ziel das deutsche Schlachtschiff *Tirpitz* sei, das seinen Ankerplatz in einem norwegischen Fjord hatte.

Sobald die *Tuna* in See gestochen war, stellte Hasler im vorderen Torpedoraum eine Wandtafel auf und rief seine Männer zusammen. „Es tut mir leid, bestimmte Erwartungen enttäuschen zu müssen", sagte er ihnen, „aber wir gehen nicht nach Norwegen. Unser Ziel ist Frankreich." Und er erklärte ihnen den Zweck der Mission, ohne den Hinweis zu vergessen, daß die Expedition die persönliche Unterstützung des Premierministers genieße. An der Tafel zeigte er dann, wie sie die Gironde aufwärts paddeln und die Schiffe im Hafen von Bordeaux angreifen würden. Schließlich machte er ihnen klar, daß es für das U-Boot zu gefährlich sei, vor der Küste zu warten, bis sie von ihrem Unternehmen zurückkehrten. Die Nachricht, daß sie alle sich auf dem Landweg durch Südfrankreich zur spanischen Grenze würden durchschlagen müssen, wurde mit bestürztem Schweigen aufgenommen.

„Wir waren schon ein wenig erschüttert, daß man uns das antat", erzählte Sparks. „Mein erster Gedanke war, daß wir ein mordsmäßiges Glück haben müßten, wenn wir lebend davonkommen wollten. Aber nach seinem Vortrag versuchte Blondie uns anhand einer Vorlage ein paar französische Redewendungen beizubringen, und alle lachten. Bald hatten wir uns an die Vorstellung gewöhnt."

Am 6. Dezember 1942 tauchte die *Tuna* nach Dunkelwerden im Golf von Biskaya auf, vier Seemeilen vor der französischen Küste. Die Nacht war kalt und sternklar, die See ruhig, von einer sanften Dünung bewegt. Die Besatzung öffnete die Torpedoluke und zog die Paddelboote auf das Deck heraus. Ein Boot blieb an einer Ecke des Lukenverschlusses hängen und riß von einem Ende bis zum anderen auf. Hasler untersuchte den Schaden und erklärte der Besatzung, den Marineinfanteristen William Ellery und Eric Fisher, daß sie zurückbleiben müßten. Fisher brach in Tränen aus.

Um die Boote zu Wasser zu bringen, hatte Hasler eine Seilvorrichtung entwickelt, die nun am Geschütz des Unterseeboots festgemacht wurde. Die Paddler nahmen ihre Plätze im Boot ein, und die Besatzung hievte ein Boot nach dem anderen an den Seilen hoch, schwenkte es am Geschützrohr über die See und ließ es ins Wasser hinunter. Hasler und sein Partner Sparks waren als erste im Wasser. Wenige Minuten später waren alle fünf Boote zu Wasser gebracht und in Formation. Nach einem geflüsterten Lebewohl zur Besatzung der *Tuna* paddelten Haslers Männer in die Nacht davon.

Etwa um Mitternacht hörten die Paddler ein Brausen und Donnern, das dem Geräusch eines Wasserfalls ähnelte. Es wurde lauter und lauter, als sie sich der Mündung der Gironde näherten. Hasler kannte die Ursache. Es war ein Gezeitenstau, ein Bereich steiler, überkippender Wellen, geschaffen von gegenläufigen Strömungen. Er wußte auch, daß keiner seiner Leute Erfahrungen mit solch einem gefährlichen Phänomen hatte. Er signalisierte den Booten, daß sie zusammenkommen sollten und unterrichtete die Paddler über die Ursache des Getöses. Er sagte ihnen, daß es keinen Grund zur Besorgnis gebe; sie brauchten nur den eingeübten Schlechtwetterregeln zu folgen, dann würden sie gut durchkommen.

Hasler und Sparks fuhren als erste hindurch. Als sie die gischtenden Wellenkämme durchstießen, mußten sie die Paddel mit aller Kraft einsetzen, um das aufbäumende Boot auf Kurs zu halten. Dann stießen sie mit einem Schwall in das ruhigere Wasser auf der anderen Seite vor und machten halt, um auf ihre Gefährten zu warten. Das zweite Boot kam sicher durch und wurde kurz darauf von dem dritten und vierten gefolgt. Das fünfte Boot aber blieb aus; kein Zeichen von ihm war zu sehen. Die Männer riefen in das Tosen der Wellen, erhielten aber keine Antwort. Darauf kämpften Hasler und Sparks sich durch die Gefahrenzone zurück, um nach dem vermißten Boot zu suchen. Sie fanden nichts. Unteroffizier Samuel Wallace und Marineinfanterist Robert Ewart waren irgendwo unter diesen übereinanderstürzenden Seen verschwunden.

Nun waren sie acht.

Die Gruppe setzte den Marsch fort und hielt auf den dunklen Umriß eines Leuchtturms auf der Pointe de Grave zu, einer Anhöhe an der Flußmündung. Sie waren erst einige Minuten gepaddelt, als

Zwei Paddler der SBS arbeiten sich in einer „Nußschale", einem mit Sperrholz verstärkten Faltboot, voran. Die Paddelblätter waren um 90 Grad gegeneinander verdreht, um den Luftwiderstand des jeweils über Wasser vorgezogenen Paddelblattes zu verringern und zugleich die Silhouette zu verkleinern.

sie wieder das schrecklich tosende Geräusch vernahmen, diesmal lauter und anscheinend näher. Der zweite Gezeitenstau war noch rauher als der erste, die Strömungsgeschwindigkeiten offenbar noch schneller. Drei Boote kamen durch, aber das vierte kenterte. Es kam kieloben aus den Brechern; Gefreiter G. J. Sheard und Marineinfanterist David Moffat klammerten sich im kalten Wasser an den Rumpf. Es gab keine Möglichkeit, das Boot auszuschöpfen. Hasler ließ es versenken und wies Sheard und Moffat an, sich an seinem und an einem anderen Boot festzuhalten.

Als die kleine Flottille weiterfuhr, bremste die Schlepplast der zwei an den Booten hängenden Männer die Geschwindigkeit der ersteren so sehr, daß sie nur noch einen Knoten machten. Hasler sah sich vor eine harte Entscheidung gestellt: Er mußte zwischen der Durchführung der Mission und den Männern im Wasser wählen. Es war ungefähr 3.00 Uhr, und die Gruppe befand sich im Mündungsgebiet des Flusses, wo beide Ufer scharf bewacht wurden. Versuchten sie, die Männer an Land zu schleppen, würden die Boote nach aller Wahrscheinlichkeit entdeckt. Selbst wenn sie sicher das Ufer erreichten, würden sie bis Tagesanbruch nicht mehr imstande sein, ein Versteck zu finden. Die Zeit wurde knapp. Dazu kam, daß der Gezeitenwechsel nicht mehr fern war; bald würde die Strömung gegen sie laufen. Hasler erkannte, was er zu tun hatte: Er mußte die Männer zurücklassen. Schweren Herzens sagte er es ihnen und forderte sie auf, zum Ufer zu schwimmen.

„Es war so schrecklich kalt, daß ich nicht wußte, wie sie es schaffen sollten", sagte Sparks später. „Wir alle schüttelten ihnen die Hände und sagten, wir würden sie zu Hause in Portsmouth wiedersehen. Es war ein furchtbarer Augenblick. Ich weinte mir die Augen aus – ich glaube, wir alle heulten. Aber es waren großartige Burschen. Als Blondie ihnen sagte, wir würden sie zurücklassen müssen, sagten sie: ‚Ja, Sir, das ist in Ordnung, Sir.' Nachdem wir uns verabschiedet hatten, ließen sie unsere Boote los, und wir paddelten weiter. Sie blieben rasch zurück."

Nun waren sie sechs.

Die drei Mannschaften erreichten die Flußmündung und paddelten angestrengt weiter, aber die kostbaren Nachtstunden verstrichen rasch. Dann hoben sich drei deutsche Vorpostenboote, die an einem der Flußufer festgemacht waren, vor ihnen aus der Dunkelheit. Auf der anderen Seite war eine Mole oder Anlegebrücke, wo ein Wachtposten seinen Dienst versah. Die Boote mußten versuchen, unbemerkt zwischen ihm und den Vorpostenbooten, die mit Sicherheit Wachen an Bord hatten, durchzuschlüpfen.

Hasler und Sparks paddelten voraus, tief gebeugt, um ihre Silhouette so niedrig wie möglich zu halten. Während ihrer Durchfahrt begann ein Vorpostenboot Blinkzeichen zur anderen Seite zu geben, und beide Männer waren überzeugt, daß man sie ausgemacht hatte. Jeden Augenblick erwarteten sie das Aufblitzen eines Suchscheinwerfers, gefolgt vom Pfeifen der Kugeln. Aber nichts geschah, und sie paddelten still weiter und außer Sichtweite der Deutschen, um auf die zwei anderen Boote zu warten. Nur eines traf ein. Das dritte Boot mit Leutnant John Mackinnon und Marineinfanterist James Conway kam unerklärlicherweise nicht durch, obwohl keine Schüsse gehört wurden.

Nun waren sie vier.

Erschöpft und niedergeschlagen setzte die zusammengeschmolzene Gruppe ihre Fahrt fort, während der Himmel im Osten heller wurde. Kurz vor Anbruch der Morgendämmerung stießen sie auf etwas, was sie für eine Flußinsel hielten, und zogen ihre Boote ans Ufer. Sie hängten Tarnnetze darüber und warfen sich auf den Boden. Hasler erklärte sich bereit, die erste Wache zu übernehmen.

Eine halbe Stunde später hörte er Stimmen und weckte die Schlafenden. Die Gruppe war nicht auf einer Insel, sondern auf einer Landzunge, wo, wie sie später entdeckten, die Frauen der einheimischen Fischer jeden Morgen die Heimkehrenden mit Proviantkörben erwarteten. Ein unvermitteltes Verstummen der Stimmen machte den vier unter den Tarnnetzen kauernden Männern klar, daß ihre Anwesenheit bemerkt worden war.

Hasler, der als einziger der Gruppe Französisch sprach, beschloß, die Wahrheit zu sagen in der Hoffnung, daß die Frauen sie nicht verraten würden. Die Frauen hörten seine Erklärungen an und gingen fort, ohne Versprechungen zu machen. Doch als der Tag verging, wurde deutlich, daß sie das Geheimnis bewahrt hatten; die vier Männer blieben ungestört. Gegen Abend glaubten sie jedoch, eine Schützenkette deutscher Infanterie herankommen zu sehen.

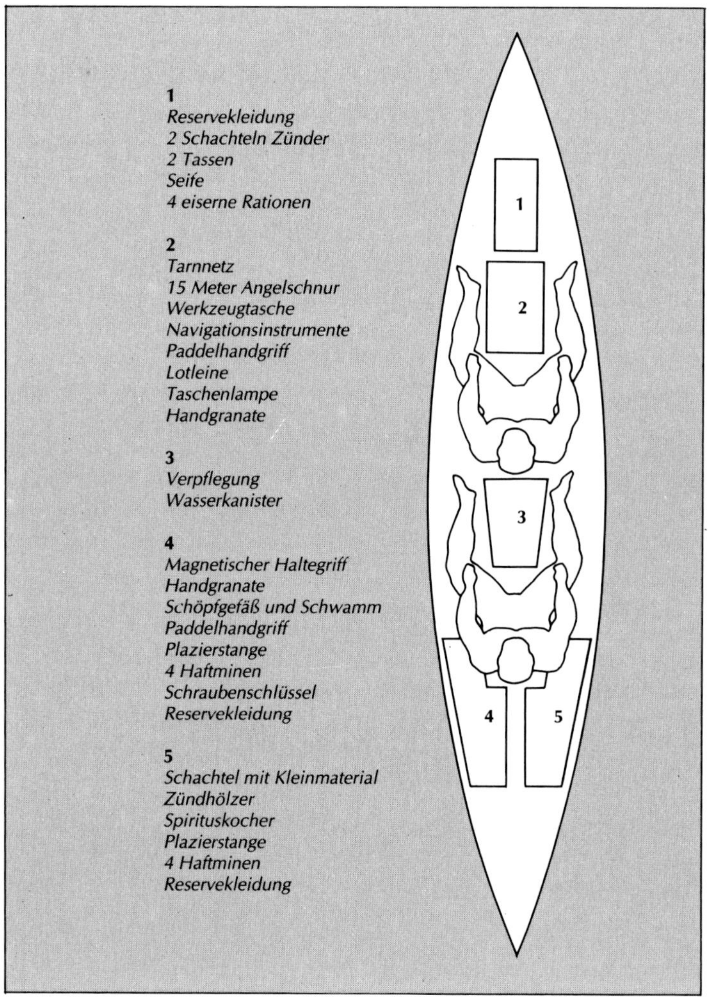

Die zeitgenössische Skizze eines vollbeladenen Zweierpaddelboots zeigt die Ausrüstung und die Art ihrer Unterbringung in den Booten, die Ende 1942 beim Sabotageunternehmen gegen Handelsschiffe im Hafen von Bordeaux eingesetzt wurden. Die Paddler lernten, blind unter die Spritzdecke zu greifen und die zugenähten Säcke zu öffnen, bis sie allein durch den Tastsinn wußten, wo von Handgranaten bis zu Seewasserseife alles zu finden war. Für jeden Paddler kamen noch Revolver, Dolch und eine Vogelstimmen-Signalpfeife hinzu.

„Wir lagen mit unseren Maschinenpistolen und Handgranaten in der Deckung, bereit, unsere Haut teuer zu verkaufen", berichtete Sparks. „Aber selbst als es dunkler wurde, schienen die Männer nicht näher zu kommen, und dann erkannten wir, daß die vermeintlichen Deutschen nichts weiter waren als eine Reihe Pfosten, die als Vorstrandhindernis gegen Landungsfahrzeuge dienten."

Nach Dunkelwerden wartete die Gruppe auf die Ebbe, bevor sie ihr Versteck verließ; dann mußten sie ihre schwerbeladenen Boote über eine weite Schlickfläche ziehen. Sobald die Boote zu Wasser gebracht waren, legte Hasler ein schnelles Tempo vor; die anderen drei Männer waren froh über die Anstrengung, denn die Nacht war noch kälter als die voraufgegangene. Nachdem sie in sechs Stunden ungefähr 40 Kilometer zurückgelegt hatten, fanden sie ein Versteck für den anbrechenden Tag – einen trockenen Graben zwischen zwei offenen Feldern, gesäumt von dichten Hecken.

Während sie am frühen Morgen Tee kochten, erschien ein Hund, der sie wütend anbellte. Sein Eigentümer, ein französischer Bauer, erschien bald darauf, um den Grund der Aufregung zu erfahren, und wieder erklärte Hasler, wer sie waren. Diesmal hatte er keine Sorgen. Der Franzose war erfreut zu hören, daß sie Angehörige einer britischen Kommandoeinheit seien, und lud sie sofort auf ein Glas in sein Haus ein. Als Hasler erklärte, daß dies nicht zweckdienlich sei, schien der Bauer enttäuscht.

In der folgenden Nacht herrschte auf dem Fluß reger Verkehr. Sie verloren Zeit mit Ausweichmanövern, um Patrouillenbooten zu entgehen, und als es Tag wurde, waren sie noch unterwegs. In ihrer Eile, Deckung zu finden, liefen sie eine kleine Insel an – diesmal eine echte –, die in der Mitte des Flusses lag. Hasler stieg wie gewöhnlich als erster aus, um sich zu vergewissern, daß niemand in der Nähe war. Schon Sekunden später kam er zurückgelaufen und flüsterte: „Schnell! Abstoßen!" Sie waren nur wenige Meter von einer deutschen Flakstellung entfernt gelandet.

Inzwischen war die Sonne aufgegangen, und sie konnten nicht mehr weit paddeln, ohne ihre Sicherheit zu gefährden. So zogen sie die Boote in eine mit hohem Schilf bewachsene, sumpfige Wiese und hofften, das Röhricht werde sie vor neugierigen Blicken verbergen. Die Zeit schien stillzustehen. „Den ganzen Tag lagen wir da", erinnerte sich Sparks, „und wagten uns weder zu bewegen noch zu sprechen. Der Wind trug uns die Gespräche und das Gelächter der Deutschen zu, und zwei von ihnen gingen ziemlich nahe an uns vorbei. Um die Sache noch schlimmer zu machen, kam eine Rinderherde auf die Wiese. Statt wie üblich zu weiden, bildeten die Tiere einen großen Kreis um uns und standen den Rest des Tages einfach da und schauten uns an."

Bei Dunkelwerden fuhren die beiden Boote weiter und erreichten vor dem Morgengrauen des 10. Dezember die Außenbezirke von Bordeaux. Ehe es hell wurde, paddelten die vier ihre Boote in hohes Schilf und verbrachten diesen und den größten Teil des nächsten Tages dort, um auszuruhen.

Gegen Abend des 11. Dezember machten sie sich daran, die Haftminen mit Zündern zu versehen. Hasler plante, gegen Ende der Flut ins Hafengebiet zu paddeln, noch während des Hochwassers die Haftminen anzubringen und dann mit dem ablaufenden Wasser aus dem Stadtbereich zu entkommen.

Gefreiter Albert Laver und Marineinfanterist William Mills sollten ihr Boot zwei oder drei Kilometer flußaufwärts paddeln und nach geeigneten Zielen in den Hafenbecken des Ostufers suchen. Fanden sie dort keine, sollten sie zurückkehren und zwei Schiffe versenken, die an einer Anlegebrücke gegenüber dem Schilfgürtel, in dem sie ihr Versteck hatten, vertäut lagen. Hasler und Sparks wollten in die großen Hafenbecken am Westufer der Gironde eindringen, fünf Kilometer flußaufwärts.

Die vier Männer schwärzten ihre Gesichter und zogen Tarnhauben über die Köpfe. Etwa um 21.00 Uhr tauschten sie einen Händedruck aus, wünschten einander Glück, stakten die Boote aus dem Röhricht und machten sich auf den Weg.

Hasler und Sparks benötigten wenig mehr als eine Stunde, um den Haupthafen zu erreichen. Als sie um eine Flußbiegung kamen, sahen sie zum erstenmal die Schiffe, die zu versenken sie so weit gekommen waren. Sieben lagen im Hafenbecken vertäut. Anders als die verdunkelten Hafenanlagen in England, waren diese hell beleuchtet. Über die Wasserfläche drang das Rasseln und Klirren von Kränen an ihr Ohr. Einige der Schiffe wurden gerade entladen.

Trotz der Lichter, die sich im Wasser spiegelten, beurteilte Hasler die Chancen, ungesehen zu bleiben, durchaus günstig, solange sie in den Schlagschatten der Schiffsrümpfe blieben. Leise paddelten sie über den Fluß und glitten die Reihe der Dampfer entlang zu einem großen Frachter, den Hasler als erstes Ziel ausgewählt hatte. Während Sparks das Boot mit einem magnetischen Haltegriff am Bug des Frachters festhielt, brachte Hasler die erste Haftmine am Haken der Plazierstange an. Dann ließ er die Mine an der Stange behutsam ins Wasser. Der Magnet der Haftmine zog sie zur Schiffswand. Beide Männer hielten den Atem an; gelang es nicht, das Anlegen der Mine zu bremsen, würde es ein lautes metallisches Geräusch geben. Glücklicherweise kam die Mine mit nur einem leisen Klicken in Position. Die Männer bewegten sich an der Bordwand weiter, befestigten eine weitere Mine mittschiffs und eine dritte am Heck. Dann paddelten sie zum nächsten Schiff.

Sie hatten den Bug des zweiten Dampfers mit einer Haftmine versehen und waren im Begriff, eine weitere mittschiffs anzubringen, als ein Wachtposten auf dem Deck über ihnen eine Taschenlampe anknipste und den Lichtkegel auf sie herabscheinen ließ. Beide zogen die Köpfe ein und erstarrten. Sie konnten nur hoffen, daß die Tarnung sie retten würde. Sparks hielt sich noch immer mit dem Magnetgriff an der Bordwand fest. Vorsichtig zog er ihn los und ließ das Boot von der Tidenströmung mitnehmen, die es am Schiff entlang bewegte. Der Wachtposten auf Deck folgte dem Boot; seine genagelten Stiefel klangen hell auf dem Eisendeck, und der Lichtkegel seiner Taschenlampe tastete noch immer über das Boot. Hasler und Sparks hatten ein Gefühl, als kauerten sie mit entblößtem Rücken, als sie auf die unausweichlichen Schüsse warteten.

Aber das Glück blieb ihnen auch diesmal treu. Unter dem überhängenden Bug kamen sie außer Sicht des Wachtpostens, und Sparks legte den magnetischen Haltegriff an die Bordwand, um ein Abtreiben des Bootes zu verhindern. Wieder warteten sie. Sie hörten den Wachtposten oben auf Deck mit den Füßen scharren; der Lichtkegel seiner Taschenlampe ging noch immer über das Wasser. Endlich erlosch das Licht. „Die Tarnung hatte uns gerettet", schrieb Sparks später. „Zuletzt mußte er zu dem Schluß gekommen sein, daß wir nur ein Stamm oder eine Ansammlung von Treibholz seien. Während wir unter dem Bug warteten, brachten wir noch eine weitere Haftmine an."

Die Ebbe hatte eingesetzt und die Zeit wurde knapp. Zwei Schiffe lagen längsseits vertäut, und Hasler beschloß, beide gleichzeitig mit Minen zu versehen, indem sie zwischen die rostigen Eisenrümpfe schlüpften. Er und Sparks hatten gerade die zweite Haftmine festgemacht, als sich die hochragenden Eisenwände einander zu nähern und wie ein Schraubstock das zerbrechliche Paddelboot zusammenzudrücken begannen. Einen Augenblick schien es, als könne nichts die beiden Männer davor bewahren, zerquetscht zu werden; sie sahen, wie die Deckplatte des Paddelboots sich aufwölbte, und hörten sein hölzernes Gerüst knarren und ächzen. Instinktiv streckten beide die Arme aus, um die riesigen Schiffsrümpfe auseinanderzudrücken, obwohl der Verstand ihnen sagte, daß es unmöglich sei. Dann aber, wie durch eine Laune des Ebbstroms, begann der Druck nachzulassen, und sie konnten das Boot rückwärts aus der Falle manövrieren. Bevor sie von den Schiffen freikamen, brachten sie die letzten zwei Haftminen an.

„Damit war unsere Arbeit getan", erinnerte sich Sparks. „So schnell wir konnten, paddelten wir in die Mitte des Hafenbeckens hinaus. Dann wandte sich Blondie um, tauschte einen Händedruck mit mir aus und sagte: ‚Verdammt gute Arbeit'. Ich war ganz außer mir, daß wir es geschafft hatten."

Zum Feiern bestand vorerst noch kein Anlaß, denn zunächst mußte den beiden noch die Flucht gelingen. Nachdem sie mit dem Ebbstrom rasch flußab gepaddelt waren, erreichten sie den Schilfgürtel, wo sie den voraufgegangenen Tag verbracht hatten. Nicht lange, und sie hörten das leise Plätschern eintauchender Paddelblätter hinter sich. Es war das andere Boot. Hasler lachte laut vor Freude, als Laver und Mills aus der Nacht auftauchten.

Auch sie waren gut gelaunt. In den östlichen Hafenbecken hätten sie keine Ziele gefunden, berichteten sie, hätten aber die beiden Schiffe an der Anlegebrücke gegenüber dem Schilfgürtel mit Minen bepflastert, das eine mit fünf, das andere mit dreien.

Nun kam es für die Paddler darauf an, eine möglichst weite Entfernung zwischen sich und Bordeaux zu bringen, ehe die Minen detonierten. Nach kurzer Beratung brachen sie gemeinsam auf und paddelten, so schnell sie konnten, flußab. Um 6.00 Uhr begann die Tide umzukippen, und Hasler hielt den Zeitpunkt für gekommen, sich zu trennen und über Land weiterzumarschieren. Sie waren ungefähr 30 Kilometer von Bordeaux entfernt, nahe der Ortschaft Blaye. Die vier Männer verabschiedeten sich und wünschten einander Glück. Dann steuerte jede der beiden Zweiergruppen eine andere Landestelle an.

Sie sollten einander nie wieder begegnen. Die einzigen Überlebenden des Sabotageunternehmens gegen Bordeaux waren Hasler und Sparks. Nachdem sie mehrere Tage querfeldein marschiert waren und sich von französischen Bauern mit Zivilkleidung, Nahrung und Unterkunft hatten versorgen lassen, gelang es ihnen endlich in der kleinen Stadt Ruffec, 140 Kilometer nordöstlich von Bordeaux, Verbindung mit einer Fluchthilfeorganisation der Résistance Verbindung aufzunehmen. Von dort wurden sie über die Pyrenäen nach Spanien geschmuggelt, wo sie sich trennten. Jeder trat für sich die Rückreise nach England an.

Erst nach dem Krieg konnte das Schicksal der anderen acht Männer nach und nach rekonstruiert werden. Wallace und Ewart, die in der ersten Strömungszone scheinbar verlorengegangen waren, hatten dieses Hindernis tatsächlich überwunden und waren ein Stück weitergepaddelt, gerieten dann aber nahe der Pointe de Grave in die Brandung; ihr Paddelboot kenterte, und sie schwammen an Land, wo sie in einem Zustand von Erschöpfung und Unterkühlung von einer deutschen Patrouille aufgegriffen und gefangengenommen wurden. Der Leichnam Moffats, einer der beiden Männer, die Hasler im Fluß zurückgelassen hatte, wurde am 17. Dezember angespült. Sein Gefährte Sheard verschwand spurlos. Mackinnon und Conway, die beim Passieren der deutschen Vorpostenboote die Verbindung mit ihren Kameraden verloren hatten, setzten ihre Fahrt drei Nächte lang fort. In der Nacht zum 10. Dezember fuhr ihr Boot auf ein unter Wasser verborgenes Hindernis und wurde aufgerissen. Beide Männer gelangten ans Ufer, erbettelten Zivilkleider von den Franzosen und marschierten über Land nach Südwesten zur spanischen Grenze. Im Dorf La Réole wurden sie jedoch an die Deutschen verraten und festgenommen.

Laver und Mills, von denen keiner ein Wort Französisch sprach, waren außerstande, Zivilkleider aufzutreiben. Es gelang ihnen, ungefähr 30 Kilometer zurückzulegen, doch wurden sie, noch immer in Uniform, am 12. Dezember in einem Vorort von Montlieu gefaßt. Es war Mills' 21. Geburtstag.

Aufgrund des von Hitler am 18. Oktober 1942 erlassenen sogenannten „Kommandobefehls", nach dem sämtliche Angehörigen von Kommandotruppen – ob bewaffnet und in Uniform oder nicht – niederzumachen seien, wurden die sechs gefangengenommenen Mitglieder von Haslers Gruppe erschossen.

Aber die Angreifer hatten im Hafen von Bordeaux ihre Visitenkarte hinterlassen. Als die Haftminen im Morgengrauen des 12. Dezember 1942 explodierten, wurden zwei Schiffe auf Grund gesetzt und drei weitere schwer beschädigt. Hunderte von Tonnen Ladung, die für die Achsenmächte bestimmt waren, wurden dabei vernichtet. Als er von den Verlusten erfuhr, verlangte Hitler zornig nach einer Erklärung. Sie zu geben fiel den verantwortlichen Stellen schwer. Erst als man an einem der Schiffe eine nicht explodierte Haftmine fand, die ersten Gefangenen machte und zwei zurückgelassene Paddelboote entdeckte, wußte man die Antwort.

Während Hasler die Techniken der Sabotage durch Paddelbootkommandos vervollkommnete, beschäftigte sich ein neuerungsfreudiger Korvettenkapitän namens Nigel Willmott mit einem weiteren neuartigen amphibischen Unternehmen, das später wahrscheinlich Tausenden von alliierten Soldaten das Leben rettete. Willmotts Spezialität war Küstenerkundung, und sein durch Selbststudium erworbener Sachverstand erwuchs aus einer enttäuschenden Mission, die er 1941 im Mittelmeerraum unternommen hatte.

Im Januar des Jahres war Willmott zum Navigationsoffizier eines geplanten britischen Landeunternehmens auf der italienisch besetzten Insel Rhodos ernannt worden, der größten Insel des Dodekanes in der südöstlichen Ägäis, unweit der türkischen Küste. Von Flugplätzen auf Rhodos führte die deutsche Luftwaffe vernichtende Angriffe gegen den alliierten Schiffsverkehr im östlichen Mittelmeer. Diese Bedrohung wollte die britische Regierung nicht mehr länger hinnehmen. Willmott erhielt den Auftrag festzustellen, welche Küstenabschnitte der Insel für Landungen geeignet waren.

Das verfügbare Kartenmaterial war ungenau und nicht sehr verläßlich. Die Beobachtung der Insel durch das Sehrohr eines minenlegenden Unterseeboots vermochte die Informationen, die Willmott benötigte, nicht zu liefern: Würden die Landungsfahrzeuge bis zum Strand kommen, oder würden sie aufgehalten von vorgelagerten Sandbänken und Untiefen? War der Strand fest genug, um Panzer und Lastkraftwagen zu tragen, oder würden sie steckenbleiben und zu leichten Zielen für die Verteidiger werden? Gab es geeignete Zugänge vom Strand zum Innern der Insel, oder würden die Invasoren in einer Sackgasse gefangen und unfähig sein, landeinwärts vorzustoßen? Wie Willmott es sah, konnten

UNTEROFFIZIER SAMUEL WALLACE

MARINEINFANTERIST ROBERT EWART

OBERLEUTNANT J. W. MACKINNON

MARINEINFANTERIST JAMES CONWAY

MARINEINFANTERIST W. H. MILLS

GEFREITER A. F. LAVER

MAJOR H. G. HASLER

GEFREITER WILLIAM SPARKS

diese Fragen nur beantwortet werden, wenn er selbst an Land ginge und sich über die Verhältnisse unterrichtete.

Als er das erstemal um Erlaubnis bat, die Küste zu erkunden, erlebte er eine Abfuhr. Man erklärte ihm, daß die britischen Absichten im Falle seiner Gefangennahme durch die Deutschen enthüllt würden. Willmott erwiderte, daß jeder Landeversuch ohne genauere Erkundung in einem Massaker enden könne.

Willmotts Argument trug endlich den Sieg davon. 24 Stunden nach der Ablehnung seines Vorschlags revidierten seine Vorgesetzten ihre Meinung und fragten ihn, wie lange er für seine Vorbereitungen benötigen würde. Willmott machte sich an die Planung. Ursprünglich hatte er beabsichtigt, sich von einem U-Boot vor die Küste bringen zu lassen und mit einem Schlauchboot an Land zu paddeln, später aber änderte er seine Meinung und beschloß, daß ein Faltboot manövrierfähiger und imstande sein würde, viel mehr Ausrüstung zu tragen. Das Problem war nur, daß er nichts von Faltbooten verstand. Um mehr zu erfahren, wandte sich Willmott an einen Experten: an Roger Courtney, der als erster auf den Wert dieser Boote für Amphibische Unternehmen der Kommandos hingewiesen hatte.

Inzwischen war Courtney im Nahen Osten, in einem Zeltlager bei Kabrit in Ägypten, wo er Freiwillige der Special Boat Section auf dem nahe gelegenen Großen Bittersee ausbildete. Als Willmott in Kabrit eintraf, erklärte sich Courtney bereit, ihm zu helfen – unter einer Bedingung: „Ich komme mit."

Er und Willmott waren ein höchst ungleiches Paar. Courtney war ein massiger, unbekümmerter Mann, der eine Menge Geschichten über Löwenjagden mit dem Kanu und ähnliches Jägerlatein zu erzählen wußte und jeden anderen unter den Tisch trinken konnte. Willmott war schmal und hager, ein Mann von strikter Selbstdisziplin, der großen Wert auf Körperertüchtigung legte.

Courtney lehrte Willmott den Umgang mit einem Paddelboot, und gemeinsam entwickelten sie eine Technik zur Küstenerkundung. Da Landungen mit dem Faltboot am Strand leicht entdeckt werden konnten, entschieden sie, daß ein Mann mit dem Faltboot draußen bleiben sollte, während der andere zum Ufer schwamm, um den Strand zu untersuchen.

Sie machten die Erfahrung, daß es schon schwierig genug war, ungesehen an Land zu schwimmen. Zu Übungszwecken stand einer am Strand Wache, während der andere zum Ufer schwamm, und wenn der Wächter den Schwimmer ausmachte, warf er einen Stein nach ihm; der Stein zeigte dem Schwimmer, daß er versagt hatte und seine Annäherung wiederholen mußte. Im Laufe ihrer Übungen fanden die beiden, daß das leise Rauschen selbst einer kleinen, am Strand auslaufenden Welle das Knirschen von Schritten auf Geröll und Kies übertönte, und sie paßten ihre Bewegungen dem Rhythmus der sich brechenden Wellen an.

Nach zwei Wochen improvisiertem, aber intensivem Training gingen die beiden an Bord des U-Boots *Triumph*, das sie nach Rhodos bringen sollte. Am Abend des 21. März tauchte das U-Boot vier Seemeilen vor der Küste der Insel auf. Willmott und Courtney bestiegen ihr Faltboot, stießen nach einem geflüsterten Lebewohl ab und paddelten rasch in die Dunkelheit davon.

Der erste Landeplatz, den sie erkunden wollten, war eine kleine Bucht südöstlich von Marizza, wo es einen deutschen Flugplatz gab. Ungefähr 100 Meter vom Ufer machten sie halt. Willmott machte sein Paddel an Bord fest und ließ sich ins Wasser gleiten, dessen Kälte ihm ein unfreiwilliges Keuchen entlockte.

Willmott schwamm vorsichtig zum Ufer, gelegentlich haltmachend und mit den Füßen nach dem Grund oder Unterwasserhindernissen tastend. Sobald er Grundberührung bekam, watete er am Ufer entlang, um zu prüfen, ob sein Gefälle ein Anlanden von Panzern zuließ. Dann kroch er im Rhythmus der Geräusche des auflaufenden Wassers langsam an den Strand. Als er zwei deutsche Wachtposten unmittelbar vor ihm auf einer Straße stehen sah, die oberhalb der Bucht vorbeiführte, blieb er reglos liegen.

Nach einer Weile gingen die Posten weiter, und Willmott konnte seine Erkundung fortsetzen. Er notierte die Positionen der Geschütze und Wachtposten um die Bucht, dann ging er wieder ins Wasser, um schwimmend und zu Fuß die Routen zu prüfen, die für Landungsfahrzeuge in Frage kamen. Ungefähr 15 Meter vom Strand fand er eine Untiefe, die einen amphibischen Angriff mit Sicherheit blockiert hätte. Alle Fahrzeuge, die, an dieser seichten Stelle entladen, an den Strand zu fahren versucht hätten, wären in eineinhalb Meter tiefem Wasser dahinter liegengeblieben. Er vermaß Länge und Breite der Untiefe und notierte alles mit einem Fettstift auf einer Schiefertafel, die er in einem wasserdichten Beutel umgeschnallt bei sich trug. Bevor er den Strand verließ, nahm er eine Handvoll Kies auf und steckte sie unter das Hemd. Eine spätere Analyse des Kieses würde bestimmen, ob der Strand das Gewicht von Lastwagen und Panzern tragen konnte.

Inzwischen war Willmott völlig durchgefroren, und seine Zähne klapperten heftig. Das Hinausschwimmen zu Courtney war eine Qual; er war erschöpft und unterkühlt, und jedes Gelenk schmerzte. 200 Meter vom Strand entfernt hielt er die mit einer Schutzhaube versehene Taschenlampe hoch und begann in weitem Bogen auf die See hinauszuleuchten. So signalisierte er fünf Minuten lang, ohne eine Spur von Courtney zu entdecken. Zum erstenmal fragte sich Willmott, ob er es schaffen würde.

Als Courtney endlich eintraf, hatte Willmott kaum noch die Kraft, sich ins Faltboot zu ziehen. Courtney gab ihm einen Schluck aus einer Whiskyflasche und dann eine Thermosflasche mit heißem Kaffee, der mit Brandy angereichert war. Diese Therapie belebte Willmott so weit, daß er zum Paddel greifen und helfen konnte, das

Von den acht britischen Paddelbootfahrern, die im Oktober 1942 an dem kühnen Sabotageunternehmen im Hafen von Bordeaux teilnahmen, überlebten nur die beiden rechts unten, Major H. G. Hasler und Gefreiter William Sparks. Per Eisenbahn, Pferdefuhrwerk und zu Fuß legten sie mehr als 800 Kilometer bis Barcelona im neutralen Spanien zurück. Im Austausch gegen ortskundige Führer überließen sie der Résistance ihre Kompasse, und mehr als einmal mußten sie Schnee essen, um ihren Durst zu stillen. In Barcelona trennten sie sich. Der britische Konsul besorgte Hasler eine Flugkarte nach London und stattete Sparks mit Papieren aus, mit deren Hilfe er ins britische Gibraltar gelangte.

Boot auf die See hinaus zum Treffpunkt mit dem U-Boot zu bringen. Eine wallende, undurchdringliche Nebeldecke bereitete ihnen erhebliche Sorge, doch zu der Zeit, als sie vereinbarungsgemäß mit einer Infrarotlampe zur *Triumph* signalisierten, war die Nacht wieder klar. Innerhalb von Minuten wurden sie aufgenommen.

Während der beiden folgenden Nächte untersuchten sie weitere Strände auf Rhodos. In der zweiten Nacht ging Willmott wieder an Land, in der dritten Courtney. Dann kehrten sie zurück nach Kairo, wo Willmott sich daranmachte, einen detaillierten Bericht auszuarbeiten. Er war kaum fertig damit, als die Admiralität bekanntgab, daß die Invasion von Rhodos abgesagt sei. Die Marine benötigte alle Landungsfahrzeuge für die bevorstehende Evakuierung der britischen Truppen aus Griechenland. Courtney kehrte mit dem Military Cross zur Special Boat Section zurück. Willmott erhielt den Distinguished Service Order.

Die Ergebnisse seiner Untersuchungen überzeugten Willmott, daß die Royal Navy eine Spezialeinheit zur Küstenerkundung benötige, die in den dazu erforderlichen Techniken ausgebildet sein müßte. Aber niemand sah dieses Projekt als dringlich oder auch nur nutzbringend an, und so verschwand es in den Schubladen und geriet mehr oder weniger in Vergessenheit. Die Marine betrachtete solche Voruntersuchungen nicht als wesentliche Voraussetzungen für das Gelingen der Landeoperationen. Sollten sich besondere Erkundungszüge als nötig erweisen, so konnte sich die Marine auf die stets dienstbereite SBS stützen, obwohl deren Männer für Stranderkundungen nicht eigens ausgebildet waren.

Bei einer Gelegenheit jedoch leistete die SBS unschätzbare Dienste. Im Mai 1942 wurden Hauptmann Kenneth Allott und Leutnant Duncan Ritchie mit ihrem Faltboot im Golf von Bunbah an der libyschen Küste nahe dem Hafen Derna abgesetzt, um festzustellen, ob der Strand für Panzerlandungsfahrzeuge geeignet sei. Der britische Operationsplan sah vor, am Golf von Bunbah einen Panzerkeil in den Rücken der Achsenstreitkräfte vorzutreiben; gleichzeitig sollten Teile der 8. Armee aus Stellungen westlich von Tobruk einen Frontalangriff unternehmen. Der Erfolg der Operation würde von der Anlandung der Panzer abhängen.

Allott und Ritchie erreichten die Küste kurz vor dem Morgengrauen und zogen ihr Faltboot in ein kleines Buschdickicht, wo sie den Tag verbringen wollten. Zu ihrer Bestürzung kamen um die Mittagszeit lastwagenweise dienstfreie italienische Soldaten an den Strand, um zu baden und sich zu vergnügen. Kläglich starrten Allott und Ritchie auf die Schleifspur, die ihr Boot hinterlassen hatte; sie führte vom Wasser in gerader Linie zu dem Buschdickicht, wo sie versteckt lagen. Bald tollten an die 200 Soldaten am Strand herum, einige in unmittelbarer Nähe der beiden Kommandosoldaten. Offenbar aber waren die Italiener zu sehr auf ihr Vergnügen bedacht, um die verräterische Fährte zu bemerken.

Nach Dunkelwerden brachten sie ihr Faltboot wieder zu Wasser und machten sich an die Arbeit. Schon nach kurzer Zeit stießen sie ungefähr 150 Meter vom Ufer entfernt auf eine unter dem Wasserspiegel quer durch die Bucht verlaufende Felsbank. Sie bildete eine Barriere, die es größeren Landungsfahrzeugen unmöglich gemacht hätte, nahe genug ans Ufer heranzukommen, um Panzer und schweres Gerät zu entladen. Auf Grund des Berichts, den die beiden gaben, wurde die Landung im Golf von Bunbah abgesagt.

Allotts und Ritchies Erkenntnisse hätten eine heilsame Lektion über die Tücken der afrikanischen Mittelmeerküste und die Notwendigkeit der Küstenerkundung abgeben sollen, aber sie wurde von den militärischen Planern der Alliierten ignoriert. Als dann die Operation *Torch* anlief, die großangelegte alliierte Landung in Französisch-Nordafrika, hätte die Vernachlässigung der Küstenerkundung beinahe zu einem Debakel geführt.

Dabei schien es eine Zeitlang, als sollte diese Spielart des Kommandounternehmens den ihr zustehenden Platz in den Invasionsvorbereitungen einnehmen. Als im Frühjahr 1942 die Planungen für die Operation *Torch* begannen, erinnerte sich Lord Louis Mountbatten, daß es einen Marineoffizier gab, der über Erfahrungen in der Bestimmung geeigneter Landeplätze für amphibische Unternehmen verfügte: Nigel Willmott. Im Mai wurde er Mountbattens Stab zugeteilt, der an den Planungen für die Invasion beteiligt war. In einer Konferenz hoher Offiziere, die unter Mountbattens Leitung stattfand, erläuterte Willmott seine Theorien und betonte die Gefahr größerer Landeoperationen an unbekannten Küsten. Er unterrichtete die Planer über fehlerhafte Seekarten, Unterwasserhindernisse, wandernde Sandbänke, Strände, an denen Räderfahrzeuge hoffnungslos steckenbleiben würden, und Küstenabschnitte, an denen man nicht ins Hinterland gelangen konnte.

Was er zu sagen hatte, wurde höflich zur Kenntnis genommen. Doch vergingen mehr als drei frustrierende Monate, ehe Willmott die Erlaubnis erhielt, mit der Anwerbung und Ausbildung von Freiwilligen für Stranderkundungen zu beginnen, damit sie an Ort und Stelle die Voraussetzungen für die Invasion Nordafrikas überprüfen konnten. Dann stieß er, obwohl seinem Unternehmen höchste Priorität eingeräumt worden war, bei der Beschaffung des benötigten Materials auf endlose bürokratische Hindernisse.

Im September flogen Willmott und sieben andere Paddelbootfahrer nach Gibraltar. Dort bestiegen sie Unterseeboote, die sie zur Durchführung ihrer Untersuchungen an die nordafrikanische Küste bringen sollten. Inzwischen aber hatte die Admiralität Instruktionen erlassen, die jegliche vorausgehenden Landungen an den für die Operation *Torch* vorgesehenen Strandabschnitten untersagten, um die Geheimhaltung nicht zu gefährden. Die Erkundung der Landeplätze durfte nur durch U-Boote erfolgen.

Willmott und seine Leute verbrachten annähernd zwei Wochen, um die vorgesehenen Küstenabschnitte von Bord der U-Boote aus mit Hilfe von Fernrohren zu erkunden. Sie wendeten eine mögliche Katastrophe ab, indem sie entdeckten, daß ein Strand, der als Anlandeplatz für eine motorisierte Division vorgesehen war, vollständig von hohen Kliffs eingeschlossen war. Dennoch blieben ihre Erkundungen unzulänglich, und Willmott befürchtete, daß es noch vieles gebe, was sie nicht wußten.

Seine Befürchtungen waren gerechtfertigt. Als die Operation *Torch* im frühen Morgengrauen des 8. November 1942 anlief, kam es verschiedentlich zu chaotischen Szenen. Bei Port Lyautey an der marokkanischen Atlantikküste konnten nur Kettenfahrzeuge den weichen Sand befahren, und bald waren die Strände verstopft von steckengebliebenen Lastkraftwagen und Jeeps. Bei Fedala, etwas weiter südlich, war die Brandung so hoch, daß 18 von 25 Landungsbooten verlorengingen und viele schwerbeladene Soldaten von der Unterströmung fortgerissen wurden und ertranken.

Bei Les Andalouses, westlich von Oran, liefen die Landungsfahrzeuge vor Erreichen des Strandes auf eine vom Wasser bedeckte Sandbank. Dutzende von Fahrzeugen wurden beschädigt, viele schlugen leck, und ihre Ladung ergoß sich ins Meer. Panzer, Jeeps und Lkws, die von der Sandbank zum Ufer zu fahren versuchten, blieben im tieferen Wasser liegen, das die Sandbank vom Strand trennte. Nahe Algier erwies sich ein wichtiger Strandabschnitt, den die Planer 2000 Meter lang wähnten, nur auf ungefähr 200 Meter als brauchbar. Die Fehlkalkulation führte zu einer monumentalen Stauung von Landungstruppen und Material.

Obwohl die Operation *Torch* am Ende erfolgreich war, brachten die Mißgeschicke an den verschiedenen Strandabschnitten Nordafrikas den Angriff anfangs in große Gefahr. Das Unternehmen erteilte den alliierten Stäben in drastischer Weise eine Lektion in Küstenerkundung: dieselbe Lektion, die Willmott seit mehr als einem Jahr gepredigt hatte.

Als Willmott das nächste Mal im Hauptquartier erschien, fand er ein sehr viel aufmerksameres Publikum vor. Am 12. Dezember 1942 genehmigte Mountbatten einen Brief an die Admiralität, worin die Schaffung einer neuen, speziell für Küstenaufklärung ausgebildeten und ausgestatteten Einheit gefordert wurde. Der Brief fand ein positives Echo; schon wenige Tage später wurde die Einheit offiziell aufgestellt. Sie erhielt die Bezeichnung Combined Operations Pilotage Parties – abgekürzt COPP. Zum Kommandeur der neuen Einheit wurde Willmott ernannt.

Aufgabe der COPP war die Ausbildung von 50 Erkundungstrupps, bestehend aus Freiwilligen der Kommandotruppen und der Royal Navy. Willmott richtete sein Hauptquartier in einem Yachtclub auf Hayling Island ein, einem abgelegenen Ort nahe Chichester an der englischen Südküste. Dort führte er ein rigoroses Ausbildungsprogramm durch, das ungeachtet der Wassertemperatur jeden Morgen mit einer Schwimmübung begann. Darauf folgten Gymnastik und stundenlanges Fahren mit dem Paddelboot. Abends übten die Männer nächtliche Landungen, und an Sonntagen marschierte die Einheit im Sturmschritt zu der etwa drei Kilometer entfernten Kirche und zurück.

Nach und nach wurde die COPP-Einheit mit geeignetem Material ausgestattet: seetüchtigen Booten, wasserdichten Kompassen mit Leuchtanzeige, Blinklampen, Gummianzügen und einer sehr zweckmäßigen kleinen Vorrichtung zum Messen des unter Wasser liegenden Strandgefälles. Die Vorrichtung bestand aus zwei Spulen Angelschnur, die in bestimmten Abständen mit kleinen Bleikugeln markiert waren. Der Schwimmer befestigte das Ende einer Schnur an einem in den Strand getriebenen Pflock und schwamm dann langsam hinaus, wobei er die Schnur abspulte. Jedesmal, wenn eine Bleikugel durch seine Finger ging, nahm er mit der anderen Schnur eine Tiefenlotung vor und merkte sich sowohl die Distanz vom Ufer und die Tiefe. Aus den so gewonnenen Zahlen konnte er später ein Diagramm des Meeresbodens in der Uferzone anfertigen, um zu bestimmen, ob er eine Landung gestattete.

Im Februar 1943 wurden vier COPP-Gruppen unter dem Befehl des Korvettenkapitäns Norman Teacher zum Marinestützpunkt auf Malta entsandt, um von dort aus ihren ersten Auftrag auszuführen: die Erkundung der Südküste Siziliens zur Vorbereitung der alliierten Landung. Die Männer sollten von Faltbooten aus an Land schwimmen, um mögliche Landeplätze an vier verschiedenen Küstenabschnitten zu prüfen. Die Gruppen wurden gegen Willmotts Einspruch auf den Weg gebracht: Er war der Meinung, daß seine Leute noch nicht lange genug trainiert hätten, um in der Lage zu sein, die Härten ihrer Mission zu ertragen.

Die vier mit der Beförderung der Gruppen beauftragten U-Boote verließen Malta am Abend des 27. Februar. Die folgenden Ereignisse bestätigten Willmotts Befürchtungen und machten die extreme Gefährlichkeit der Küstenerkundung deutlich.

Teacher und seine Gruppe hatten einen etwa 24 Kilometer langen Abschnitt der Südwestküste zwischen der Stadt Sciacca und der Belice-Mündung zu erkunden. Um Mitternacht bestiegen er und sein Partner, Leutnant Noel Cooper vom Freiwilligen-Reservekorps der Royal Navy, ihr Faltboot und entfernten sich von dem U-Boot *Unbending*, das sie vor die Küste gebracht hatte. Die See war rauh, und ein starker Wind wehte. Ungefähr 200 Meter vom Ufer zog Teacher seinen Schutzanzug aus Ölzeug über und machte sich bereit, an Land zu schwimmen. Als er über Bord glitt, verdrehte er die Augen unter dem Schock des eiskalten Wassers; er murmelte Cooper ein heiseres Lebewohl zu und schwamm auf den Strand zu. Er wurde nie wieder gesehen.

Andere COPPs von der *Unbending* machten sich in den nächsten Nächten an die Arbeit und hatten vorerst mehr Glück. Unter den Augen italienischer Wachtposten vermaßen die Schwimmer das Strandgefälle und sammelten andere Informationen. Aber am 4. März, der fünften und letzten Nacht, ging Cooper wieder an Land, diesmal mit Hauptmann George Burbridge, einem Freiwilligen der kanadischen Armee. Auch sie kehrten nie zurück.

Anderswo entlang der Küste geschah ähnliches Unheil. Nicht ein einziger von den vier COPPs an Bord des Unterseebootes *Unrivalled* kehrte von den Erkundungen des Südzipfels der Insel zurück; zwei Mann gingen verloren, zwei gerieten in Gefangenschaft.

An der Nordküste paddelten Leutnant Neville McHarg und ein Gefährte von der *Safari* zum Ufer, gerieten dabei in ausgelegte Sardinennetze und suchten nach einer Lücke, als Kampfflugzeuge der RAF den nahe gelegenen Hafen von Castellammare angriffen. Zielmarkierungsbomben machten die Nacht zum Tage und zwangen die Paddelbootfahrer zum Abbruch der Mission. Am nächsten Abend verhinderten ungünstige Witterungsverhältnisse einen zweiten Versuch. In der dritten Nacht erreichte Armeehauptmann Theodore Parsons das Ufer, aber als er den Strand hinaufrobbte, hörte er einen Anruf, blickte auf und sah in eine Gewehrmündung. Sein Paddler, ein Seemann namens Irvine, kam ans Ufer, um ihn zu suchen, und geriet gleichfalls in Gefangenschaft.

Die Besatzung des an der Südküste im Golf von Gela liegenden Unterseeboots *United* wähnte alle vier COPPs verloren, die sie am Abend des 26. Februar ausgesetzt hatte. Tatsächlich waren zwei gefangengenommen worden. Die beiden anderen, zwei Marineleutnants namens Robert Smith und David Brand, die den Auftrag hatten, eine vorgelagerte Sandbank zu vermessen, blieben über ihre Zeit hinaus; als sie dann zur *United* zurückpaddelten, gerieten sie in einen heftigen Sturm. Im Kampf mit der hochgehenden See zerbrach Brands Paddel.

Der Morgen kam, und noch immer wollte der Sturm nicht nachlassen. Von den Wellenkämmen konnten die zwei Paddler die Küste Siziliens wie von einem Tribünenplatz überblicken; in den Wellentälern sahen sie nichts als Wände aus grauem Wasser. Alle paar Minuten mußten sie mit Blechbechern Wasser ausschöpfen. Um 8.00 Uhr hatten sie die Hoffnung, das U-Boot zu finden, aufgegeben und beschlossen, nach Malta zurückzupaddeln, eine Strecke von 70 Seemeilen.

Nachdem sie eine Kompaßpeilung von der dunstigen Silhouette des Vulkans Ätna genommen hatten, nahmen Smith und Brand Kurs auf Malta, fast ohne Hoffnung, ihr Ziel zu erreichen. Es goß in Strömen, und der Seegang war so schwer, daß ein Mann ständig ausschöpfen mußte, während der andere paddelte. Den ganzen Tag lang kämpften sie gegen den Sturm und ihre eigene Müdigkeit an, während das kleine Faltboot immer wieder von der Wellenfront steil hochgerissen und auf der anderen Seite taumelnd in die Tiefe geschleudert wurde. Als der Abend dämmerte, riß die See ein Loch in das Heckverdeck des Bootes, und eine Zeitlang mußten beide Männer zugleich Wasser schöpfen.

Um Mitternacht legte sich der Sturm endlich. Mittlerweile war Brands Zustand besorgniserregend; eine alte Hüftwunde hatte sich wieder geöffnet und bereitete ihm quälende Schmerzen. Seine Kräfte reichten kaum noch zum Ausschöpfen. Aber als es Morgen wurde, erschien ein dunkler Streif vor ihnen am Horizont. Es war Malta. Smith paddelte weiter, und am frühen Nachmittag wurden die beiden Männer von einem patrouillierenden britischen Schnellboot an Bord genommen.

Willmott, der sein Hauptquartier Hayling Island nicht verlassen hatte, war zutiefst bekümmert über die Verluste vor Sizilien. Als man ihn drängte, weitere COPP-Gruppen für die Erkundung der Inselküsten bereitzustellen, kam er dem Verlangen erst nach, als er die Überzeugung gewonnen hatte, daß seine Männer der Aufgabe gewachsen sein würden. Seine Hartnäckigkeit zahlte sich aus. Bei besserem Wetter und mit neuen, widerstandsfähigeren Booten, die eigens für diesen Zweck gebaut worden waren, erkundeten die vier Männer von COPP 5 und COPP 6 erfolgreich alle für das Landungsunternehmen vorgeschlagenen Küstenabschnitte Siziliens; nur ein Mann ging verloren. Am 10. Juli 1943, dem Abend der Invasion, fuhren die COPPs wieder mit ihren Faltbooten hinaus, um die Fahrtrouten für die Landungsfahrzeuge zu markieren. Sieben Divisionen wurden mit der ersten Angriffswelle ohne sonderliche Schwierigkeiten angelandet, und 38 Tage später war die gesamte Insel im Besitz der Alliierten. Die Handvoll tapferer Männer, die so viele Nächte mit der Erkundung der Strände verbracht hatten – einige um den Preis ihres Lebens –, hatten keinen geringen Anteil am Erfolg dieser Landung.

Unterdessen wuchs der Bedarf an Faltbootfahrern. Wenige Tage vor der Landung auf Sizilien gingen unbemerkt 23 Angehörige der SBS von einem Motorboot der Royal Navy an der Südküste der von Deutschen besetzten Insel Kreta an Land. Sie hatten den Auftrag, drei Flugplätze auf Kreta anzugreifen und möglichst viele der dort

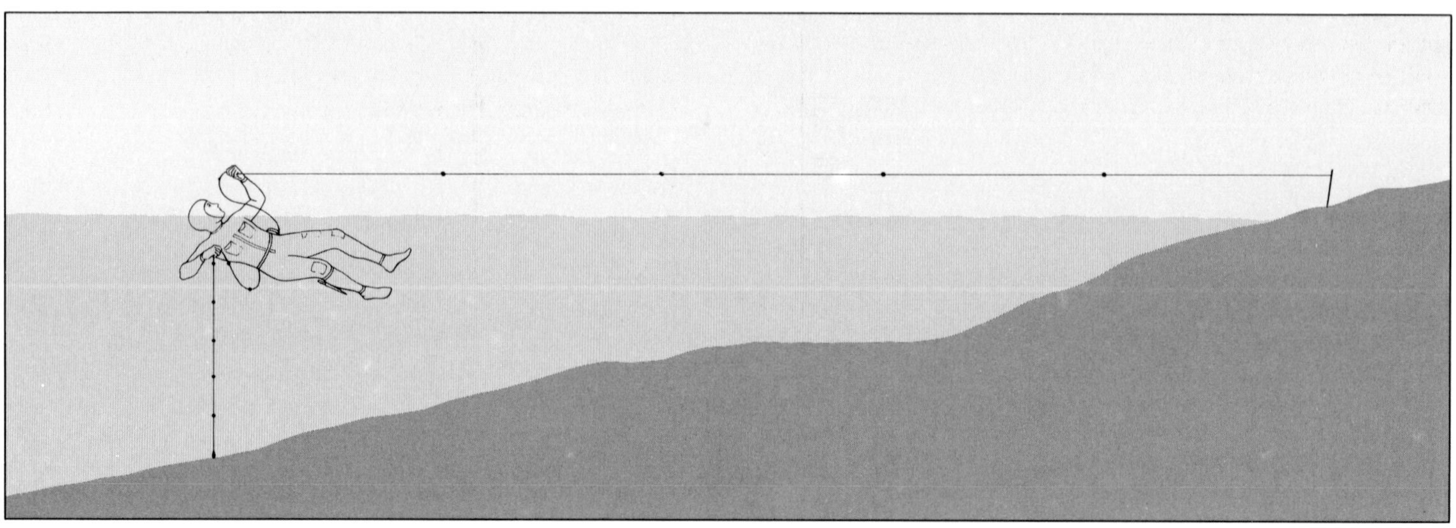

stationierten Maschinen zu zerstören. Damit sollte die Fähigkeit der deutschen Luftwaffe, Einsätze gegen die Invasionsstreitkräfte an der Küste Siziliens zu fliegen, verringert werden.

Der Sabotagetrupp stieg die Berge hinauf und stellte Verbindung mit Major Paddy Leigh Fermor her, einem britischen Verbindungsoffizier, der bei der Räumung der Insel durch die Alliierten im Jahr 1941 auf Kreta zurückgeblieben war, um einheimische Partisanenverbände zu organisieren. Am nächsten Tag teilten sie sich in drei Gruppen, die sich, Fermors Wegweisung durch das Bergland folgend, zu ihren verschiedenen Zielen aufmachten.

Eine Gruppe wurde von einem jungen Dänen namens Anders Lassen befehligt, einem ehemaligen Seemann der Handelsmarine, der bald zu einer legendären Gestalt werden sollte. Obwohl er erst kurz zuvor zur Special Boat Section gestoßen war, hatte er für ein Kommandounternehmen in Westafrika bereits das Military Cross erhalten. Im Laufe der SBS-Operation im östlichen Mittelmeer setzte er mehr gegnerische Soldaten außer Gefecht als irgendein anderer Angehöriger der Truppe.

Als Lassens Gruppe den Flugplatz Kastelli Pediada südlich von Heraklion auskundschaftete, warnten einheimische Dorfbewohner die Männer, daß ein Angriff aufgrund der großen Anzahl an Wachtposten, die bei Tag und Nacht um die Flugzeuge postiert seien, unmöglich und selbstmörderisch sei. Lassen war davon nicht im mindesten beeindruckt. Er beschloß, zusammen mit einem Gefreiten namens Jones die Wachtposten auf der Westseite des Flugplatzes abzulenken, während die zwei anderen Männer seiner Gruppe die Stukas und Ju 88 angreifen sollten, die östlich der Startbahn abgestellt waren.

Lassens Ablenkungsmanöver entwickelte sich zu einem regelrechten Gefecht. Eine halbe Stunde vor Mitternacht schnitten er und Jones ein Loch in den Einfassungszaun des Flugplatzes und schlichen auf die Hangars zu, in deren Nähe eine Gruppe italienischer Soldaten um ein Feuer saß. Als ein Posten die beiden Eindringlinge anrief, zeigte Lassen zum Feuer, um seine Aufmerksamkeit abzulenken, und schoß ihn mit zwei Kugeln aus kurzer Distanz nieder.

Ein wildes Durcheinander entstand. Kugeln pfiffen kreuz und quer durch die Nacht. Leuchtkugeln stiegen auf, und italienische und deutsche Wachen feuerten auf sich bewegende Schatten. Lassen und Jones zogen sich, wie Lassen später sagte, „in eine ruhigere Gegend" zurück, wo sie eine weitere Schießerei anfingen. Wie Lassen vorausgesehen hatte, rasten daraufhin Lastkraftwagen mit Verstärkungen von der Ostseite des Flugplatzes herüber und verschafften den beiden SBS-Leuten auf jener Seite Gelegenheit, sich zwischen die Flugzeuge zu schleichen und ihre Sprengladungen an den Maschinen anzubringen.

Während des nächtlichen Gefechts wurden Lassen und Jones voneinander getrennt, doch entkamen beide trotz scharfer Verfolgung durch deutsche Suchtrupps. Auch die anderen zwei Mitglieder der Gruppe konnten sich in Sicherheit bringen. Die mit Zeitzündern versehenen Sprengladungen zerstörten sechs Flugzeuge und beschädigten drei weitere.

In ihrem Lager in den Bergen, von wo sie aufgebrochen waren, fanden die vier Männer wieder zusammen. Eine Woche später erreichten sie einen Treffpunkt an der Südküste, wo sie von dem Motorboot, das sie abgesetzt hatte, wieder abgeholt wurden und mit den zwei anderen Sabotagetrupps zusammentrafen, deren Unternehmungen erfolglos geblieben waren: Die Flugplätze, die sie hatten angreifen sollen, waren verlassen gewesen.

Nach dem Sabotageunternehmen auf Kreta gab die SBS ihre Paddelboote zeitweilig zugunsten einer Flottille von Kaiks – zweimastigen, 30 bis 50 Tonnen großen türkischen Fischerbooten – auf, mit der sie Operationen im Ägäischen Meer durchführte. Die inzwischen eingetretene Wende im Kriegsgeschehen hatte die Special Boat Section zum Eindringen in die Ägäis veranlaßt. Anfang September 1943 hatte die italienische Regierung den insgeheim ausgehandelten Waffenstillstand mit den Alliierten bekanntgegeben und ihre Truppen von zahlreichen ägäischen Inseln zurückgezogen. Diese Inseln waren von strategischer Bedeutung. Wer sie hielt, kontrollierte den Schiffsverkehr aus dem gesamten Mittelmeer in die Dardanellen und ins Schwarze Meer. Kurz nach dem Waffenstillstand kapitulierte der italienische Befehlshaber von Rhodos vor den Deutschen. Alarmiert von dieser Wendung, bemühten sich die Briten, die übrigen Inseln des Dodekanes durch rasche, handstreichartige Einzelunternehmungen in ihre Gewalt zu bringen. Die SBS, mittlerweile befehligt von Oberstleutnant Lord George Jellicoe und in Palästina stationiert, wurde mit ihren Kaiks sofort in die Ägäis beordert.

Mitte September landeten Abteilungen der Special Boat Section auf Kos, Samos, Leros und Simi, doch schon im November antworteten die Deutschen mit einer Landung starker Kräfte auf Leros und eroberten die Insel zurück. Bis zum Ende des Monats waren alle Ägäischen Inseln, von den Nördlichen Sporaden bis zum Dodekanes im Süden, in deutscher Hand.

Die SBS verlegte sich nun auf eine Taktik der Nadelstiche, mit der sie das ehrgeizige Ziel verfolgte, die auf 28 000 Mann geschätzten deutschen Truppen in der Ägäis zu binden und zu demoralisieren. Weil sie dazu allein nicht imstande war, erbat und erhielt die SBS Hilfe von der Royal Navy und Royal Air Force, sicherte sich die Unterstützung einheimischer Griechen und setzte zeitweilig eine Sondereinheit von griechischen Widerstandskämpfern ein, die sogenannte „Heilige Schar" – genannt nach der thebanischen Elitetruppe, die 371 v. Chr. die Spartaner schlug. Mit dieser Unterstützung begannen die Männer der SBS den deutschen Schiffsverkehr und die Inselgarnisonen anzugreifen. Dabei schlu-

Die Darstellung zeigt, wie ein COPP-Schwimmer mittels zweier Angelleinen die Kontur eines Strandes bestimmt. Eine Leine wird mit einem fußlangen Messingpflock am Ufer befestigt und waagerecht gehalten, die andere senkrecht zum Grund hinabgelassen. Die Entfernung vom Ufer wurde mit Hilfe von Kügelchen gemessen, die in Abständen von einem Faden (1,82 Meter) in die Leine geknotet waren; die Lotleine maß die Tiefe in Abständen von einem Fuß (0,3048 Meter).

gen sie scheinbar willkürlich einmal hier und einmal dort zu, um den Gegner nicht zur Ruhe kommen zu lassen. Bis zum Sommer 1944 hatten sie Überfälle auf sämtliche Ägäische Inseln durchgeführt und manche Inseln zwei- oder dreimal angegriffen.

Das Hauptquartier der SBS befand sich an Bord eines alten hölzernen Kaiks, der *Tewfik,* die im Schutz der türkischen Hoheitsgewässer im klarblauen Wasser einer Bucht ankerte. Diese Bucht bot ein Bild beinahe idyllischer Ruhe; die Sonne funkelte auf dem Wasser, die Luft war voll vom Duft wilder Geranien und Oliven, Zitronen- und Feigenbäume, welche die benachbarten Hügel bedeckten. Vervollständigt wurde das Bild durch die braungebrannten jungen Männer, die man häufig auf dem Deck der *Tewfik* faulenzen sehen konnte, wo sie Karten spielten und Sekt tranken, den sie von diesem oder jenem glücklosen deutschen Versorgungsschiff „befreit" hatten, das ihren Kurs gekreuzt hatte.

Dieses bewegliche Hauptquartier in den Gewässern der neutralen Türkei war eine dreiste Verletzung internationalen Rechts. Aber die türkische Regierung drückte gegenüber der *Tewfik* und den beständigen Aktivitäten bewaffneter Kaiks in anderen abgelegenen Buchten der türkischen Küste ein Auge zu. Die wohlwollende Nichteinmischung der Türken stellte einen wichtigen Beitrag zu den Kriegsanstrengungen der Alliierten dar, denn sie brachte jede Insel im Ägäischen Meer in den Aktionsbereich der SBS.

Ende Januar 1944 führte die SBS eine Anzahl handstreichartiger Überfälle gegen kleine, mit schwachen Garnisonen belegte Inseln. Eingeleitet wurden sie mit einem Unternehmen des unermüdlichen Anders Lassen, der inzwischen zwei Ehrenspangen zu seinem Military Cross erworben hatte. Er und vier andere Männer überfielen aus dem Hinterhalt ein deutsches Patrouillenboot, als es in den Inselhafen von Calchi bei Rhodos einlief, und brachten Boot und Besatzung in ihre Gewalt. Von da an folgte ein Überfall dem anderen. Im Hafen von Stampalia wurden fünf deutsche Kaiks in die Luft gesprengt; auf Simi wurden Handgranaten in die Fenster einer deutschen Unterkunft geworfen; im Hafen von Archi wurden zwei deutsche Kaiks gesprengt und ein dritter erbeutet und mit einer Ladung Sekt, Bier und Wein zum SBS-Hauptquartier zurückgebracht. Als eine deutsche Abteilung auf Nisiros vor einem Waisenhaus auftauchte, um die Kinder von dort nach Rhodos zu überführen, sprangen von den Griechen informierte SBS-Männer aus ihren Verstecken, wo sie gewartet hatten, töteten zwei Deutsche und nahmen zehn weitere gefangen. Auf Piscopi wurde eine ähnliche Falle gelegt. Dort wurde dem deutschen Garnisonskommandeur von den Inselbewohnern ein fettes Schwein zum Geschenk gemacht, und die SBS-Männer warteten auf ihn, als er kam, um es abzuholen; trotz der Übermacht widersetzte er sich der Gefangennahme und wurde getötet.

Im April 1944 überfielen SBS-Kommandos in einer einzigen Nacht sämtliche deutsche Inselgarnisonen auf den äußeren Kykladen nördlich von Kreta. Es kam zu heftigen Kämpfen. Auf Santorin stürmten Lassen und ein SBS-Unteroffizier eine deutsche Unterkunft im Obergeschoß des Gebäudes der Athener Bank. Der Unteroffizier trat die Tür auf, Lassen warf zwei Handgranaten hinein, der Unteroffizier feuerte mit einer Maschinenpistole in den Raum, und Lassen ließ es sich nach all dem nicht nehmen, alle Deutschen, die noch Lebenszeichen von sich gaben, mit der Pistole zu erschießen. Das Ergebnis des Kykladen-Überfalls spiegelt die gelungene Überrumpelungstaktik wider: 41 deutsche Soldaten wurden getötet, 27 verwundet und 19 gefangen. Von den 39 teilnehmenden SBS-Männern wurden nur zwei getötet und drei verwundet. Anders Lassen überlebte diesen Überfall; er fiel später während eines Feuergefechts in Italien, wofür ihm posthum das Viktoriakreuz verliehen wurde.

Im Frühsommer 1944 trafen Angehörige der SBS und der griechischen „Heiligen Schar" Vorbereitungen für den bislang ehrgeizigsten Überfall: einen Großangriff auf die Insel Simi, die sich dafür aufgrund ihrer besonders exponierten Lage unmittelbar vor der türkischen Küste anbot. Die Operation hing jedoch von der vorhergehenden Ausschaltung zweier deutscher Zerstörer ab, die weiter nördlich im Hafen Portolago auf der Insel Leros stationiert waren.

Oberst Jellicoe entsann sich des erfolgreichen Sabotageunternehmens des Royal Marine Boom Patrol Detachment gegen den Hafen von Bordeaux und erkundigte sich, ob die Abteilung ein paar tüchtige Männer mit Booten in die Ägäis entsenden könne, um die Zerstörer außer Gefecht zu setzen.

Die Antwort kam prompt. In einer Juninacht drangen drei Paddelboote in den Hafen Portolago der Insel Leros ein und hielten auf die verankerten Schiffe zu. Zwei Bootsbesatzungen brachten ohne Zwischenfall Haftminen an den Zerstörern und mehreren Geleitschiffen an und verließen den Hafen, um zu einem wartenden Motorboot zurückzupaddeln.

Bei der dritten Bootsmannschaft verlief das Unternehmen weniger reibungslos. Als sich der Gefreite der Marineinfanterie Edward Williams Horner und sein Kamerad ihrem ersten Ziel näherten, wurden sie von einem Wachtposten an Bord eines der Zerstörer ausgemacht und angerufen. Die beiden Männer erstarrten zur Bewegungslosigkeit, wie sie es gelernt hatten, aber die Strömung trug sie näher an das Schiff heran. Der Posten wiederholte seinen Anruf, und als er den Repetierhebel seines Karabiners nach vorn stieß, hielt Horner die Situation für hoffnungslos. „Schon gut", schrie er nach oben. „Wir ergeben uns."

Die beiden paddelten zur Bordwand des Schiffes, um das Fallreep zu suchen und sich zu ergeben. Aber kein Fallreep war zu sehen. Dieser Umstand, verbunden mit Geräuschen eines aufgeregten Durcheinanders an Bord des Schiffes, führte dazu, daß sie es sich anders überlegten. Sie paddelten weiter, verbargen sich einige Augenblicke unter dem ausladenden Bug des Schiffes und hielten dann auf das Ufer zu. Kein Schuß wurde abgefeuert. Das Boot erreichte die Schatten der den Hafen einschließenden Felsen, und während ein bewaffnetes deutsches Motorboot die Suche nach dem Paddelboot aufnahm, schoben Horner und sein Partner sich am Ufer entlang zur Hafeneinfahrt und paddelten von dort mit aller Kraft hinaus zum wartenden Schnellboot. Mehrere Stunden später zerriß eine Serie von Explosionen die Morgenstille. Die zwei letzten deutschen Zerstörer in der Ägäis gingen auf Grund.

Nun konnte der Angriff auf Simi stattfinden. Am Abend des 13. Juli verließen zehn Motorboote und zwei Kaiks mit 81 Angehörigen der SBS und 132 Soldaten der „Heiligen Schar" eine versteckte Bucht an der türkischen Küste und nahmen Kurs auf ihr Ziel. Sie landeten unbemerkt an drei verschiedenen Stränden und hatten bis zum Morgengrauen einen Felsvorsprung besetzt, der die wichtigsten deutschen Stützpunkte überblickte. Mit dem ersten Licht fielen die Kommandoeinheiten über die deutschen Stellungen her; fünf Stunden später war die Insel in ihren Händen. Die Bevölkerung des kleinen Hafenortes Simi feierte den Sieg überschwenglich. Aus Jubel brieten sie einen Ochsen und hielten viele Ansprachen von den Stufen des Rathauses. Unterdessen zerstörten die Kommandos Treibstoff- und Munitionslager, Geschützstellungen und 19 deutsche Kaiks, die im Hafen ankerten. Um Mitternacht traten sie mit 151 Gefangenen den Rückzug an.

Der Angriff auf Simi sollte die letzte Waffentat der Special Boat Section in der Ägäis bleiben. Die griechischen Freiwilligeneinheiten, die ihre Aufgaben unter Anleitung der SBS mit zunehmender Geschicklichkeit erledigt hatten, wurden nun für hinreichend tüchtig befunden, den Kampf auf eigene Faust fortzusetzen. Die Masse der SBS-Einheiten wurde für Operationen auf dem griechischen Festland und in Jugoslawien weiter nach Norden verlegt. Obwohl ihre Freibeutertage im Ägäischen Meer damit zu Ende waren, kämpften die Männer der SBS auch weiterhin mit einem Schneid und einer Einsatzfreude, die ihre geringe Zahl ausglich, bis auf dem Balkan der Friede einkehrte.

An der felsigen Küste einer von deutschen Truppen besetzten griechischen Insel, 100 Kilometer nördlich von Kreta, entladen Männer der Special Boat Section Versorgungsgüter aus einem griechischen Küstenfahrzeug. Häufig verteilten die von griechischen Widerstandsgruppen unterstützten britischen Kommandosoldaten die aus deutschen Vorratslagern und Schiffen erbeuteten Lebensmittel und Treibstoffe an die einheimische Bevölkerung.

4

MEISTER DER TÄUSCHUNG

Eine Schule für Saboteure
Ein militärisches Tabu wird gebrochen
Ein Plan zur Eroberung Gibraltars
Deutsche Kommandos in russischer Uniform
Blitzaktion zum Schutz der Donauschiffahrt
Die Heißsporne des „Bataillons Nachtigall"
Ein Baron und sein „wilder Haufen" stiften Verwirrung
Ein Schwindel bewirkt russischen Rückzug
Der Abgang einer Elitetruppe

Im Herbst 1939 wurde in den Kiefernwäldern an den Ufern des Quenzsees nahe der Stadt Brandenburg ein besonderes Ausbildungslager errichtet. Schwer bewacht und gegen die Außenwelt abgeschirmt, diente dieses Lager der Ausbildung von Soldaten in Sabotage- und Nahkampftechniken. Die Absolventen der Lehrgänge gehörten einer einzigartigen Gruppe an, die nach ihrem Garnisonsort „die Brandenburger" genannt wurde. Sie waren Deutschlands Kommandotruppe.

Wie alle Einheiten für Sonderaufgaben, waren auch die Brandenburger ausgebildet für die Kriegführung hinter den feindlichen Linien, für plötzliche Überraschungsangriffe und schnelle, geschickte Absetzbewegungen. Ihre Aufgaben verlangten von jedem einzelnen Soldaten ein hohes Maß an Tapferkeit, Umsicht und Erfindungsgeist – Eigenschaften, wie sie auch von den britischen Kommandos und den US-Rangers erwartet wurden.

Die Brandenburger aber waren noch in anderer Hinsicht bemerkenswert. Anders als die alliierten Kommandotrupps, die sich hauptsächlich auf den Überraschungseffekt und die Feuerkraft ihrer Waffen verließen, gebrauchten die Brandenburger die Täuschung als Hauptwaffe. Häufig führten sie ihre Missionen in Verkleidungen durch, trugen Zivilkleidung oder die Uniformen des Feindes. Sie beherrschten die Sprache des Feindes, trugen seine Personalpapiere bei sich, imitierten seine Gewohnheiten und schlugen ihn in seinem eigenen Hinterland, wenn er es am wenigsten erwartete: eine Taktik, die Verwüstung anrichtete und wie keine andere Verwirrung erzeugte. Brandenburger mischten sich unter feindliche Soldaten, widerriefen feindliche Befehle und leiteten Fahrzeugkolonnen um, unterbrachen feindliche Fernmeldeverbindungen, sammelten militärische Informationen und brachten im Zuge von Geheimaktionen, die bisweilen Wochen dauerten, strategisch wichtige Einrichtungen in ihren Besitz.

Die Täuschungstaktik war für die Brandenburger zugleich Vorteil und Belastung. Sie befähigte sie, das Feindgebiet zu durchdringen, um kühne Unternehmungen durchzuführen. Das Auftreten in der Uniform des Gegners in dessen eigenem Land verstieß jedoch gegen militärische Regeln, und nach den internationalen Vereinbarungen über die Kriegführung konnte solche Täuschung mit dem Tod durch Erschießen bestraft werden – wie die Brandenburger sehr wohl wußten. Auch fanden sie auf der eigenen Seite nicht nur Zustimmung: Zahlreiche Angehörige der Wehrmacht betrachteten ihre Methoden der Kriegführung als unehrenhaft und hinterlistig. Andererseits wurden Leistung und Wirksamkeit der deutschen Kommandotruppen kaum in Zweifel gezogen.

Die Eliteeinheit war die Schöpfung des Hauptmanns Theodor von Hippel, einem Offizier des unter der Bezeichnung „Abwehr" bekannten militärischen Geheimdienstes der Wehrmacht. Vor dem

Ersten Weltkrieg war Hippel Offizier der Deutschen Schutztruppe in Deutsch-Ostafrika gewesen. Anders als viele Offiziere, die noch im alten Heer der Kaiserzeit gedient hatten, war Hippel jedoch kein Traditionalist, und nachdem er im Jahre 1939 zur Abwehr kam, begann er Ideen für die geheime Kriegführung hinter den feindlichen Linien zu entwickeln.

Für den Angriff auf Polen war bereits eine eigene Sondereinheit aus Agenten der Abwehr gebildet worden. Obwohl diese Einheit K- oder Kampfverbände genannt wurde, waren ihre Angehörigen eher Saboteure als Soldaten und operierten weitgehend auf eigene Faust, ohne feste Befehlsbindungen an die Wehrmacht. Ihre Erfolge wurden Kristallisationspunkte für Hippels Theorien. Wenige Tage bevor die Wehrmacht am 1. September 1939 in Polen einfiel, gingen mehrere K-Verbände als Bergarbeiter verkleidet über die Grenze. Sie hatten den Auftrag, strategisch wichtige Industrieanlagen in Ostoberschlesien zu besetzen und zu verhindern, daß die Polen sie vor dem Rückzug zerstörten. Die Agenten waren nur mit Handfeuerwaffen und Handgranaten ausgerüstet, aber mehr benötigten sie nicht; obwohl einige ihrer Gruppen von polnischer Infanterie angegriffen wurden, gelang es ihnen, bis zur Ankunft der Vorausabteilungen des deutschen Heeres auszuhalten und damit eine Anzahl von Fabriken und Anlagen zu retten, die für die Kriegsproduktion des Reiches wichtig waren.

Andere Abteilungen der K-Verbände, die gleichfalls in Zivilkleidung operierten, aber rote Halstücher trugen, um sie der deutschen Wehrmacht kenntlich zu machen, hatten Brücken und Straßen zu bewachen. Eine dieser Gruppen besetzte im Handstreich das riesige Elektrizitätswerk in Chorzow bei Königshütte, schaltete den Strom aus und tauchte dadurch ganz Ostoberschlesien in völlige Dunkelheit. Damit wurden alle elektrischen Zünder unwirksam gemacht, mit denen die Polen Sprengladungen in wichtigen Industrieanlagen versehen hatten.

Im polnisch-slowakischen Grenzgebiet besetzte eine 360 Mann starke Abteilung den Jablunka-Paß in den Beskiden, eines der Haupteinfallstore für die aus dem Süden vorstoßenden deutschen Verbände. Die Abteilung hielt sich vier Tage lang gegen Angriffe polnischer Grenztruppen und konnte sämtliche Sprengladungen entschärfen, die zuvor in einem wichtigen Eisenbahntunnel angebracht worden waren.

Hippel war beeindruckt von den Leistungen der K-Verbände, die im Anschluß an den Polenfeldzug aufgelöst wurden. Auf einer Konferenz in Dresden, an der auch Abwehrchef Admiral Wilhelm Canaris teilnahm, schlug Hippel die Aufstellung einer weiteren Spezialeinheit vor, deren Kern aus ehemaligen Angehörigen der K-Verbände bestehen und die in den bevorstehenden Feldzügen im Westen unter dem Kommando der Wehrmacht geheime Kampfaufträge ausführen sollte.

Zunächst stand Admiral Canaris der Idee reserviert gegenüber. Er fand wenig Geschmack an den Planungs- und Organisationsaufgaben, die mit der Aufstellung einer völlig neuen Truppe verbunden waren. Aber Hippel ließ sich von seinem Ziel nicht abbringen und suchte die Unterstützung anderer Abwehroffiziere.

Seine Beharrlichkeit zahlte sich aus, als sein früherer Vorgesetzter in der Abwehr, Helmuth Groscurth, der inzwischen als Abteilungsleiter im Generalstab des Heeres über einflußreiche Verbindungen verfügte, seinen Vorschlag unterstützte. Es ist nicht überliefert, wie Admiral Canaris auf das Vorgehen reagierte, doch wurde Hippel Anfang Oktober durch den Generalstab des Heeres ermächtigt, eine „Sabotagekompanie" aus volksdeutschen Abwehragenten aufzustellen. Nachdem sie zuerst „Deutsche Kompanie z. b. V." geheißen hatte, erhielt die Truppe bald den Decknamen „Baulehrkompanie 800", wurde aber schon wenig später als „Kompanie Brandenburg" bekannt.

Kamen die ersten Freiwilligen für die neue Truppe auch aus den Reihen der K-Verbände, so rekrutierte Hippel doch vornehmlich Auslandsdeutsche, die bei Kriegsausbruch heimgekehrt waren, um dem Vaterland zu dienen, und Volksdeutsche aus benachbarten Ländern wie Litauen, Lettland, Estland, Polen, Ungarn und Jugoslawien. Vollständige Vertrautheit mit der Sprache, den Sitten und Gebräuchen des jeweiligen Herkunftslandes war wichtig: Um in feindliches Hinterland und sogar in die Reihen feindlicher Streitkräfte einzudringen – eine Rolle, die Hippel ihnen von Anfang an zugedacht hatte –, mußten die Angehörigen der deutschen Kommandotruppe in der Lage sein, sich in jeder Hinsicht wie Einwohner des betreffenden Landes zu verhalten, ohne ihre wahre Identität auch nur andeutungsweise erkennen zu lassen.

Die Feldzüge in Norwegen und im Westen 1940 waren eine erste Bewährungsprobe für die Brandenburger, die stets an der Spitze der angreifenden Heeresverbände operierten. Am Abend des 8. April 1940 gingen Abteilungen von Brandenburgern in Uniformen der dänischen Armee über die nördliche Grenze, um in Vorbereitung auf den deutschen Einmarsch am nächsten Morgen wichtige Straßen- und Eisenbahnbrücken zu besetzen. Sie erreichten jedes ihrer Ziele und nahmen es ein.

Am 10. Mai 1940 begann der Frankreichfeldzug mit überraschenden Vorstößen deutscher Streitkräfte nach Belgien und den Niederlanden. Wenige Stunden vor dem Angriff konnte man in der niederländischen Grenzstadt Gennep unweit von Kleve niederländische Polizei sehen, die einen Trupp Gefangene über die Maasbrücke eskortierte. Die „Polizei" bestand aus holländischen Nationalsozialisten, und die „Gefangenen" waren Brandenburger, die Maschinenpistolen unter den Mänteln und Handgranaten in den Taschen trugen. In überraschendem Zugriff überwältigten sie die

Wachtposten und hielten die strategisch wichtige Brücke bis zum Eintreffen des deutschen 265. Infanterieregiments.

Fallschirmjägereinheiten unternahmen ähnliche Überraschungsangriffe auf die Maasbrücken von Maastricht in den Niederlanden. Diese Handstreichunternehmungen mißlangen, die Brücken wurden gesprengt, ehe sie von den Deutschen genommen werden konnten. Dies machte den Erfolg der Brandenburger bei Gennep noch wichtiger für den planmäßigen deutschen Vormarsch; Generaloberst Walther von Reichenau, der Oberbefehlshaber der 6. Armee, konnte eine Anzahl von Verbänden, die bei Maastricht festsaßen, zu der offenen Brücke bei Gennep umleiten.

Während des Vormarsches durch Belgien mischte sich eine Abteilung von mehr als 100 Brandenburgern in Zivilkleidung unter die vor den Deutschen fliehenden Flüchtlingskolonnen. Mit Kinderwagen, unter deren Matratzen Waffen versteckt waren, schoben sie sich durch den Flüchtlingsstrom, um an ihr Ziel zu gelangen: die wichtigsten Brücken über Maas und Dender sowie den Tunnel unter der Schelde bei Antwerpen. Eine weitere Abteilung, mit Baskenmützen und Mänteln getarnt, verschaffte sich einen Bus und raste nach Nieuport, um einen Zwischenfall wie jenen zu verhindern, der sich im Ersten Weltkrieg ereignet hatte. Als die Deutschen damals in Belgien eingedrungen waren, hatten die Verteidiger die Schleusentore bei Nieuport an der Yser geöffnet, das tiefliegende Marschland überflutet und den deutschen Angriff zum Stillstand gebracht. Diesmal gewannen die Brandenburger; im Feuer einer am anderen Flußufer stehenden britischen Abteilung brachten sie die Schleusentore in ihre Hand, ehe die Belgier sie öffnen konnten.

Canaris, der bis dahin wenig Interesse für die Brandenburger gezeigt hatte, erkannte jetzt, daß sie so etwas wie ein Juwel in seiner Krone geworden waren. Der Umstand, daß er die Aufstellung der Einheit zuerst abgelehnt hatte, war nun vergessen, und stolz nahm er den Beifall entgegen, mit dem „seine" Brandenburger überhäuft wurden. Am 14. Mai 1940 beglückwünschte ihn sogar Hitler selbst, und schon am nächsten Tag erhielt Canaris Anweisung, das Bataillon zu einem Regiment auszubauen, das als „Lehrregiment Brandenburg" bekannt werden sollte.

Eine Herausforderung, die der vergrößerten Streitmacht würdig war, bereitete sich vor. Nach der Kapitulation Frankreichs im Juni erhielten die Brandenburger den Befehl, sich für das Unternehmen *Seelöwe* vorzubereiten – die Invasion Englands. Eine Kompanie sollte in britischen Uniformen mit dem Fallschirm über Dover abspringen und den Hafen sowie die Küstenbatterien auf der Steilküste in ihren Besitz bringen. Eine halbe Kompanie in Überwurfuniformen (Umhängen, die ihre Wehrmachtsuniformen ver-

deckten) sollte mit der ersten Angriffswelle westlich von Hastings landen, auf Motorrädern die Küstenstraße entlangrasen und die Küstenbatterien bei Beachy Head angreifen. Daneben war die Landung einer weiteren Kompanie an der Südküste Englands vorgesehen, um britische Stützpunkte zu stürmen.

Der Beginn des Unternehmens *Seelöwe* hing jedoch von der Erlangung der Luftherrschaft über dem Kanal und Südengland ab. Als es der Luftwaffe während der Luftschlacht über England im Sommer und Herbst 1940 nicht gelang, die Royal Air Force zu bezwingen, verlor Hitler nach und nach die Lust an dem Vorhaben und richtete sein Augenmerk auf andere Pläne.

Zu diesen gehörte die Abriegelung des Mittelmeers durch die Einnahme Gibraltars, der 6,5 Quadratkilometer großen felsigen Halbinsel im Süden Spaniens, die von den Briten festungsartig zu einem starken Marinestützpunkt ausgebaut worden war. Ohne Wissen des Führers hatte Admiral Canaris insgeheim bereits eine ähnliche Operation erwogen.

Im Juli 1940 ließ Canaris Hauptmann Hans-Jochen Rudloff zum Abwehr-Hauptquartier nach Berlin kommen. Rudloff war Chef der 3. Brandenburg-Kompanie, die sich bei den Operationen in Belgien und den Niederlanden besonders ausgezeichnet hatte; seine Männer hatten insgesamt 92 Eiserne Kreuze verliehen bekommen. Als die Truppe auf Regimentsstärke gebracht wurde, entstand aus der 3. Kompanie das III. Bataillon.

Rudloffs Gespräch mit dem Chef der Abwehr im OKW war denkwürdig. Mit wachsender Verwunderung hörte er zu, wie Canaris einen ebenso abenteuerlichen wie ehrgeizigen Plan skizzierte, wonach das III. Bataillon in Lastkraftwagen mit geschlossenen Planen von Südfrankreich heimlich durch das neutrale Spanien geschleust werden und die britische Garnison Gibraltars in überraschendem Handstreich überwältigen sollte.

Rudloff fand die Idee des Abwehrchefs „äußerst phantastisch", behielt seine Meinung aber für sich und flog pflichtbewußt nach Südspanien, um die Ausführbarkeit zu studieren. Dabei zeigte sich bald, daß seine Befürchtungen nur zu berechtigt waren. Spanien wimmelte von britischen Agenten. Ein ganzes Bataillon unbemerkt von den Pyrenäen nach Gibraltar zu schmuggeln sei, wie er meinte, völlig unmöglich.

Rudloff kehrte mit einer negativen Beurteilung der Situation zurück, und Canaris ließ widerwillig von dem Gedanken ab, bis er entdeckte, daß der Führer sich mit ähnlichen Überlegungen beschäftigte. Dann beteiligte Canaris sich im Einvernehmen mit dem Oberkommando der Wehrmacht an der Planung für das Unternehmen *Felix* – einen großangelegten Angriff auf Gibraltar in Zusammenarbeit mit der spanischen Regierung. Als spanische Fremdenlegionäre verkleidete Brandenburger sollten die Grenzsicherungen zwischen Gibraltar und Spanien sprengen, zu denen ein schwerer Stahlzaun gehörte, und Gibraltars Flugplatz, die Öltanks, das Kraftwerk und das Wasserwerk unbrauchbar machen. 150 Mann Kommandotruppen standen für den Einsatz länger als einen Monat in Bereitschaft, doch dann wurde das Unternehmen Anfang Dezember 1940 endgültig und unwiderruflich abgesagt: Nachdem er zu dem Schluß gelangt war, daß Spaniens Streitkräfte und die allgemeine Versorgungslage des Landes einem länger dauernden Krieg nicht gewachsen sein würden, weigerte sich der spanische Staatschef, General Francisco Franco, in den Krieg einzutreten.

Die Annullierung der Unternehmen *Seelöwe* und *Felix* war für Canaris und seine Offiziere enttäuschend. Aber sie nutzten die Pause, indem sie eine Anwerbungsaktion einleiteten und das Ausbildungsprogramm in Quenzsee erweiterten.

Nur etwa 60 Kilometer von Berlin entfernt, war das Lager Quenzsee auf einer Seite durch den See geschützt und auf der anderen durch Kiefernwälder abgeschirmt. Die Bewohner der Gegend gewöhnten sich daran, daß der Lärm von Schüssen und Explosionen aus dem Wald drang.

Im Lager Quenzsee brachte man den Rekruten viele der Techniken bei, die auch die britischen Kommandos in Achnacarry in Schottland erlernt hatten – Überraschungsangriffe, Tarnung und Schnelligkeit –, im Vordergrund des Ausbildungsprogramms der Brandenburger standen aber die Techniken der Täuschung. Die angehenden Brandenburger lernten nicht nur, falsche Papiere zu

In den ersten Kriegsjahren drangen die Brandenburger und andere Sondereinheiten der Wehrmacht tief ins feindliche Hinterland vor und sicherten während des Polenfeldzugs und der Besetzung Dänemarks und der Niederlande in überraschendem Zugriff strategisch wichtige Übergänge und Anlagen für die nachrückenden Heeresverbände. In der Sowjetunion operierten sie von Riga im Norden bis zu den Ölfeldern im Kaukasus.

Nachdem sie in Schlauchbooten die Maas überquert haben, erklettern Brandenburger im Mai 1940 eine wenige Stunden zuvor von niederländischen Truppen gesprengte Brücke in Maastricht.

benutzen, sondern sie selbst zu fälschen. Die Feinheiten von Verkleidungen wurden ihnen zu Bewußtsein gebracht, indem sie in ausländischen Uniformen zum Appell antreten mußten, perfekt in jedem Detail, bis hin zur Unterwäsche und zum Tascheninhalt. Was die Beschaffung des Kleinmaterials für solche Maskeraden betraf, waren die Männer auf ihre eigene Findigkeit angewiesen.

„Hatte einer von uns ein Photo seiner Freundin in der Brieftasche, und im Hintergrund war irgendein verräterisches Bauwerk zu sehen, gab es Ärger", erinnerte sich Helmuth Schwinker, ein Brandenburger aus dem Sudetenland. „Aber es war diese Beachtung des Details, die den unsrigen wieder und wieder das Leben rettete, wenn wir in Feindesland operierten.

„Im Lehrgang verloren Dienstgradunterschiede ihre Bedeutung. Unabhängigkeit und Intelligenz zählten mehr als der militärische Rang. Es war typisch für den Geist der Truppe, daß Offiziere und Soldaten einander mit Handschlag begrüßten, statt zu salutieren. Anders als im Rest des Heeres, wo dem einfachen Soldaten gesagt wurde, er solle ‚das Denken den Pferden überlassen, weil die den größeren Kopf hätten', wurden wir ermutigt, selbst zu denken und Intuition und Findigkeit zu entwickeln.

„Die Abende in der Kantine von Quenzsee waren immer wieder erstaunlich. Die Rekruten kamen aus allen Teilen des In- und Auslands, und man konnte Dutzende von verschiedenen Sprachen und Dialekten hören, die von Männern sehr unterschiedlicher Herkunft gesprochen wurden, wenn sie Gedanken und Meinungen austauschten. Im allgemeinen sahen wir unsere Zugehörigkeit zu dieser Truppe sehr idealistisch. Es war ganz gewiß nicht mit dem Dienst in einem gewöhnlichen Regiment zu vergleichen."

Die Übungen in Quenzsee waren ebenso abgestellt auf die Erprobung der Fähigkeit, sich selbst zu helfen, wie auf militärische Tüchtigkeit. Eine Gruppe von Rekruten erhielt Befehl, die Fingerabdrücke des Polizeichefs von Brandenburg zu beschaffen – ohne dessen Wissen natürlich. Als ersten Versuch arrangierten sie ein Interview, in dessen Verlauf ein junger Offizier wiederholt versuchte, dem Polizeichef ein silbernes Zigarettenetui in die Hand zu drücken; das Interview endete damit, daß der Offizier als verdächtige Gestalt der Gestapo übergeben wurde. Nachdem er vom Kommandanten des Ausbildungslagers befreit worden war, hatte seine Gruppe beim zweiten Versuch Erfolg, indem sie den Polizeichef bei Tag und Nacht beobachtete und die Fingerabdrücke schließlich von seinem Wagen nahm.

Die Übungen wurden im Lauf der Ausbildungszeit zunehmend schwieriger. In einem Fall wurde einer Gruppe von Lehrgangsteilnehmern zur Mittagszeit gesagt, daß sie fünf Stunden Zeit hätten, um zehn uniformierte und bewaffnete Soldaten der Wehrmacht gefangenzunehmen und ins Lager Quenzsee zu bringen. Der Führer der Gruppe raste nach Brandenburg und entlieh unter dem Vorwand, die Insignien für die jährliche Theateraufführung des Lagers zu benötigen, Plaketten und Ärmelstreifen der Feldgendarmerie. Die Mitglieder der Gruppe nähten sich hastig die Ärmelstrei-

fen an, legten die Brustplaketten um und sprangen auf einen Militärlastwagen, mit dem sie zur nächsten Fernstraße rasten. Während kostbare Minuten verstrichen, hielten die Männer der Gruppe verschiedene Fahrzeuge auf, bis ein anderer Militärlastwagen des Weges kam, der Angehörige einer Wachkompanie von Magdeburg nach Berlin brachte. Sie erklärten, daß sie Befehl hätten, die Abteilung samt ihrem Fahrzeug nach Brandenburg umzuleiten. Ihr selbstsicheres und gebieterisches Auftreten duldete keinen Protest, und sie erreichten gerade noch innerhalb der gesetzten Frist mit ihren Gefangenen das Lager.

Solch unkonventionelle Possen und darüber hinaus die ganze Richtung des Ausbildungsprogramms in Quenzsee waren nicht nach dem Geschmack militärischer Traditionalisten. Der Nachdruck, der bei den Brandenburgern auf Individualismus und Unabhängigkeit gelegt wurde, war den aktiven Offizieren des Heeres, die es gewohnt waren, ihren eigenen Truppen strenge Disziplin und blinden Gehorsam abzufordern, naturgemäß zuwider. Aber solange die Brandenburger einen Triumph nach dem anderen einheimsten – und in der ersten Kriegshälfte taten sie es –, hatten sie wenig Anlaß, sich wegen der Gegner in den regulären Heeresverbänden Gedanken zu machen. Ihre Leistungen machten sie unempfindlich gegen Kritik. Später, als sich das Kriegsglück gegen sie ebenso wie die übrige Wehrmacht wendete, sollte es anders werden.

Während des Winters und im Frühjahr 1941 bauten die Brandenburger ihren Ruhm mit Kommandounternehmen auf dem Balkan weiter aus. Als Zivilarbeiter verkleidet, ging eine Anzahl von ihnen nach Rumänien, Ungarn, Bulgarien und Jugoslawien. Sie hatten den Befehl, Kriegsmaterial der Achsenmächte und strategisch wichtige Anlagen gegen mögliche Sabotageakte alliierter Agenten zu schützen. So erhielten die Brandenburger – zumeist im Einvernehmen mit der Regierung des jeweiligen Landes – Arbeitsplätze als Wachmänner auf Ölfeldern, auf ungarischen Güterzügen und Öltankern, die auf der Donau fuhren.

Der Unterlauf der Donau war für die deutschen Operationspläne auf dem Balkan von großer Bedeutung. Nach dem achsenfeindlichen Umsturz in Jugoslawien wurde der Beginn des seit längerem vorbereiteten Balkanfeldzugs in Jugoslawien und Griechenland auf den 6. April 1941 festgesetzt. Wenn die Jugoslawen als naheliegende Sicherheitsmaßnahme die Donau für den Schiffsverkehr sperrten, würde eine wichtige Versorgungsarterie für das Reich wie für die auf dem Balkan vorstoßenden deutschen Streitkräfte unterbrochen. Um den Fluß für die Schiffahrt offenzuhalten, wurden Brandenburger, getarnt als Personal der Donau-Dampfschiffahrtsgesellschaft, in den ungarischen und rumänischen Häfen entlang der jugoslawischen Grenze stationiert.

Die stärkste Abteilung – rund 54 Mann vom II. Bataillon des Regiments – wurde nach Orschowa in Rumänien entsandt, wo die Donau das Eiserne Tor durchströmt, ein enges Durchbruchstal zwischen steilen, bis 800 Meter hohen Bergrücken. Dort konnte der Fluß am leichtesten gesperrt werden. Die sich als Seeleute, Hafen-

Im Zusammenhang mit der geplanten Landung in England üben deutsche Spezialeinheiten 1940 im besetzten Frankreich eine Flußüberquerung.

Hauptmann Hans-Jochen Rudloff inspiziert das zum Appell angetretene III. Bataillon des Regiments Brandenburg. „Es wurde so etwas wie ein exklusiver Club", sagte ein Brandenburger. „Wir waren hervorragend in Form und zu allem bereit."

arbeiter und Büroangestellte ausgebenden Brandenburger hatten dafür zu sorgen, daß es nicht geschah.

Im März 1941 bemerkte die Abteilung in Orschowa, daß zahlreiche Schleppkähne am jugoslawischen Ufer in verdächtiger Nähe zum Eisernen Tor festgemacht wurden. Unteroffizier Hans-Jürgen Frey arbeitete als Matrose auf einem kleinen, in Orschowa stationierten Kohlenschiff. „Wir dachten, die Schleppkähne würden wahrscheinlich verwendet, um den Fluß in dieser oder jener Weise zu sperren", berichtete er. „Entweder würden sie mit Zement beladen und in der Fahrrinne versenkt oder mit Sprengstoff vollgepackt und an einer Uferpartie in die Luft gejagt, wo die Felswand ins Wasser stürzen würde."

Anfang April spielten die Brandenburger eine taktische List aus, um die Jugoslawen zu einem Nachlassen ihrer Wachsamkeit um die Schleppkähne zu verleiten: Sie verließen Orschowa und sorgten dafür, daß ihre Abreise von jugoslawischen Agenten in der Stadt beobachtet wurde. In Mehadia, 30 Kilometer nördlich des Flusses, vereinigte die Abteilung sich mit dem Rest des II. Bataillons, das am Tag vorher eingeflogen und auf einem Behelfsflugplatz gelandet war. Am Abend des 5. April, dem Vorabend des deutschen Angriffs auf Jugoslawien, fuhr das Bataillon in einer Fahrzeugkolonne zurück zum Ufer der Donau. Ziel war eine menschenleere, waldige Gegend über dem felsigen Donaudurchbruch, einige Kilometer flußabwärts von Orschowa.

Die Brandenburger, nun in feldgrauen Heeresuniformen, seilten sich im Schutz der Dunkelheit über die steilen Felswände ab. „Es regnete stark, und die Nacht war so schwarz, wie sie nur sein konnte", erinnerte sich Frey. „Als wir uns die schlüpfrige Felswand hinunterließen, hatte es manchmal den Anschein, als würden wir nie unten ankommen."

Am Flußufer zogen sie kleine Boote hervor, die sie vorher zwischen Felsen und Gebüsch hatten verstecken lassen. Dann ließen sie sich nieder, um zu warten. Kurz vor 3.00 Uhr früh bestiegen sie die Boote und paddelten leise stromauf. Kurz vor ihrem Ziel gingen sie am jugoslawischen Ufer an Land und stürmten den Flußhafen, ehe das Wachpersonal begriff, was gespielt wurde. „Jeder wußte genau, was er zu tun hatte", berichtete Frey. „Im Nu hatten wir das Ufer besetzt und bildeten kleine Gruppen, um die Lastkähne zu entern. Ich hatte Glück; meine Gruppe hatte den ersten in der Reihe zu nehmen, und wir waren an Bord, ehe ein Schuß fiel. Sobald wir den Lastkahn unter Kontrolle hatten, hoben wir die Deckel der Ladeluken, um zu sehen, woraus die Ladung bestand. Es war Zement."

Auf der rumänischen Seite wartete bereits ein deutscher Angriffsverband. In weniger als 30 Minuten signalisierten die Brandenburger den Erfolg ihres Unternehmens, und die Truppen am anderen Flußufer begannen sich einzuschiffen.

Anderswo entlang der Front besetzten Abteilungen von Brandenburgern Kraftwerke, Brücken und Bahnübergänge. Volksdeutsche Angehörige der Brandenburger mit besonderen Kenntnissen des Landes standen den über die Grenzen vorstoßenden deutschen Angriffsspitzen als Führer zur Verfügung.

Drei Wochen später war der Balkanfeldzug beendet, und im Juni 1941 wurde das Lehrregiment Brandenburg für das bislang ehrgeizigste Unternehmen des Führers eingespannt: *Barbarossa,* den Angriff auf die Sowjetunion. Für dieses militärische Abenteuer hatte Hitler drei Heeresgruppen gebildet – Heeresgruppe Nord, Heeresgruppe Mitte und Heeresgruppe Süd –, die mit mehr als 2400 Panzern, 2000 Flugzeugen und rund 3 000 000 Mann antraten. Einheiten der Brandenburger fiel wieder die Aufgabe zu, strategisch wichtige Brücken und Anlagen zu nehmen und bis zum Eintreffen der Voraustruppen zu halten.

Am Abend des 21. Juni, während Canaris bei Horcher speiste, dem elegantesten Restaurant in Berlin, traten die ersten Abteilungen der Brandenburger in Vorbereitung des für 3.15 Uhr am folgenden Morgen festgesetzten Angriffs in Aktion. Leicht bewaffnet und ausgerüstet, größtenteils in sowjetischen Uniformen, näherten sich die Kommandotruppen ihren Zielen zu Fuß und mit Booten, Lastenseglern, Fallschirmen und Lastkraftwagen. Die deutsche Offensive in Rußland stellte für das Lehrregiment Brandenburg den Höhepunkt seiner Existenz dar, denn der Angriffsschwung wurde zu einem guten Teil durch eine Serie von Kommandooperationen aufrechterhalten, von denen jede wagemutiger und verwegener war als die vorausgegangene.

Was schiere Unverfrorenheit betraf, konnten sich nur wenige Operationen mit dem ersten Unternehmen von drei ukrainischen Freiwilligenkompanien vergleichen, die dem II. Bataillon des Regiments zugeteilt waren. Die Kompanien trugen den phantasievollen Namen „Legionärsbataillon Nachtigall", worin eine Anspielung auf ihren talentierten Chor steckte. In den frühen Morgenstunden des 22. Juni, kurz vor dem Beginn des allgemeinen Angriffs, ging das Bataillon Nachtigall mit dem Befehl, die Stadt Przemysl zu besetzen und einen Brückenkopf über den San zu bilden, über die Grenze in die Sowjetrepublik Ukraine. Beide Operationsphasen zielten darauf ab, die Straße nach Osten für die Masse der deutschen Angriffsverbände offenzuhalten. Die Angehörigen der drei Kompanien trugen Wehrmachtsuniformen, um die Sympathien der einheimischen Bevölkerung auszunutzen, die mehr zu den Deutschen als zu den Sowjets neigte.

Auf dem Weg zu ihrem Ziel prallte die Vorhut des Bataillons Nachtigall buchstäblich mit einer sowjetischen Patrouille zusammen. Beide Gruppen waren so überrascht, daß keine von ihnen das Feuer eröffnete. Der Leutnant an der Spitze der Eindringlinge gewann als erster die Fassung zurück und verlangte mit lauter Stimme den kommandierenden Offizier der sowjetischen Patrouille zu sprechen. Dieser, ein Hauptmann, antwortete mit der zögernd vorgebrachten Anregung, daß die Eindringlinge sich ergeben sollten. Unsinn, sagte der deutsche Leutnant bestimmt und erklärte dem anderen, daß seine Männer Sowjetsoldaten seien, die gerade von einer geheimen Mission zurückkehrten; sie trügen deutsche Uniformen, weil sie tief ins deutsche Hinterland hätten vordringen müssen. Aus diesem Grunde hätten seine Männer auch nur deutsche Ausweispapiere bei sich.

Das akzentfreie Russisch des Leutnants bewirkte das Unglaubliche: Der Russe gab sich mit der Erklärung zufrieden, und die beiden Gruppen schlossen sich fröhlich zusammen und marschierten nach Przemysl, das befestigt und von starken sowjetischen Einheiten besetzt war. Der Hauptmann gab den Brandenburgern zuvorkommend freies Geleit in die Stadt. Dann, ehe weitere Fragen gestellt werden konnten, begannen die Luftschutzsirenen zu heulen, und alles lief auseinander, um Deckung zu suchen.

Unmittelbar im Anschluß an den Luftangriff begann die Rote Armee mit der Räumung der Stadt. Die Brandenburger hielten sich verborgen, bis die Masse der sowjetischen Verbände abgezogen war, worauf sie aus ihren Verstecken hervorbrachen, die sowjetische Nachhut im Kampf aufrieben und die Brücke über den San besetzten. Wenige Stunden später rollten die Angriffsverbände der Heeresgruppe Süd über den Fluß und weiter nach Osten.

Als die Rote Armee auf der ganzen Front zurückgetrieben wurde, griffen die Brandenburger zu einer Taktik, die eines ihrer Merkmale wurde: Sie verwendeten sowjetische Beutefahrzeuge, um sich zurückgehenden sowjetischen Kolonnen anzuschließen. Während des deutschen Vordringens durch Lettland, am Nordabschnitt der Ostfront, hängten sich als verwundete Russen verkleidete Brandenburger an die Nachhut der Roten Armee. Sobald die letzten sowjetischen Fahrzeuge die Brücke über die Dwina passiert hatten, warfen die „Verwundeten" ihre Verbände ab, töteten die mit den Vorbereitungen zur Brückensprengung beschäftigten russischen Pioniere und hielten die Brücke, bis die deutschen Panzerspitzen eintrafen. Diese List der Brandenburger machte es der deutschen Heeresgruppe Nord möglich, ihren Stoß auf Riga, die Hauptstadt Lettlands und gleichzeitig dessen größter Hafen, ohne Zeitverlust und Kräfteverschleiß fortzusetzen.

Anderswo drangen Brandenburg-Trupps im Zuge von Fernaufklärungs- und Sabotageoperationen Hunderte von Kilometern weit ins feindliche Hinterland ein. In ihrem Bestreben, wertvolle aktuelle Informationen über Truppenbewegungen des Feindes zu sammeln, suchten diese Trupps geradezu den Kontakt mit Einheiten der Roten Armee, statt ihn zu meiden.

Die Tarnungen der Brandenburger waren notwendigerweise so narrensicher, wie Scharfsinn und Erfindungsgabe sie nur machen konnten. Ihre russischen Uniformen stammten aus Beutebeständen und waren authentisch bis zum letzten Knopf; ihre nachgemachten Briefe von russischen Ehefrauen und Freundinnen waren sogar an die richtigen Feldpostnummern adressiert. Für manche Brandenburger, die sich mit ihren Einheiten unter sowjetischen Soldaten bewegten, stellte die Sprache jedoch ein gefährliches Problem dar. Angehörige der Truppe, die nicht fließend genug Russisch sprachen, um als Einheimische durchzugehen, versuchten sich häufig zu schützen, indem sie sich als Verwundete ausgaben; sie bandagierten ihre Köpfe und simulierten entweder Bewußtlosigkeit oder stöhnten laut, um Befragungen durch die Russen zu entgehen.

Andere gaben vor, Angehörige völkischer Minderheiten in der Sowjetunion zu sein, die nicht Russisch sprachen – ein Kniff, der sie bisweilen in unangenehme Situationen brachte. Auf diese Weise geriet eine Abteilung Brandenburger an einem sowjetischen Kontrollpunkt im Kaukasus in Schwierigkeiten. Die Abteilung fuhr in einem Lastwagen der Roten Armee und gab sich als erschöpfte Nachzügler von der Front aus. Offenbar hielt man sie für Deserteure der Roten Armee, denn sie wurden aufgefordert, vom Wagen zu klettern und sich auszuweisen. Während sie am Straßenrand standen, kam ein mißtrauischer Kommissar herüber, um die Männer nach ihrer Identität zu befragen. Das Unglück wollte es, daß er das Wort an einen jungen Unteroffizier aus Hamburg richtete, der kein Wort Russisch sprach.

Als Serben verkleidete Brandenburger während eines Einsatzes in Jugoslawien. Das „Abwehrzivil" war bei der Arbeit im Feindesland ebenso unerläßlich wie Beherrschung der jeweiligen Landessprache. „Wir lernten, jederzeit darauf zu achten, daß die Tarnung vollkommen war", erinnerte sich einer.

Der Führer der Brandenburger kam ihm schnell zu Hilfe. „Aus diesem Burschen werden Sie nicht viel herausbekommen, Genosse Kommissar", sagte er. „Er ist nämlich Armenier." Der Kommissar aber war ein echter Armenier und begann in seiner Muttersprache auf den jungen Deutschen einzureden. Als er keine Antwort bekam, zog er die Pistole. Der deutsche Offizier war um einen Sekundenbruchteil schneller und schoß den Kommissar nieder. Es war zugleich das Signal zu allgemeiner Aktion. Die Brandenburger hatten viele Male geübt, was in solcher Lage zu tun war; nun schossen sie wild in alle Richtungen, um einander Feuerschutz zu geben, kletterten auf ihren bereits anrollenden Lastwagen und brausten davon, ehe die Russen am Kontrollpunkt auch nur die Köpfe zu heben wagten.

Zuweilen erwies sich Patriotismus für die Brandenburger als ebenso problematisch wie die Sprache. Am 29. Juni 1941 war das Bataillon Nachtigall vor der Stadt Lemberg in Stellung gegangen und hatte Befehl, dort in Reserve zu bleiben, bis die 1. Gebirgsdivision am folgenden Tag einen Großangriff auf die Stadt führen würde. Die ukrainischen Soldaten des Bataillons Nachtigall befanden sich jedoch in einem Zustand starker Erregung. Aus Lemberg waren Informationen durchgesickert, nach denen die Sowjets dort schreckliche Greueltaten an der prodeutschen ukrainischen Bevölkerung verübten und daß im NKWD-Gefängnis Massenhinrichtungen stattfanden. Diese Nachrichten waren für die ungestüm patriotischen Ukrainer des Bataillons Nachtigall unerträglich.

Oberleutnant Albrecht Herzner, der Kommandeur des Bataillons Nachtigall, befürchtete, daß die Truppe ihm durchgehen würde, wenn er sie nicht rasch handeln ließe, und suchte um Erlaubnis nach, die Stadt noch vor dem Hauptangriff stürmen zu dürfen. Zu seiner großen Erleichterung wurde die Erlaubnis hierfür erteilt. Innerhalb von 20 Minuten war das Bataillon zum Angriff bereit. Die Soldaten führten ein bunt zusammengewürfeltes Sortiment von Waffen mit sich; einige von ihnen sollen sogar Messer zwischen den Zähnen gehalten haben.

Gegen 23.00 Uhr brausten die Ukrainer in Lastkraftwagen des I. Brandenburg-Bataillons durch die deutschen Linien und auf Lemberg zu. Als sie die vorderste russische Verteidigungslinie erreichten, gab es kein Halten mehr. Ohne sich um das Abwehrfeuer zu kümmern, rasten sie mit schaurigem Gebrüll auf die Russen zu und durchbrachen die Verteidigung. Die schiere Wut trug sie durch eine Stellung nach der anderen vorwärts.

Hauptziel des Angriffs war die Befreiung ihrer Landsleute aus dem NKWD-Gefängnis. Sie kamen zu spät. Als sie die Gefängnistore aufsprengten, bot sich ihnen ein erschreckender Anblick. Hunderte von Gefangenen lagen tot über den Innenhof verteilt, niedergemäht von Maschinengewehren. Dieser Anblick trieb die Ukrainer zu wilder Raserei. Den Rest der Nacht durchkämmten sie die Straßen Lembergs und machten jeden sowjetischen Soldaten nieder, den sie finden konnten. Einheiten der deutschen Wehrmacht folgten ihrer blutigen Spur und besetzten unauffällig und effizient die Schlüsselpositionen.

Am Morgen des 30. Juni drangen die Nachtigall-Soldaten in den Rundfunksender Lemberg ein und verbreiteten eine Proklamation, in der die Bildung eines freien und unabhängigen Staates Westukraine verkündet und die von den Russen verübten Greueltaten als Begründung für die Loslösung von der Sowjetunion genannt wurden. Es war ein mutiger Versuch, die Initiative zu ergreifen, aber er war von Anfang an zum Scheitern verurteilt; das Reich dachte nicht daran, innerhalb der eroberten Territorien die Gründung „freier und unabhängiger Staaten" zu erlauben. Aber das Bataillon Nachtigall war sich dessen nicht bewußt.

In ihrem begeisterten Patriotismus zeichneten sich die Nachtigall-Soldaten auch weiterhin während des Vordringens der Wehrmacht durch die Ukraine aus. Bei Winniza, wo Verbände der Roten Armee sich im Schutz eines ausgedehnten Waldgebiets verschanzt hatten, erhielt ein Zug des Bataillons Nachtigall den Auftrag, als russische Partisanen verkleidet das Hauptquartier der sowjetischen Kampfgruppe ausfindig zu machen.

Nachdem sie in das Waldgelände eingesickert waren, stellten die Männer Verbindung mit einer Gruppe von echten Partisanen her und wurden von diesen prompt zu einer Mahlzeit eingeladen. Die Nachtigall-Leute erzählten ihren Gastgebern, daß sie von der deutschen Vorhut überrollt worden seien, sich durch die Linien zurückgekämpft hätten und sich wieder der Roten Armee anschließen wollten. Die echten Partisanen boten sich an, ihnen zu helfen, und führten sie zum Hauptquartier der sowjetischen Verbände. Dort verhörte man sie argwöhnisch mehrere Stunden lang, gab sich aber zuletzt mit ihrer Geschichte zufrieden. In der gleichen Nacht funkte einer der Ukrainer mit einem eigens für solche Zwecke entwickelten Mini-Sender heimlich ihre Position zum Bataillonsgefechtsstand der Brandenburger am Rand des Waldgebiets. Am nächsten Tag stieß das Bataillon überraschend vor, nahm das russische Hauptquartier im Handstreich und hielt es, bis Vorausabteilungen des Heeres eintrafen.

Die Operation bei Winniza war die letzte größere Mission des Legionärsbataillons Nachtigall. Ihre Deklaration eines „Freien Westukrainischen Staates" war in Berlin mit äußerstem Unwillen aufgenommen worden, und das durch Führererlaß vom 17. Juni 1941 gebildete Reichsministerium für die besetzten Ostgebiete übernahm die staatliche Verwaltung auch in der Westukraine. Die desillusionierten Ukrainer des Bataillons Nachtigall verloren die Lust am Kampf, und Ende 1941 wurde die Gruppe für „unzuverlässig" erklärt und aufgelöst.

Der Erfolg der Brandenburger an der Ostfront wurde von Hitler dankbar gewürdigt. Weniger erfreut war er über Ereignisse anderswo. Insbesondere begann die Häufigkeit alliierter Kommandounternehmen entlang der französischen Küste den Führer mehr und mehr zu irritieren. Wiederholt diskutierte er mit der militärischen Führung eingehend Möglichkeiten zur Verbesserung der Küstenüberwachung und zur Abwehr von Handstreichunternehmen.

Besonders beunruhigte Hitler, daß die Agenten der Abwehr keinerlei Informationen über alliierte Kommandounternehmen lieferten. Tatsächlich waren alle in England operierenden Abwehragenten vom britischen Geheimdienst gefangengenommen und hingerichtet oder zu Doppelagenten „umgedreht" worden; die Folge war, daß sie keine brauchbaren Informationen über Kommandooperationen, strategische Planungen oder andere wichtige Vorhaben lieferten. Hitler beklagte sich bitter über die schlechten Leistungen der in England operierenden Geheimdienste und äußerte sogar den Verdacht, daß die Abwehragenten möglicherweise vom Feind gesteuert würden. Dies sei um so bedauerlicher, als der deutsche Machtbereich von England nur durch einen „Graben" von 37 Kilometer Breite getrennt sei. Vieles von dem, was er wisse, sagte er, müsse er „den Zeitungen entnehmen".

Canaris, der für Spionageoperationen verantwortlich war, geriet immer häufiger ins Visier des Führers, dessen Unzufriedenheit mit den Leistungen im weiteren Verlauf des Krieges ständig größer wurde. Und in dem Maße, wie Canaris die Gunst der obersten Führung einbüßte, verblaßte auch der Ruhm seiner Brandenburger.

An der Ostfront hatte sich eine für Hitler enttäuschende Wende vollzogen. Angriffsoperationen der erschöpften, durch ungünstige Witterungsverhältnisse und Nachschubschwierigkeiten behinderten deutschen Divisionen blieben im Dezember 1941 stecken. Der Angriff auf Moskau schlug fehl, und die deutschen Verbände waren gezwungen, einen qualvollen Winter voll harter Abwehrkämpfe durchzustehen, häufig ohne ausreichenden Schutz gegen den klirrenden Frost. Hitler hatte die frühzeitige Bereitstellung warmer Winterkleidung für die Soldaten mit der Begründung abgelehnt, daß die Russen geschlagen sein würden, ehe der Sommer vorüber wäre – eine Einschätzung, die zu Beginn der Operationen vom Generalstab des Heeres geteilt worden war. Nun erlitten zahlreiche Soldaten, die dem russischen Feuerhagel entgangen waren, den Tod durch Erfrieren.

Verzweifelt bemüht, die Initiative wieder an sich zu reißen, unterrichtete Hitler seine Generäle im April 1942, daß eine neue Offensive zur Wolga und gegen den Kaukasus geplant sei, um die Sowjetunion von ihren lebenswichtigen Ölfeldern abzuschneiden. Das Lehrregiment Brandenburg wurde der Heeresgruppe Süd zugeordnet, und im Juni legten Einheiten der Brandenburger wieder ihre nun schon vertrauten russischen Uniformen an, um den Vorstoß zum Don vorzubereiten. Der Kampfauftrag lautete auch diesmal, die Straßen für die nachfolgenden Heeresverbände offenzuhalten, Flußübergänge zu sichern und die Zerstörung strategisch und wirtschaftlich wichtiger Anlagen zu verhindern.

Im Juli kam eine seltsame kleine Privatarmee im Rahmen der Brandenburger erstmals zum Einsatz. Sie wurde befehligt vom Baron Adrian von Fölkersam, dem Enkel eines russischen Admirals. Fölkersam sprach fließend Russisch (ebenso wie Französisch und Englisch), hatte in Berlin und Wien Volkswirtschaft studiert und wurde im Alter von 27 Jahren allgemein als der verwegenste Offizier im Lehrregiment Brandenburg betrachtet.

Im Frühjahr 1942 hatte Fölkersam aus dem Reservoir der Brandenburger eine aus 62 Russisch sprechenden Baltendeutschen bestehende Sondereinsatzgruppe aufgestellt und ausgebildet. Er nannte sie „den wilden Haufen" und plante sie weiter hinter die russischen Linien zu führen, als irgendeine andere Einheit der Brandenburger bis dahin je gekommen war. Im Juli erhielten die Männer ihren ersten Auftrag: Sie sollten nach Maikop im Norden des Kaukasus vordringen und verhüten, daß die Ölförderanlagen zerstört würden, ehe die deutschen Truppen sie besetzen konnten.

In Uniformen des NKWD schlüpften Angehörige der Sondereinheit im Schutz der Dunkelheit durch die sowjetischen Linien und fuhren mit Beutefahrzeugen nach Maikop. Am Nachmittag ihres ersten Tages im Feindgebiet stießen Fölkersam und seine Männer auf ein großes Lager von Deserteuren der Roten Armee. Fölkersam hielt an, um mit ihnen zu reden, und erfuhr, daß sie beabsichtigten, zur deutschen Seite überzulaufen.

Zur Verblüffung seiner Kameraden hielt Fölkersam eine aufrüttelnde Rede, in der er die entmutigten Rotarmisten aufforderte, den

Das Bataillon Nachtigall, das aus drei Kompanien ukrainischer Freiwilliger bestand, die den Brandenburgern angeschlossen waren, befindet sich im Sommer 1941 auf seinem Vormarsch nach Lemberg, dessen antisowjetische Bevölkerung sie als Befreier begrüßte. Als die Truppe kaum einen Monat nach der Einnahme Lembergs aus der Stadt abgezogen und durch reguläre deutsche Besatzungstruppen und eine deutsche Zivilverwaltung abgelöst wurde, waren nach Aussage des deutschen Bataillonskommandeurs die Ukrainer „niedergeschmettert, daß ihr Freiheitskampf nicht zur Gründung eines eigenen Staates geführt hatte."

Kampf um Mütterchen Rußland und Stalin zuliebe fortzusetzen. Seine eindrucksvolle Ansprache veranlaßte eine beträchtliche Zahl der Deserteure, sich wieder auf ihren Treueid auf die Sowjetunion zu besinnen. Freudig erklärten sie sich bereit, Fölkersam zu folgen. Auch er war erfreut. Er hatte sofort erkannt, daß die sowjetischen Soldaten seiner Gruppe die perfekte Gelegenheit liefern würden, sich nach Belieben frei im russischen Hinterland zu bewegen. Was konnte weniger verdächtig sein als eine Einheit von NKWD-Männern an der Spitze einer zusammengewürfelten Schar versprengter Sowjetsoldaten?

Am Morgen des 2. August schlossen sich die Brandenburger und ihr zahlreiches Gefolge einer auf der Straße nach Maikop zurückgehenden russischen Kolonne an. An einer Brücke über die Bahnlinie außerhalb der Stadt stießen sie auf eine Abteilung echter NKWD-Männer, die den Verkehr regelten. Fölkersam, der die Uniform eines NKWD-Majors trug, sah Gelegenheit für einen seiner charakteristischen unverfrorenen Auftritte. Er ließ seinen Lastwagen kurzerhand halten, stieg aus und ging auf einen NKWD-Offizier zu, der sich bemühte, das Durcheinander der zurückflutenden sowjetischen Truppenteile zu entwirren.

„Also sind Sie endlich gekommen", sagte der Russe. „Na, jetzt brauche ich Sie nicht mehr. Machen Sie die Straße frei." Der deutsche Offizier konnte nicht wissen, worauf der Russe anspielte und sah auch keine Notwendigkeit, Fragen zu stellen. Erleichtert kam Fölkersam der Aufforderung nach, stieg wieder ein und fuhr weiter in Richtung Maikop.

In der Stadt hielten die Brandenburger vor dem Gebäude des NKWD-Hauptquartiers, und Fölkersam ging hinein, um, wie er sagte, „Meldung zu machen". Er stellte sich einem anwesenden sowjetischen General als „Major Truchin aus Stalingrad" vor und berichtete, daß er ein größeres Kontingent versprengter Soldaten von der Desertion abgebracht und in die Stadt geführt habe. Der General hatte bereits Nachricht von der Tat erhalten; er beglückwünschte Fölkersam zu seinem besonnenen und rechtzeitigen Handeln und versprach dafür zu sorgen, daß seine Vorgesetzten in Moskau davon unterrichtet würden. Einstweilen bot er Fölkersam und seinen Männern Unterkunft in Privatquartieren an; weitere Fragen wurden nicht gestellt.

Am gleichen Abend wurden Fölkersam und sein „Adjutant", ein junger deutscher Offizier namens Franz Koudele, vom General zu einem Umtrunk eingeladen. Beim Wodka fragte Fölkersam, ob er am kommenden Morgen die Verteidigungsanlagen der Stadt inspizieren dürfe, und der General erklärte sich bereit, ihn persönlich durch Maikop zu führen.

Am nächsten Tag erhielt der Brandenburger die versprochene Stadtbesichtigung und war zutiefst beunruhigt über das, was er sah. Die Russen hatten in dem Abschnitt, auf den nach Fölkersams Einschätzung der Hauptstoß des deutschen Angriffs zielen würde, schwere Artillerie und eine große Zahl Panzer zusammengezogen. Als der General ihn nach seiner Ansicht fragte, sprach Fölkersam sich in taktvollen Wendungen für ein Auseinanderziehen der Verteidigung für den Fall aus, daß der Angriff auf breiterer Front erfolgte. Der General pflichtete ihm bereitwillig bei und beschloß, seine Artillerie zu verteilen.

Während der nächsten fünf Tage durchstreiften die Brandenburger in ihren NKWD-Uniformen ungehindert die Stadt und machten sich mit den Verteidigungseinrichtungen und den nahe gelegenen Ölfeldern vertraut. Am 8. August wurde gemeldet, daß die deutschen Panzerspitzen bis auf 20 Kilometer an die Stadt herangekommen seien. Am Abend hörte Fölkersam das entfernte Poltern und Grollen der Panzerkanonen, und alle Fenster der Stadt klirrten unter den dröhnenden Salven der antwortenden russischen Artillerie.

Fölkersam rief seine Männer in dem Haus zusammen, wo er einquartiert war, und gab ihnen letzte Instruktionen. In kleine Gruppen aufgesplittert, hatten sie ein Höchstmaß an Verwirrung unter den sowjetischen Verteidigern der Stadt zu erzeugen und vor allem zu verhindern, daß die Ölfördereinrichtungen gesprengt würden. Im Anschluß an die Befehlsausgabe trennten sich die Brandenburger, um ihre verschiedenen Aufgaben zu erfüllen.

Die Straßen der Stadt waren verstopft von einem wirren Durcheinander von Flüchtlingen, abrückenden Stäben, Truppenverstärkungen, Militärlastwagen und Rotarmisten, die sich auf eigene Faust aus der Stadt davonmachten. Fölkersam und sein Trupp begaben sich zum NKWD-Hauptquartier, um den General zu suchen, der so freundlich gewesen war. Sie stellten fest, daß der General und sein Stab die Stadt schon verlassen hatten. Ihre Abwesenheit hatte bereits Plünderer angelockt, die das Gebäude nach brauchbaren Dingen durchsuchten.

Das nächste Ziel von Fölkersams Trupp war ein isoliert stehendes Haus am nördlichen Stadtrand, wo die Rote Armee ihre Fernmeldezentrale untergebracht hatte. Von hier wurde das Netz der Feldtelephonleitungen geschaltet, die das gesamte Frontgebiet mit dem Hauptquartier des Abschnitts verbanden. Die Fernmeldezentrale wurde jedoch nur nachlässig bewacht, und Fölkersam beeilte sich, diese Unzulänglichkeit auszunutzen.

Auf seinen Befehl umstellten die Brandenburger, in die Schlagschatten entlang den Wänden gedrückt, in aller Stille das Haus. Dann, auf ein Signal von ihm, warfen sie Handgranaten in alle Fenster. Aus dem Gebäudeinnern drang eine Serie von Explosionen; schwarze Rauchwolken quollen aus dem Dach. Fölkersam beobachtete mit Befriedigung, daß das Haus innerhalb weniger Augenblicke so aussah, als hätte es einen Volltreffer von einer Artilleriegranate erhalten.

In Begleitung eines Adjutanten überqueren SS-Sturmbannführer Otto Skorzeny (links) und Stabschef der SS-Jagdverbände Adrian von Fölkersam (rechts) einen Platz in Budapest, wo ihr Bataillon an der Absetzung des Reichsverwesers Horthy und an der Machtübernahme durch die prodeutsche Regierung Szalasi beteiligt war. Sie geleiteten Horthy nach Deutschland, wo er interniert wurde.

Die falschen NKWD-Männer rannten fort, bevor sie als Saboteure enttarnt werden konnten, und machten sich auf den Weg zur Front. Fölkersam verließ sich jetzt nicht nur auf die Autorität seines Ranges als NKWD-Offizier, sondern auch auf den Umstand, daß er während der vergangenen Tage häufig in der Gesellschaft des sowjetischen Generals gesehen worden war. Er baute darauf, daß er Befehle erteilen könnte, ohne Mißtrauen zu erregen.

In der ersten Abwehrstellung, die er erreichte, heuchelte Fölkersam Überraschung darüber, daß er sie noch bemannt vorfand. „Warum lassen Sie noch feuern?" fragte er den kommandierenden Sowjetoffizier. „Wissen Sie nicht, daß Befehl zum allgemeinen Rückzug in Auffangstellungen hinter der Stadt ergangen ist? Lassen Sie Ihre Leute abrücken, bevor die Stadt eingekesselt wird, aber sehen Sie zu, daß weder Waffen noch Gerät in feindliche Hände fallen. Beeilen Sie sich." Der Trick wirkte; der Offizier gab Befehl, die Stellung zu räumen, und hastig begannen die Soldaten ihre Habseligkeiten zusammenzuraffen.

In der nächsten Stellung versuchte Fölkersam es noch einmal, doch hatte er es diesmal mit einem hartnäckigen und argwöhnischen Sowjetoffizier zu tun, der darauf beharrte, daß er die Stellung erst räumen könne, nachdem er eine Bestätigung des Rückzugbefehls erhalten hätte. Da Fölkersam wußte, daß die Fernmeldezentrale zerstört war, forderte er den Offizier auf, seinen Bataillonskommandeur anzurufen. Wie erwartet, entdeckte der Offizier, daß die Leitung tot war, und sah sich dadurch gezwungen, sich mit Fölkersams Wort zufriedenzugeben.

Zur gleichen Zeit hatten die Brandenburger eine weitere wichtige Fernmeldeverbindung an sich gebracht. Koudele hatte den Auftrag erhalten, das städtische Telegraphenamt in Besitz zu nehmen und es notfalls mit Gewalt zu besetzen, sollten seine Überredungskünste versagen. Wie sich zeigte, war der Major der Roten Armee, dem das Telegraphenamt unterstand, nicht geneigt, mit dem NKWD zu streiten. Als Koudele hereinmarschierte und ihm sagte, die Stadt werde geräumt, versuchte der Major die Fernmeldezentrale der Armee anzurufen, erhielt keine Antwort und mutmaßte, daß sie bereits evakuiert sei. Er und sein Stab schlossen sich eilig den Flüchtlingen an, die südwärts aus der Stadt strömten, und ließen die Brandenburger im Besitz einer Telegraphenzentrale, die den gesamten Telegraphenverkehr im Nordkaukasus kontrollierte.

Als Meldungen und Anfragen aus allen Richtungen eingingen, darunter viele von verschiedenen Divisionshauptquartieren, erteilten Koudele und seine Männer die immer gleiche Auskunft: „Ich kann Sie nicht mehr verbinden. Die Stadt wird geräumt."

Die Fernmeldeverbindungen waren in einem völlig chaotischen Zustand, und unter den russischen Verbänden und Dienststellen brach alle Ordnung zusammen. Truppenteile, die sich unter Fölkersams Anweisungen von der Front absetzten, trafen mit vorrückenden Verstärkungen zusammen. Offiziere riefen einander und ihren Männern widersprüchliche Befehle zu. Niemand wußte, was geschah, aber die allgemeine Neigung zum Rückzug war stark: Niemand wollte an der Front zurückbleiben und dem deutschen Ansturm allein die Stirn bieten.

Auf den Ölfeldern bei Maikop standen sowjetische Ingenieure und Pioniere bereit, Förderanlagen, Pumpen und Tanklager zu sprengen. Brandenburger rasten in NKWD-Fahrzeugen von einer Förderanlage zur anderen und gaben Befehle aus, die Sprengungen aufzuschieben. Indem sie erklärten, im Auftrag des Generals zu handeln, gelang es ihnen, viel Zerstörung zu verhindern, obwohl der anschwellende Schlachtenlärm keinen Zweifel daran ließ, daß die Deutschen dem Erdölgebiet gefährlich nahe kamen.

Nur im Vorort Maksde versagte die Taktik der Brandenburger. Der verantwortliche Ingenieur auf dem Ölfeld von Maksde, unfähig, mit seinem Feldtelephon eine Verbindung herzustellen, sendete einen Funkspruch an das Telegraphenamt in Maikop und erhielt von den dort diensttuenden Brandenburgern die Auskunft, daß die Stadt geräumt werde. Darauf wartete er nicht länger und gab seinen Leuten Anweisung, mit den Sprengungen der Anlagen zu beginnen. Die Explosionen aber waren für die Sprengkommandos auf den benachbarten Ölfeldern das Signal zum Handeln, und die meisten Förderanlagen um Maksde wurden zerstört.

Der Verlust vermochte den Leistungen der Brandenburger jedoch kaum Abbruch zu tun. Am Morgen des 9. August 1942 erreichten deutsche Voraustruppen den Stadtrand von Maikop und waren verblüfft, auf nur schwachen Widerstand zu stoßen. Bis Mittag war die Stadt in deutscher Hand. Ihre Einnahme hatte dank der außerordentlichen nächtlichen Vorarbeit Fölkersams und seiner Leute nur geringe Verluste gefordert.

Im Herbst 1942 kam der deutsche Vormarsch an der Kaukasusfront jedoch zum Stehen. Die Fronten waren überdehnt, die Kräfte reichten nicht mehr zur Einnahme des großen Erdölgebiets von Baku, zumal Hitler nunmehr entschied, den Frontabschnitten bei Stalingrad und Leningrad Priorität einzuräumen. Angesichts unzureichender Versorgung mit Reserven, Panzern, Artillerie, Treibstoff und Munition kam die deutsche Offensive im Süden der Sowjetunion zum Erliegen. Als es überdies bis zum Wintereinbruch nicht gelang, den sowjetischen Widerstand in und um Stalingrad zu brechen und auch das eingeschlossene Leningrad weiter aushielt, war die deutsche Wehrmacht gezwungen, entlang der ganzen Ostfront zur Defensive überzugehen.

Mit dem Ende der Offensive in Rußland aber versiegte auch die Nachfrage nach Kommandounternehmen speziell ausgebildeter Sondereinheiten im feindlichen Hinterland. Die ruhmreichen Tage der Brandenburger waren vorüber. Es gab Pläne, deren Verwirklichung den Fortbestand der Truppe in ihrer bisherigen Form hätte sichern können: Die allgemeine Dienstanweisung für das Lehrregiment Brandenburg sah vor, daß den Kommandoeinheiten nicht nur bei Angriffsoperationen, sondern auch während Rückzügen eine besondere Rolle zukommen sollte. Danach hätten sich die Brandenburger im Fall eines Rückzugs vom Feind überrollen lassen sollen, um sein Vordringen dann durch Operationen in seinem rückwärtigen Gebiet zu verhindern. Aber sie erhielten niemals Gelegenheit, diese Pläne in die Tat umzusetzen.

Im Oktober 1942 befahl das Oberkommando der Wehrmacht, daß das Lehrregiment Brandenburg auf Divisionsstärke gebracht und an der Ostfront eingesetzt werde, wo es vor allem an Eingreifreserven fehlte. Während der schweren Abwehrschlachten des folgenden Winters wurden die Brandenburger immer wieder als Feuerwehr an kritischen Punkten der Front eingesetzt, und viele Angehörige des Regiments wurden in diesen infanteristischen Einsätzen getötet oder verwundet.

Früher einmal hatte Canaris sich das Recht vorbehalten, über den Einsatz der Brandenburger zu entscheiden, aber nun mußte er ohnmächtig der allmählichen Auflösung dieser Spezialtruppe zusehen. Die fragwürdigen Leistungen der Abwehr als nachrichtendienstliche Organisation hatten die Glaubwürdigkeit des Admirals untergraben. Innerhalb der einflußreichen engeren Umgebung Hitlers betrachtete man Canaris mit wachsender Geringschätzung, und der Führer selbst ließ sich mit ironischen Wendungen über den Abwehrchef aus. Canaris erwiderte die Geringschätzung insgeheim; obwohl er ein glühender deutscher Patriot war, hatte er die Überzeugung gewonnen, daß die Nationalsozialisten das Vaterland in den Untergang führten. So hatte er die Abwehr zu einem Zufluchtsort für Gegner des Nationalsozialismus gemacht, von denen nicht wenige gegen Hitler konspirierten.

Als Canaris in Ungnade fiel, beeilten sich seine Gegner in der NS-Führung, denen die parteifeindlichen Tendenzen innerhalb der

Amerikanische Militärpolizei bewacht zwei gefangene Deutsche, die während der Ardennenoffensive in amerikanischen Uniformen hinter den alliierten Linien operiert hatten. Die deutschen Saboteure verbreiteten so viel Verwirrung, daß – Generalleutnant Omar N. Bradley zufolge – „eine halbe Million GIs jedesmal, wenn sie einander begegneten, miteinander Katz und Maus spielten".

Abwehr nicht verborgen geblieben waren, seine Domäne zu beschneiden. Reichsführer SS Heinrich Himmler war auf Canaris' „Privatarmee" immer eifersüchtig gewesen. Nun, da der Stern des Abwehrchefs im Sinken war, ergriff Himmler, der mit Gestapo und SD bereits über Organisationen verfügte, welche der Abwehr im nachrichtendienstlichen Bereich Konkurrenz machten, die Gelegenheit zur Erweiterung des eigenen Machtbereichs: Anfang 1943 rief er eine eigene Kommandotruppe ins Leben, die die Brandenburger für den Rest des Krieges in den Schatten stellen sollte.

Die neue Truppe wurde von Otto Skorzeny befehligt, einem Offizier der Waffen-SS. Seine Kommandotruppe wuchs von einer Kompanie rasch auf Bataillonsstärke und bekam viel Zulauf aus den Reihen der unzufriedenen Brandenburger. Adrian von Fölkersam war einer der ersten, die sich um eine Übernahme in die neue Truppe bewarben. „Er erzählte mir, daß unter den Brandenburgern große Unzufriedenheit herrsche", erinnerte sich Skorzeny. „Die Division wurde nicht mehr für Sonderaufgaben eingesetzt, sondern als Lückenbüßer an verschiedenen Frontabschnitten – eine Rolle, die jede andere Division genausogut hätte übernehmen können."

Während die Brandenburger an der Ostfront begraben wurden – viele von ihnen buchstäblich –, wuchs der Ruhm von Skorzenys Sondereinheit zusehends. Im September 1943 verblüffte sie die Welt mit einem kühnen Handstreich zur Befreiung des abgesetzten italienischen Diktators Benito Mussolini aus einem Berghotel in den Abruzzen, wo er von der zu den Alliierten übergegangenen Badoglio-Regierung gefangengesetzt worden war. Im Juli 1944 halfen Skorzenys Männer nach dem Attentat auf Hitler bei der Niederschlagung des Staatsstreichversuches in Berlin. Im Oktober nahmen sie den ungarischen Reichsverweser, Admiral Nikolaus Horthy von Nagybanya, in Schutzhaft, nachdem er einen Sonderfrieden mit den Alliierten angestrebt hatte, und brachten ihn nach Bayern, während in Ungarn die prodeutsche Regierung Szalasi die Macht übernahm. Und im Dezember führten Skorzeny und seine Männer während der deutschen Ardennenoffensive Operationen von der Art durch, wie die Brandenburger sie im Osten vorexerziert hatten. In amerikanischen Uniformen sickerten Englisch sprechende Kommandoeinheiten unter Skorzenys Führung durch die alliierten Frontlinien hindurch, leiteten amerikanische Verstärkungen und Nachschubkolonnen um und richteten Verwirrung an.

Die Division Brandenburg hatte während des Jahres 1943 den Charakter eines Sonderverbandes mehr und mehr eingebüßt, und damit auch einen Teil ihres einst legendären Rufes. Anfang 1944 ermittelte die Gestapo wegen des Verdachts der Verschwörung gegen mehrere hohe Abwehroffiziere, darunter auch gegen Canaris selbst. Dabei geriet auch die Division Brandenburg ins Zwielicht und wurde von nun an mit Mißtrauen betrachtet. Oberkriegsgerichtsrat Manfred Roeder, einer der Ermittler, nannte die Division geringschätzig eine Sammlung von Drohnen. Als Canaris von der Beleidigung erfuhr, geriet er in Wut und bestand darauf, daß der Divisionskommandeur, Generalmajor Alexander von Pfuhlstein, etwas gegen Roeder unternehme.

Pfuhlstein lehnte zuerst ab, doch als Canaris ihn beschuldigte, es fehle ihm am „notwendigen persönlichen Mut", begaben sich Pfuhlstein und sein Adjutant am 18. Januar 1944 in Roeders Büro in Lemberg. „Ich bin der Kommandeur der Division Brandenburg", rief Pfuhlstein. „Sie haben meine Truppe schwerstens beleidigt. Ich stehe hier im Namen meiner Truppe. Dies ist meine Antwort!"

Damit schlug der Generalmajor dem überraschten Roeder mit der flachen Hand ins Gesicht und stolzierte hinaus. Pfuhlstein wurde auf den Zwischenfall hin zu sieben Tagen Hausarrest verurteilt. Im Februar wurde Canaris als Chef der Abwehr entlassen und unter Hausarrest gestellt. Später brachte man ihn ins Konzentrationslager Flossenbürg, wo er vor Gericht gestellt und wegen Verschwörung gegen Hitlers Regime hingerichtet wurde.

Pfuhlsteins Ohrfeige war der letzte Schlag, der zur Verteidigung der Brandenburger fiel. Nach Einsätzen auf dem Balkan wurde die Truppe im Herbst 1944 aufgelöst und als Panzergrenadierdivision neu aufgestellt. Die früheren Fertigkeiten und Leistungen als Kommandotruppe waren so gut wie vergessen.

EIN ARSENAL NEUER WAFFEN

Italienische Fallschirmjäger besteigen 1942 ein Flugzeug für ein Übungsspringen. Die mitgeführten Gewehrattrappen stecken in an den Knöcheln befestigten Taschen.

SPEZIALAUSRÜSTUNGEN FÜR DIE SOLDATEN DES DUCE

Der italienische Diktator Benito Mussolini inspiziert zusammen mit dem deutschen Luftwaffengeneral eine Fallschirmjägerausrüstung in Tarquinia.

Die Italiener nannten ihre Sondereinheiten stolz *arditi* – die Verwegenen – und hatten sich seit den dreißiger Jahren ein ganzes Arsenal von Spezialausrüstungen zugelegt, aus dem die *arditi* und andere Sondereinheiten ihren Bedarf decken konnten. Mussolini war so beeindruckt von diesen Neuentwicklungen, daß er sie zu Besuch weilenden deutschen Generalen bereitwillig vorzeigte.

Ebenso wie die Alliierten hatten die Italiener in der Zwischenkriegszeit eine Maschinenpistole entwickelt. Diese Waffe, hergestellt von der angesehenen Gewehrfabrik Beretta, war bekannt als MAB (Abkürzung von Moschetto Automatico Beretta). Sie unterschied sich von den alliierten Thompson- und Sten-Maschinenpistolen dadurch, daß sie zwei Abzugseinstellungen hatte – eine für Dauerfeuer und eine für Einzelfeuer. Die Deutschen, die selbst vorzügliche Waffen herstellten, schätzten die MAB so sehr, daß sie einige ihrer Verbände damit ausrüsteten.

Besondere Aufmerksamkeit widmeten die Italiener neuartigen See- und Luftoperationen. Ende 1941 drangen italienische Froschmänner als Torpedoreiter in den Hafen von Alexandria ein und versenkten zwei britische Schlachtschiffe und einen Tanker. Auch fanden die Italiener eine praktische, wenn auch seltsam aussehende Methode, wie Fallschirmjäger ihre Gewehre mit sich führen konnten. Die Mündung steckte in einer Tasche am Knöchel des Fallschirmjägers; der Gewehrkolben war am Oberschenkel befestigt und hing an einem fünf Meter langen Gurt, der unter dem Arm des Fallschirmjägers aufgerollt war. Sobald sich nach dem Absprung der Fallschirm geöffnet hatte, zog der Fallschirmjäger das Gewehr aus seiner Halterung und ließ es am Gurt unter sich baumeln, während er zur Erde hinabschwebte. So war es ihm bei der Landung nicht hinderlich und doch leicht wieder zu greifen.

Zumindest eine italienische Neuerung fand die Bewunderung alliierter Offiziere, die ihr im Wüstenkrieg begegneten. Das war ein leichter Kampfwagen, *camionetta* genannt, der Vierradantrieb, sechs Vorwärts- und vier Rückwärtsgänge sowie ein Zwei-Positionen-Lankrad hatte, das am Wagenheck angebracht werden konnte, um Rückwärtsfahrten zu ermöglichen, wenn eine schmale Piste oder Hindernisse das Wenden schwierig machten.

Doppelte Treibstofftanks und Außenhalterungen für 20 Kanister erlaubten die Mitnahme von 800 Litern Treibstoff, die dem Fahrzeug einen Aktionsradius von 1600 Kilometern gaben. Die *camionetta* konnte sich dank ihrer großen Räder mit gleicher Leichtigkeit durch den Wüstensand der Sahara wie durch den Schnee der russischen Steppe wühlen *(S. 150)*.

Über den Feldern nahe dem Ausbildungszentrum Tarquinia wird ein neues Fallschirmmodell erprobt. Die Tulpenform des Fallschirms ermöglichte eine höhere Sinkgeschwindigkeit. Wenige Sekunden vor der Landung konnte der Fallschirmspringer seinen Fall verlangsamen, indem er an einer Steuerleiste zog, die den Schirm wieder in die konventionelle Form verwandelte.

FALLSCHIRMSPRÜNGE AUF ITALIENISCHE ART

Der in Gürtelhöhe am Rücken befestigte Fallschirm läßt einen Fallschirmjäger mit ausgebreiteten Armen und Beinen in die Tiefe schweben. Die Italiener nannten einen Absprung in dieser Haltung „Engelssprung". Einer ihrer Fallschirmjäger erklärte stolz: „Die Briten und die Deutschen sprangen wie Automaten. Wir aber brachten selbst in diese unnatürliche Handlung Inspiration und Phantasie – und ein Quentchen Kunstsinn mit ein."

Ein italienischer Fallschirmjäger läßt sich in Schutzkittel und Gurtzeug photographieren. Lederpolster, Stulpenhandschuhe und ein wurstförmiger Gesichtsschutz am Helm bewahrten Knie, Hände und Nase des Fallschirmjägers vor Verletzungen beim Aufprall aus dem Engelssprung, der häufig zu einer Landung auf allen vieren führte.

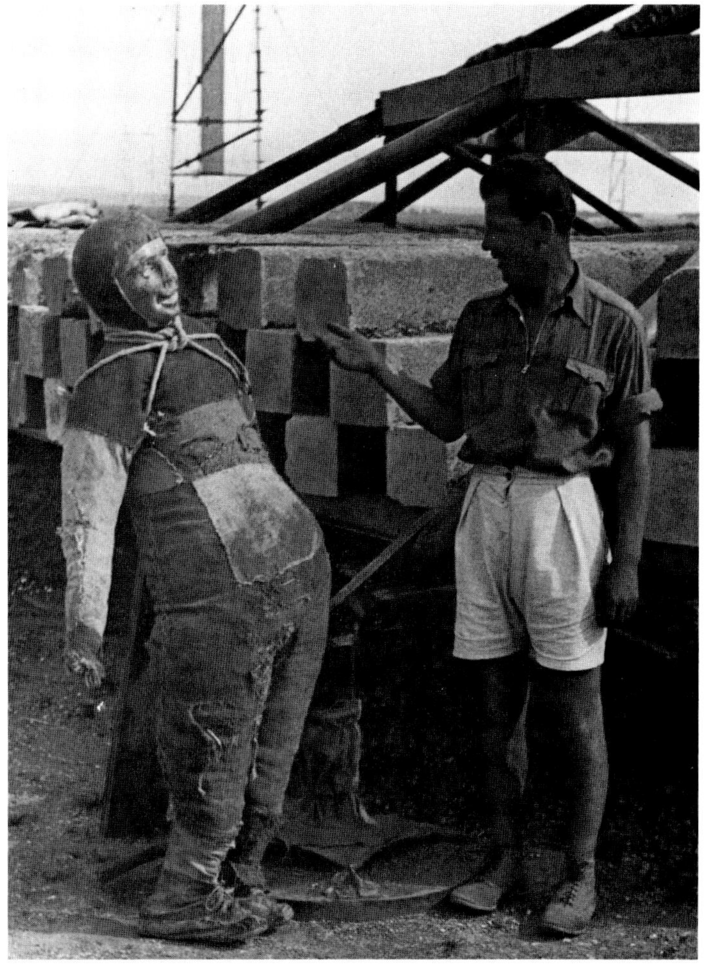

Ein Techniker richtet das Wort an eine Stoffpuppe, die von den italienischen Fallschirmjägern „Sigismondo" getauft worden war. Im frühen Erprobungsstadium neuer Fallschirme verwendete man anstelle eines Mannes die Puppe.

Italienische Fallschirmjäger im Manöver. Auf dem Rücken tragen sie Segeltuchfutterale für automatische Gewehre und Magazine zu je 40 Schuß.

EINE NEUE FORM VON LANDEMANÖVER

Italienische Marinekommandosoldaten, die knappsitzende Fallschirmjägerhelme und Westen mit vorn und hinten aufgenähten Munitionstaschen tragen, sind zum Appell angetreten. Sobald die Patronentaschen auf der Vorderseite geleert waren, drehte der Soldat die Weste einfach herum.

Angehörige einer italienischen Sondereinheit kauern während eines Landemanövers hinter Schutzschilden, die gegen das Schandeck ihres Landungsbootes gelehnt sind (oben). Während des Angriffs (rechts) tragen die Männer die Schilde vor sich, die zur Aufnahme der Gewehre eingeschnitten sind.

Zum Erlernen von Fallschirmabsprüngen über See springt ein Lehrgangsteilnehmer von einem Turm in einen Wasserbehälter. Auf dem Photo unten geht ein in der Ausbildung fortgeschrittener italienischer Fallschirmspringer in unmittelbarer Nähe eines Rettungsboots auf dem Wasser nieder.

Drei Kampfschwimmer mit Schutzanzügen und Schwimmflossen sind zu Übungszwecken ans Ufer gekrochen und machen sich gefechtsbereit, während zwei Kameraden mit einem weiteren Materialsack zu ihnen ans Ufer schwimmen.

EIN VIELSEITIGES GEFECHTSFAHRZEUG

Zum Schutz gegen die Kälte vermummt, drängen sich Angehörige einer italienischen Sondereinheit in Rußland auf einem jener vielseitigen Sturmfahrzeuge, die als „camionetta" bekannt waren (oben). Das Photo rechts zeigt zwei „camionette" einer italienischen Patrouille in der nordafrikanischen Wüste. Die überdimensionierten Reifen sorgten für erhöhte Zugkraft, größere Bodenfreiheit und bessere Fahreigenschaften. Zu beiden Seiten waren Aufhängevorrichtungen mit Reihen von Ersatzkanistern angebracht, und die über den Hinterrädern montierten perforierten Stahlblechrinnen dienten zum Flottmachen steckengebliebener Fahrzeuge.

5

Geräuschvolle Ablenkung von der Invasion
Überlebenstraining auf einem englischen Landsitz
Riskante Nachtabsprünge über Frankreich
Rückzug aus einem brennenden Wald
Rettung eines alten Viadukts
Mit „motorisierten Kochgeschirren" in den Kampf
Major Farrans verlustreiche Querfeldein-Tour
Die Ausbildung von Maquisards für den Guerillakrieg
Versorgung aus der Luft
Begeisterte Begrüßungen und unangenehme Folgen

PHANTOME IN WAFFEN

Am 6. Juni 1944, elf Minuten nach Mitternacht, sprang Leutnant Noel Poole, ein früherer Bankangestellter aus Somerset in England durch die Luke eines Stirling-Bombers, der über der Halbinsel Cotentin kreiste. Er berechnete den Absprung falsch, schlug gegen das Höhenleitwerk der Maschine und schwebte halb besinnungslos durch die ziehenden Wolken abwärts, bis er mit hartem Aufprall auf einer Wiese nahe dem Dorf Isigny landete. Er war der erste alliierte Offizier, der am Tag der Invasion französischen Boden erreichte.

Poole gehörte zur Kommandoeinheit des 1. Special Air Service. Unmittelbar nach ihm sprangen Dutzende von Kommandosoldaten in die Nacht hinaus und schwebten still auf die dunklen Felder der Normandie herab. Weitere Gruppen sprangen über den Departements Côtes-du-Nord und Morbihan im Süden der Bretagne ab.

Sie waren für verschiedene Aufgaben ausgerüstet. Wenige Minuten nach ihrer Landung feuerten Poole und seine Kameraden Leuchtkugeln in den Himmel und spielten Tonbänder mit Aufzeichnungen von Gewehrfeuer und Stimmengewirr über hochverstärkende Lautsprecher ab, um die Geräusche einer Luftlandung zu simulieren. Damit hofften sie die Aufmerksamkeit der Deutschen von der wirklichen Invasion an den Stränden der Normandie abzulenken. Die im Bereich Côtes-du-Nord und Morbihan gelandeten Kommandoeinheiten machten sich still davon, um verabredete Treffpunkte mit Kampfgruppen der französischen Widerstandsbewegung aufzusuchen, mit denen sie gemeinsam alle Telephon- und Telegraphenleitungen zwischen der Normandie und dem Rest des besetzten Frankreich unterbrechen sollten.

Diese Männer waren nur die ersten von Hunderten alliierter Kommandos, die im besetzten Frankreich landeten. Ihnen folgten noch im Morgengrauen des Invasionstages die 1. und 4. Kommandobrigade der britischen Armee, die als Vorhut der Invasionsstreitmacht aus Landungsbooten ans Ufer stürmten. Die 1. Brigade hatte zwei Brücken bei Bénouville und Ranville zu besetzen, um den deutschen Sicherungseinheiten den Rückzug und die Heranführung von Verstärkungen abzuschneiden. Die 4. Brigade sollte eine Radarstation in Douvres besetzen und den Verteidigern damit eine wichtige Nachrichtenquelle nehmen.

Zwischen den Trupps, die um Mitternacht mit Fallschirmen absprangen, und jenen, die im Morgengrauen landeten, gab es beträchtliche Unterschiede. Das erste Kontingent waren Sondereinheiten, die für Sabotage- und Guerillaaktionen in Zusammenarbeit mit der Résistance ausgebildet waren und nur in kleinen Gruppen operierten. Das zweite Kontingent waren kampferprobte Sturmtruppen, die als Speerspitze der alliierten Invasion in Brigadestärke angriffen. Die Mission der Sabotage- und Guerillakämpfer sollte drei Monate später im wesentlichen abgeschlossen sein; die Mission der Sturmtruppen sollte erst ein Ende finden, wenn in Europa der letzte Schuß abgefeuert wäre.

Das alliierte Oberkommando schätzte den Wert beider Arten von Kommando-Kriegführung hoch ein und erkannte ihren Anteil an der Zermürbung der deutschen Armeen und der Rettung Zehntausender von Menschenleben an.

Die für Guerillaoperationen aufgestellten Kommandoeinheiten waren ein buntgemischter Haufen. Einige gehörten zu Sondereinheiten unter der Leitung des amerikanischen Office of Strategic Services (OSS) und der britischen Special Operations Executive (SOE) – zwei Regierungsbehörden, die Agenten in das deutsch besetzte Europa einschleusten, um die Widerstandsbewegungen zu stärken. Andere waren Veteranen des Special Air Service der britischen Armee, spezialisiert auf Fallschirmabsprünge hinter den feindlichen Linien, um Sabotageanschläge gegen Nachrichtenverbindungen und Verkehrseinrichtungen durchzuführen. Zu ihnen zählten ferner eine Anzahl hastig ausgebildeter Exilfranzosen.

Diese buntscheckige Kollektion von Einzelkämpfern operierte oft wochenlang im Untergrund des besetzten Gebiets. Das eine Mal in Uniform, ein anderes Mal in Zivilkleidung, verbreiteten diese Männer Konfusion und Zerstörung, wo immer sie auftauchten. Sie hielten Funkverbindung mit den alliierten Stäben, dirigierten Fallschirmabwürfe von Material und Lebensmitteln, bewaffneten und unterwiesen die Widerstandskämpfer und unterbrachen den deutschen Nachschub auf Schiene und Straße. Ihre bloße Anwesenheit war geeignet, die Moral der französischen Résistance zu stärken und in den Reihen der deutschen Besatzungstruppen eine Atmosphäre von Ungewißheit zu erzeugen, die sie zu ständiger Wachsamkeit zwang. Die Wirksamkeit ihrer Anschläge fand eine Bestätigung in den zunehmend schrillen Weisungen des deutschen Oberkommandos, das seine geplagten Truppen aufforderte, den „Terrorismus" unnachsichtig auszurotten.

Aufstellung und Ausbildung dieser verschiedenen Einheiten ging Hand in Hand mit der detaillierten Invasionsplanung während des Frühjahrs 1944. Anfangs hielten die Planer es für richtiger, alle Kommandoeinheiten unabhängig einzusetzen und überhaupt keine Streitkräfte aus dem Untergrund heranzuziehen. Berichte aus Frankreich deuteten darauf hin, daß die Résistance tief gespalten war zwischen den Anhängern des Generals Charles de Gaulle, des selbsternannten Führers der freifranzösischen Streitkräfte, der im Exil für die Befreiung seiner Landsleute von deutscher Herrschaft kämpfte, und den französischen Kommunisten, die auf die Führung der Sowjetunion bauten. Die Masse der Résistancekämpfer schien ebenso geneigt, gegeneinander wie gegen die Deutschen zu kämpfen. Konnte man einer derart gespaltenen Bewegung vertrauen, und ließ sie sich wirksam steuern? Premierminister Churchill war nur einer unter vielen, die ernste Zweifel daran hegten, doch war er überzeugt, daß den Franzosen Gelegenheit gegeben werden müsse, an ihrer eigenen Befreiung mitzuwirken.

Churchills Entscheidung, die französische Widerstandsbewegung in die Invasionsvorbereitungen einzubeziehen, hatte weitreichende Folgen, denn sie bedeutete, daß Angehörige von Kommandotruppen nun eine ungewohnte Rolle übernehmen mußten. Wenn sie auch fortfuhren, den Feind in unabhängig durchgeführten Sabotageaktionen und Überfällen anzugreifen, mußten sie gleichwohl die Verantwortung für die Ausbildung und Beratung der Kampfgruppen der französischen Widerstandsbewegung übernehmen, die in der Bevölkerung „Maquis" genannt wurden. (Die buchstäbliche Übersetzung von Maquis ist „Buschdickicht". Der Begriff wurde auf die Widerstandskämpfer angewendet, weil sie sich in Wald und Buschland verbargen.)

Zu den wichtigsten Gruppen, die mit den Maquisards zusammenarbeiteten, gehörten die sogenannten Jedburgh-Gruppen, die ihren Namen von der schottischen Stadt übernommen hatten, in der sie für ihre Sondermissionen ausgebildet wurden. Jede Gruppe bestand aus einem englischen oder amerikanischen Offizier, einem Funker und einem zweiten Offizier desjenigen Landes, in dem die Gruppe tätig werden sollte. Ein Jed, wie die Gruppenmitglieder sich in der Kurzform nannten, hatte nicht nur die Aufgabe eines militärischen Führers, sondern mußte darüber hinaus Berater, Wundarzt, Waldläufer, Waffenmeister und Sachverständiger im Umgang mit Sprengstoffen sein. Außer in Notfällen hatten Jeds die Uniform ihres Herkunftslandes zu tragen, um ihre Autorität zu mehren und um den Widerstandskämpfern das Gefühl zu geben, mit Angehörigen regulärer Streitkräfte in Verbindung zu sein.

Jedburgh-Anwärter kamen aus allen Himmelsrichtungen, als Freiwillige für gefährliche Einsätze gesucht wurden. Annähernd 100 Französisch sprechende OSS-Offiziere meldeten sich, unter ihnen der 24jährige Major William Colby, ein späterer Direktor des amerikanischen Geheimdienstes CIA. Zu ihnen gesellten sich britische Offiziere und Unteroffiziere aus vielen verschiedenen Regimentern, die besten Männer der freifranzösischen Streitkräfte und eine Anzahl Belgier, Norweger und Niederländer.

Im Januar 1944 wurden ungefähr 300 Freiwillige zur Spezialausbildung in Milton Hall zusammengezogen, einem elisabethanischen Landsitz nahe Peterborough in Nordostengland. In Jedburgh hatten sie sich der traditionellen Kommandoausbildung unterzogen: wie man durch Sümpfe patscht und Flüsse durchwatet, mit schwerem Gepäck Gewaltmärsche macht, sich nachts nur mit Hilfe der Sterne zurechtfindet, sich lautlos bewegt und geräuschlos tötet, im waffenlosen Kampf seinen Mann steht und aus dem Land lebt. Nun wurden einige Verfeinerungen hinzugefügt. Als sie Milton Hall verließen, beherrschten alle Männer den Morsecode. Sie konnten Dutzende von verschiedenen Infanteriewaffen aus britischer, amerikanischer, deutscher, französischer und italienischer Herstellung zerlegen und wieder zusammensetzen. Sie waren in der Lage, in stockfinsterer Nacht mit dem Fallschirm über unbekanntem Gelände abzuspringen und wußten, wie man einen Zug zum Entgleisen bringt oder eine Brücke sprengt.

Ebenso wichtig wie die Jeds waren die Männer des Special Air Service, die ihnen auch in der Ausbildung kaum nachstanden. Der Erfolg der SAS-Einheiten in Nordafrika, der Ägäis und Italien, wo sie durch Sabotageanschläge und Überfälle die Bewegungen und den Nachschub der Achsenstreitkräfte gestört hatten, war so überzeugend gewesen, daß das alliierte Oberkommando in der Normandie 2500 SAS-Männer einsetzte.

SAS-Gruppen waren die beweglichsten von allen Kommandotruppen. Sie verwendeten die alte Taktik der Kavallerie-Streifkorps, die sie in der Wüste vervollkommnet hatten, um Transportwege und Fernmeldeverbindungen hinter den feindlichen Linien zu unterbrechen. Ungeschützter als die anderen Gruppen, erlitten sie auch schwerere Verluste: Ungefähr die Hälfte aller Männer, die im SAS dienten, wurden getötet oder verwundet.

Von den anderen Dienststellen, die uniformierte Einheiten auf den Fallschirmabsprung über Frankreich vorbereiteten, rekrutierte und trainierte die britische Special Operations Executive Exilsoldaten belgischer, französischer, polnischer und anderer Nationalität, die entkommen waren, als ihre Länder von der Wehrmacht besetzt wurden. Diese Einsatzgruppen, die als Interalliierte Missionen bekannt waren, bestanden aus höchstens 25 Mann, wurden von erfahrenen SOE-Offizieren geführt und gehörten zu den ersten alliierten Einheiten, die über Frankreich absprangen. Sie trafen dort schon im Januar 1944 ein und stellten wichtige Verbindungen zu Führern von Widerstandsgruppen im Rhonetal her.

Dann gab es die sogenannten Operationsgruppen, die der amerikanische OSS gebildet hatte, um Guerillastreitkräfte in feindlichem Territorium zu versorgen, auszubilden und zu führen. Die OSS-Einheiten lernten ihr Handwerk im parkähnlichen Waldgelände eines luxuriösen ländlichen Clubhauses außerhalb von Washington, D.C., das vom amerikanischen Abgeordnetenhaus zur Verfügung gestellt worden war. Im Frühjahr 1944 wurden vier dieser Gruppen mit einer Stärke von jeweils 34 Mann nach England befohlen, um sich dort für Sonderaufträge im besetzten Frankreich bereit zu halten. Alle Soldaten der vier Gruppen waren geeignet für Kundschaftertätigkeit und Sabotageanschläge und wurden befehligt von Oberstleutnant Serge Obolensky, einem russischen Prinzen, der einst in der Kaiserlichen Leibwache in St. Petersburg gedient hatte und nach der Revolution in die Vereinigten Staaten emigriert war. Dort war er zum Liebling der New Yorker Gesellschaft geworden, und in London verbrachte er die meisten Abende vor seiner Abreise nach Frankreich auf vornehmen Abendgesellschaften und Tanzveranstaltungen.

Obolensky war nicht der einzige, der feierte. William Colby erinnerte sich, daß unter den ausgesuchten Männern, die darauf warteten, mit Fallschirmen über Frankreich abzuspringen, eine Stimmung beinahe festlicher Fröhlichkeit herrschte. Zum Teil war

Zwischen Juni und September 1944 spielten Kommandotruppen eine wichtige Rolle bei der Befreiung Frankreichs. Sie waren die Speerspitzen der Invasion in der Normandie, inszenierten Ablenkungsangriffe auf der Halbinsel Cotentin und führten Aktionen französischer Widerstandsgruppen bei Guingamp und Morlaix hinter den Linien der zurückgehenden deutschen Verbände an.

Am frühen Morgen des Invasionstags nähern sich als Vorhut der alliierten Invasionsstreitmacht britischen Kommandotruppen auf den Decks ihrer Landungsfahrzeuge der französischen Küste.

dies zweifellos ein Abwehrmechanismus: „Keiner von uns mochte sich mit den Gefahren dessen beschäftigen, was zu tun wir uns anschickten", sagte er. Aber die Haltung spiegelte auch Vertrauen in ihre Ausbildung und Zuversicht wider, mit dem Unerwarteten fertig zu werden. Für die meisten Angehörigen der Sondereinheiten, unter welchem Kommando sie auch stehen mochten, machte diese Flexibilität den Unterschied zwischen Erfolg und Versagen – genauer gesagt, zwischen Vernichtung und Überleben – aus.

Die meisten Angehörigen der Kommandos erfuhren erst unmittelbar vor dem Start, wann oder wo sie abspringen sollten. Tag für Tag, berichtete SAS-Hauptmann Derrick Harrison, gingen sie zum Flughafen und versuchten von Piloten, Wartungspersonal und Instrukteuren der Fallschirmspringerschule Informationen zu erhalten.

Der offizielle Einsatzbefehl erreichte zuerst den Gruppenführer, der Übersichtskarten des Absprunggebietes erhielt. Handelte es sich um einen „blinden" Absprung ohne Hilfe von Widerstandskämpfern am Boden, überprüfte der Gruppenführer die Landkarten nach Hinweisen auf Deckungsmöglichkeiten, die die Errichtung eines Lagers gestatten könnten. Sobald er gefunden zu haben meinte, was er suchte, überflogen Aufklärer das Gebiet und kehrten mit Luftaufnahmen zurück, die der Gruppenführer dann mit einem Stereoskop genau studierte.

Ein erfahrener SAS-Offizier wie Derrick Harrison war imstande, ein Gelände allein durch das Betrachten von Luftaufnahmen bis in die Einzelheiten kennenzulernen. Bei den Vorbereitungen für seinen eigenen Absprung über einem bewaldeten Gebiet Mittelfrankreichs nahe Auxerre, ungefähr 500 Kilometer hinter den deutschen Linien, machte Harrison ein geeignetes Stützpunktgebiet aus und versuchte anhand der Photos herauszubekommen, wie man hingelangen könnte. „Eine Peilung von ungefähr 200 Grad von unserem Landepunkt mußte uns zu einer großen rechteckigen Waldlichtung bringen. Vorausgesetzt, die Nacht würde klar, konnten wir uns auf diesem Wegabschnitt nach den Sternen orientieren. Sechs Kilometer weiter verlief ein Tal rechtwinklig zu unserer Route. Der Wald endete auf halber Höhe des Hanges. Die einzige Deckung bot eine Hecke, die von dort zu einem weit auseinandergezogenen Dorf hinabführte. Was war zu tun? Über den mondbeschienenen Hang laufen oder der Hecke folgen und Gefahr laufen, die Leute im Dorf zu wecken? Ich beschloß abzuwarten, bis wir uns an Ort und Stelle ein Bild machen könnten."

Kommandos, die über Frankreich absprangen, landeten häufig außerhalb der vorgesehenen Zone und mußten dann bei Nacht in unbekanntem Gelände umhertappen, ständig in Gefahr, auf deutsche Patrouillen zu stoßen. Ein Soldat, der bei Rambouillet vom Wind abgetrieben wurde und weit außerhalb des Zielgebiets landete, hatte sich kaum der Fallschirmgurte entledigt, als er in der Dunkelheit einen Mann auf sich zukommen hörte, der deutsch sprach. Er feuerte auf ihn, floh in die Nacht und hatte das Glück, später zu Männern der Widerstandsbewegung zu kommen.

Beim ersten seiner Absprünge über Europa erging es Major Colby ähnlich: Er hielt aus der Höhe nach dem heckenumsäumten Weideland Ausschau, auf dem er landen sollte, mußte aber zu seinem Schrecken feststellen, daß sich in der Dunkelheit unter ihm die Umrisse von Hausdächern und Straßen abzeichneten. Wie sich herausstellte, hatte sein Pilot einen brennenden Eisenbahnzug für eine Reihe von Signalfeuern gehalten. Es gelang Colby in letzter Minute, die Beine hochzureißen und dadurch einem mit Schornsteinen bestückten Dachfirst auszuweichen, doch dann landete er geräuschvoll in einem Hinterhof. Augenblicke später folgten ihm

die zwei anderen Mitglieder seiner Jedburgh-Gruppe. Glücklicherweise sympathisierten die Bürger, die ihre Fensterläden aufstießen, um nach dem Rechten zu sehen, mit den Alliierten; sie warnten die drei Fallschirmspringer, daß es ein paar hundert Meter die Straße aufwärts eine deutsche Garnison gebe. Die drei stahlen sich auf Seitenwegen aus der Stadt und gelangten nach einer weiten Wanderung durch Feld und Wald zu einem Treffpunkt mit Angehörigen eines Widerstandsnetzes im Departement Yonne.

Männer, die dicht hinter der Front absprangen, hatten häufig weniger Glück als Colby und seine Gefährten. Besonders gefährdet waren die Fallschirmabsprünge am frühen Morgen des Invasionstages. Eine SAS-Gruppe aus vier Soldaten und zwei Offizieren sprang am 6. Juni 40 Minuten nach Mitternacht südlich von Carentan über der Halbinsel Cotentin ab. Bei der Landung verfehlten sie ihr Ziel um etwa zwei Kilometer, und die Offiziere sowie die meiste Ausrüstung waren nicht mehr aufzufinden. Die Gruppe hatte den Auftrag, die Deutschen glauben zu machen, daß eine größere Luftlandung stattgefunden habe; die vier Soldaten taten, was sie konnten, indem sie 20 kleine Bomben zündeten, die sie bei sich hatten, und mit den Karabinern in die Luft schossen. Darauf flohen sie nach Norden. Nach einiger Zeit trafen sie ihre zwei umherirrenden Offiziere, aber alle sechs wurden nach einem Schußwechsel mit einer deutschen Patrouille gefangengenommen.

Weiter südlich, in der Bretagne, erging es dem SAS-Gefreiten Émile Bouétard, einem 28jährigen bretonischen Seemann, der aus dem besetzten Frankreich geflohen war, noch schlechter; kurz nach der Landung stieß er auf eine deutsche Patrouille und wurde erschossen. Er war der erste Franzose, der in der Schlacht zur Befreiung seines Vaterlandes fiel.

Gleichwohl landeten die meisten der 150 SAS-Leute, die in den ersten Stunden des Invasionstages über der Bretagne absprangen, wohlbehalten und begannen bald mit Operationen gegen die Deutschen. Die alliierte Führung gab Operationen in der Bretagne eine hohe Priorität, denn dort waren acht deutsche Divisionen stationiert, die eine erhebliche Bedrohung für den Erfolg der Landung in der Normandie darstellten. So war es die Aufgabe des SAS und der bretonischen Widerstandsgruppen, die Halbinsel zu isolieren und die Entsendung von Verstärkungen zum Landekopf durch die Sprengung von Bahnlinien, durch Überfälle auf Konvois und Unterbrechung von Fernmeldeverbindungen zu verzögern.

Geleitet wurden die Operationen in der Bretagne von Major Pierre Bourgoin, dem einarmigen Führer der 4. SAS-Abteilung. Unter seiner Leitung operierten sechs Jedburgh-Gruppen und 18 SAS-Sabotagetrupps, die sich auf Eisenbahnsabotage spezialisierten. Bourgoin hatte Befehl, Stützpunkte zu errichten, wo er die Widerstandskämpfer zusammenziehen und Störangriffe gegen die Deutschen unternehmen konnte. Später, wenn Generalleutnant George S. Pattons 3. Armee in der Lage wäre, aus dem Landekopf auszubrechen und in die Bretagne vorzustoßen, sollte Bourgoin die Widerstandsgruppen zu einem allgemeinen Aufstand gegen die deutschen Besatzer mobilisieren.

Kurz nachdem sie in den frühen Stunden des Invasionstages abgesprungen waren, traten Bourgoin und seine Leutnants mit den örtlichen Führern des Maquis in Verbindung. Mehrere tausend heruntergekommen aussehende Freiwillige hatten sich bereits im Wald von Duault eingefunden, nahe der ummauerten alten Stadt Guingamp, wo deutsche Truppen stationiert waren. In diesem Waldgebiet richtete der SAS ein befestigtes Lager ein, das die Codebezeichnung Samwest erhielt. Weiter südlich, im Departement Morbihan, trafen die SAS-Gruppen auf Widerstandskämpfer, die in Schafställen und Hütten von Bauerngehöften nahe dem Dorf Saint-Marcel hausten. Hier entstand der Kern eines zweiten SAS-Stützpunkts, der die Codebezeichnung Dingson erhielt.

Bald mußten die SAS-Leute erfahren, daß sich die Zusammenarbeit mit den Maquisards nicht in der soldatisch disziplinierten Art abspielen konnte, die sie gewohnt waren. Die Nachricht, daß Kampfgruppen aus England eingetroffen waren, ging wie ein Lauffeuer durch die Bretagne, und innerhalb von Stunden fanden sich Hunderte schaulustiger Männer und Jungen in den Stützpunkten Samwest und Dingson ein und schufen eine Karnevalsatmosphäre, welche die SAS-Offiziere in größte Besorgnis versetzte.

Den Deutschen fiel es nicht schwer, beide Stützpunkte mit französischen V-Männern zu infiltrieren, und in Samwest wurden eine Frau und ein Mann, die man verdächtigte, Feindagenten zu sein, „erschossen beziehungsweise erstochen“, wie es in der offiziellen SAS-Meldung hieß. Aber die deutsche Führung war anfangs zu sehr damit beschäftigt, Truppenverbände zur Verstärkung der eigenen Abwehr zu den Landeköpfen der Alliierten in die Normandie zu verlegen, als daß sie mit ihren ohnehin unzureichenden Kräften noch Säuberungsaktionen gegen einen desorganisierten Haufen von Widerstandskämpfern hätte unternehmen können. Am 11. Juni hielt dann ein Wagen mit zwei deutschen Offizieren bei einem Bauernhof am Rand des Waldes von Duault, und die Deutschen stiegen aus, um die Richtung nach Carhaix zu erfragen. Sie wurden mit Feuerstößen aus den Maschinenpistolen von Maquisards empfangen, die sich in dem Gehöft aufhielten. Die Deutschen, von denen der eine schwer verletzt wurde, warfen eine Handgranate ins Haus und flohen in ihrem Wagen.

Am folgenden Morgen äscherten deutsche Sicherungskräfte den Bauernhof ein, der den Stützpunkt Samwest mit Wasser versorgt hatte. Obwohl er noch keine Anweisung aus England hatte, in vollem Umfang mit den Operationen zu beginnen, beschloß Hauptmann Leblond, eine SAS-Abteilung von 30 Mann auszusenden, um die im Gehöft festgenommenen Zivilisten vor der Hinrichtung wegen Überführung der Unterstützung und Beherbergung von „Terroristen" zu bewahren.

Es war eine anfechtbare Entscheidung. Die SAS-Truppe griff das Gehöft an und tötete oder verwundete in einem kurzen, aber blutigen Feuergefecht zehn deutsche Soldaten bei zwei eigenen Verlusten. Der Überfall rettete die gefährdeten Zivilpersonen, alarmierte die Deutschen aber dermaßen, daß sie 13 Lastkraftwagen mit aufgesessener Infanterie heranführten, um den Stützpunkt Samwest anzugreifen. Angesichts dieser starken Streitmacht gab Leblond den Marquisards Anweisung, das Weite zu suchen und sich im Wald zu zerstreuen. Vor der Räumung des Stützpunkts zerstörten sie ihr kostbares Versorgungslager, das mit Hilfe von Flugzeugabwürfen mühsam aufgebaut worden war.

Hauptmann Leblond und eine kleine Gruppe schlugen sich in Nachtmärschen zum Stützpunkt Dingson durch. Bei ihrer Ankunft fanden sie das Lager außerordentlich gut organisiert und in raschem Wachstum begriffen. Freiwillige, die sich dem Widerstand anschließen wollten, hatten weite Fußmärsche unternommen, um das Lager zu erreichen, berichtete Leutnant Nicholas Marienne. „Viele kamen mit geschwollenen Füßen hereingehumpelt, die durch ihre zerrissenen Schuhe bluteten. Aber es machte ihnen nichts aus; alles, was sie wollten, waren Waffen."

Der befestigte Stützpunkt Dingson bedeckte eine Fläche von insgesamt 48 Hektar und hatte eine Besatzung von 3500 Mann. Es gab eine Feldküche, eine Kraftfahrzeugwerkstatt, eine Flickschusterei und ein Lazarett, ebenso einen Schneider und einen Zahnarzt. Es konnte nicht ausbleiben, daß eine solche Konzentration von Widerstandskämpfern sowie das Kommen und Gehen im Lager von den Deutschen bemerkt wurde; sie setzten eine Belohnung aus für die Ergreifung von Major Bourgoin und machten sich daran, alle einarmigen Männer festzunehmen, die sie finden konnten – darunter einen 75jährigen Rentner. Bourgoin wurde nie gefaßt.

Bei Tagesanbruch des 18. Juni vernahmen die Wachen ein Geknatter von Gewehr- und Maschinengewehrfeuer im Westen des Stützpunkts. Eine deutsche Patrouille hatte einen Außenposten der Maquisards angegriffen. Offenbar war es ein Ablenkungsmanöver, denn wenig später versuchte deutsche Infanterie in Bataillonsstärke auf der anderen Seite des Lagers ein Schloß zu stürmen, das eine SAS-Abteilung besetzt hatte, wurde aber durch Maschinengewehrfeuer abgewehrt. Um 9.00 Uhr wurde ein weiteres deutsches Bataillon auf der Hauptzufahrtsstraße nach Dingson gemeldet, und Panzerfahrzeuge gingen von benachbarten Dörfern gegen den Stützpunkt vor. Bourgoin forderte über Funk Luftunterstützung an. Den ganzen Tag hindurch wehrte der Stützpunkt ständig deutsche Infanterieangriffe ab, doch mußten die Maquisards eine Stelle nach der anderen aufgeben, als die Deutschen mit Leuchtspurmunition in den Wald feuerten und die Bäume in Brand setzten. Um 16.00 Uhr brausten 40 amerikanische P-47 Thunderbolts im Tiefflug über den Stützpunkt und belegten die deutschen Positionen mit Bordwaffenfeuer und Bomben.

Der Luftangriff stärkte die Moral der Widerstandskämpfer, vermochte die Deutschen aber nicht aufzuhalten. Sobald es Abend wurde, war der eingeschnürte Stützpunkt nicht länger zu halten, und Bourgoin mußte seiner Truppe Befehl geben, sich zu zerstreuen und sich in kleinen Gruppen durchzuschlagen. Im Schutz der Dunkelheit sickerten die Widerstandskämpfer in Gruppen von zwei oder drei Mann durch den raucherfüllten Wald. Ihre Verluste waren mäßig – ungefähr 200 Maquisards und 50 Angehörige der SAS-Kommandos –, aber wieder büßten sie Tonnen von Vorräten, Waffen und Munition ein, genug, um 5000 Mann auszurüsten.

Nach der Einnahme von Samwest und Dingson durch die Deutschen entsandte London eine Gruppe Agenten, die ermitteln sollten, was schiefgegangen war. Ihre Schlußfolgerung war, daß die Widerstandskämpfer und Sondereinheiten vor allem vermeiden sollten, sich zu zahlenmäßig starken Verbänden zusammenzuschließen, was die weniger kampferfahrenen Maquisards zur leichten Beute der gutausgebildeten deutschen Truppen mache. Doch machte sich die Anwesenheit der Kommandotruppen bereits bemerkbar. Sie banden nicht nur deutsche Verbände, die anderswo

An der Spitze des Special Air Service, der britischen Spezialtruppe, die ihm half, den französischen Widerstand in der Bretagne zu organisieren, marschiert Major Pierre Bourgoin im Jahre 1944 am Gedenktag an das Kriegsende von 1918 im befreiten Paris die Champs-Élysées hinunter.

dringend benötigt wurden, sondern verlangsamten auch die von der erdrückenden alliierten Luftüberlegenheit stark behinderten deutschen Truppen- und Nachschubbewegungen.

In einem Fall setzten Widerstandsgruppen unter Jedburgh-Führung der 2. SS-Panzerdivision „Das Reich" so zu, daß ihre Ankunft an der Normandiefront um zwei Wochen verzögert wurde. Ein entscheidender Angriff fand im Departement Corrèze im südlichen Mittelfrankreich statt, wo ein Jedburgh-Sabotagetrupp eine kleine Brücke der Hauptstraße sprengte und dann das Feuer auf die haltende Panzerkolonne eröffnete. Der Überfall kostete 20 Franzosen das Leben, aber er hielt die Deutschen sechs Stunden auf.

Die Zerstörung der beiden bretonischen Stützpunkte brachte die Tätigkeit der Kommandos dort keineswegs zum Erliegen. Nachdem sie sich zerstreut und in abgelegene Gehöfte und Wälder zurückgezogen hatten, begannen sie einen Kleinkrieg nach der klassischen Guerillamethode. Sie durchzogen die Bretagne in kleinen Gruppen und verübten ihre Anschläge nach dem neu formulierten Maquis-Prinzip: *surprise, mitraillage, évanouissement* – Überraschung, Feuerüberfall, Verschwinden. Zeugnisse für ihre Wirksamkeit finden sich in den Feindlage-Meldungen des deutschen Oberbefehlshabers West für den Monat Juli.

Als der Juli zu Ende ging, operierten ungefähr 400 Mann Kommandotruppen unter Bourgoins Führung, dazu etwa 8000 bewaffnete Maquisards und eine unbekannte Zahl von Helfern und Sympathisanten, die selbst nur gelegentlich aktiv an Sabotageunternehmen und dergleichen teilnahmen. Am 31. Juli durchbrachen Panzerverbände von Pattons 3. Armee die deutsche Front bei Avranches. Bald darauf drehten starke amerikanische Panzerkräfte in die Bretagne ein, und die Kommandotruppen erhielten Befehl, die beiden durch die Halbinsel führenden Hauptstraßen offenzuhalten und zurückgehende deutsche Truppen an Brückensprengungen zu hindern. Am 2. August sprangen etwa 100 Mann französische Kommandotruppen der 3. SAS-Abteilung bei Morlaix ab, um den großen Viadukt zu besetzen, der die Schlucht am Stadtrand überbrückte. Sie griffen die schwachen deutschen Sicherungskräfte sofort an und nahmen den Viadukt nach kurzem Feuergefecht ein.

Früh am nächsten Morgen rückte ein Bataillon der deutschen 2. Fallschirmdivision nach Morlaix ab. Es hatte Befehl, den Viadukt zurückzuerobern und zu sprengen, um den amerikanischen Vorstoß auf Brest aufzuhalten. Kurz vor 10.00 Uhr, als die Kolonne die kleine Stadt Châteaulin hinter sich gelassen hatte, geriet sie in einen Hinterhalt, den Jed-Offizier Bernard Knox organisiert hatte.

Knox hatte im unübersichtlichen Buschgelände zu beiden Seiten der Straße 2000 Maquisards versteckt. Damit nicht genug, hatten er und seine Männer noch vor dem Morgengrauen Hunderte von „Reifenplatzern" ausgelegt – Minen, die als Kuhdung getarnt waren. Knox hielt seine Truppen zurück, als das deutsche Bataillon hinter den langsam rollenden Flakwagen und Halbkettenfahrzeugen die Straße heraufmarschierte. Als das vorderste Fahrzeug auf eine Mine fuhr und in Flammen aufging, eröffneten die Maquisards das Feuer mit Bazookas, leichten Maschinengewehren, Karabinern und Handgranaten. Innerhalb von Minuten hatte das Bataillon 50 Tote und Verletzte zu verzeichnen. Wer sich von der Kolonne isoliert auf eigene Faust in die Büsche schlug, wurde von Maquisard-Mordkommandos verfolgt. Das angegriffene Bataillon sah sich zum Rückzug gezwungen, und der Viadukt blieb in den Händen

von SAS und Maquis. Die amerikanischen Panzerverbände konnten weiter auf Brest vorstoßen.

Mitte August war die Bretagne von den Amerikanern größtenteils besetzt, und die vier angeschlagenen deutschen Divisionen, die den Raum verteidigt hatten, zogen sich auf Brest und die Atlantikstützpunkte Lorient und Saint-Nazaire zurück. Die Kommandotruppen hatten zusammen mit dem Maquis nicht nur die Straßen offen und die Brücken intakt gehalten, sondern auch die Einschließung und Bekämpfung abgeschnittener deutscher Truppenteile übernommen, die andernfalls größere Teile von Pattons Armee gebunden hätten. Brigadegeneral Roderick McLeod, Kommandeur der SAS-Brigade, hob hervor, daß seine Truppen 40 Prozent Verluste erlitten hätten, sich aber mit einiger Berechtigung als die Befreier der Bretagne betrachteten. General Eisenhower tat ein übriges und würdigte die „große Hilfe", die von den Widerstandskämpfern der Résistance geleistet worden sei.

Pattons Panzerarmee stieß nun so rasch nach Osten gegen Paris vor, daß die rechte Flanke weit offen lag. Kommandotruppen erhielten den Auftrag, diese Flanke durch den Einsatz mobiler Kampfgruppen und die vorsorgliche Sprengung der Loire-Brücken zu sichern. Darüber hinaus sollten sie den Feind mit weit ins Landesinnere vordringenden Streifkommandos beunruhigen.

Diese Streifkommandos verließen sich bei ihren Operationen vor allem auf den bewaffneten Jeep, der ihnen eine für die Deutschen irritierende Beweglichkeit verlieh. Obgleich ein Panzerfahrer die Jeeps als „mechanisierte Kochgeschirre" bezeichnete, waren sie mit vollständiger Bewaffnung gefährliche Kampfwagen. Sie hatten Vikkers-Zwillings-MGs vorn und hinten und ein zusätzliches MG neben dem Fahrer, so daß er während der Fahrt einhändig feuern konnte. Außerdem wurde noch ein leichtes Maschinengewehr mitgeführt, und überall im Wagen waren Handgraten verstaut. Vier Mann fuhren im Jeep und jeder trug seinen Karabiner und einen Brotbeutel mit eisernen Rationen und Munition, falls er das Fahrzeug aufgeben und zu Fuß fliehen mußte. Mit Zusatzkanistern hatten die Jeeps einen Operationsradius von gut 1400 Kilometern.

Die Streifkommandos waren immer wieder verblüfft, wie ungehindert sie hinter den deutschen Linien operieren konnten. Nicht selten waren die von schießwütigen Partisanen – die alle Fahrzeuge als deutsch ansahen – drohende Gefahr größer als die, die von den Deutschen ausging. Um sich gegen Angriffe von Partisanen zu schützen, nahmen die Streifkommandos die Gewohnheit an, in Gebieten mit starker Widerstandsbewegung britische Flaggen von den Jeeps flattern zu lassen und mit der Hupe ein „Kurz-lang-kurz-Signal" – das Morsezeichen R, für Résistance – zu geben, wenn sie sich einer scharfen Straßenbiegung oder einer Gegend näherten, die gute Deckung für einen Hinterhalt bot. Begegneten sie einer deutschen Kolonne, war das übliche Verfahren eine scharfe Wendung nach rechts oder links von der Straße, gefolgt von einer wilden Flucht querfeldein mit halsbrecherischer Geschwindigkeit.

Die SAS-Streifkommandos machten die Erfahrung, daß es in Gebieten mit starkem deutschen Kolonnenverkehr häufig der beste Schutz war, wenn sie sich wie Deutsche verhielten – eine List, die erfolgreich von Major Ian Fenwick angewendet wurde, einem bekannten Karikaturisten der Zeitschrift *Punch,* der eine Gruppe von ungefähr 60 Mann starken SAS-Streifkommandos im Gebiet zwischen Seine und Loire befehligte. Fuhren die Deutschen nachts mit eingeschalteten, schlitzmaskierten Scheinwerfern, taten Fenwick und seine Männer das gleiche; fuhren die Deutschen im Licht der gegen Flugzeuge abgeschirmten Zusatzlampen, behalfen sich die SAS-Leute mit dem Standlicht. Mehrere Wochen lang rasten die Streifkommandos mehr oder weniger unbehelligt im Land herum, schossen Einzelziele wie Lastkraftwagen und Feldgendarmerieposten zusammen und nahmen Eisenbahnzüge unter Feuer.

Erstaunlich oft schien es, daß die Männer der Streifkommandos prekäre Situationen allein durch schieres Glück überlebten. Eines Nachts rasten Hauptmann Jock Riding und einige Gefährten mit ihrem Jeep eine Landstraße entlang, als sie beinahe frontal auf eine entgegenkommende Kolonne unbeleuchteter deutscher Panzertransportfahrzeuge fuhren. Riding schaltete die Scheinwerfer aus, sah einen nach rechts abzweigenden schmalen Feldweg und riß das Steuer herum. Aber die Geschwindigkeit war zu hoch, und der Jeep überschlug sich. Riding und seine Männer, die instinktiv aus dem offenen Fahrzeug gesprungen und unverletzt geblieben waren, mühten sich in der Dunkelheit verzweifelt ab, den Jeep wieder auf die Räder zu stellen, während auf der nahen Landstraße 80 deutsche Schwerlaster langsam vorbeirumpelten. Zu ihrer großen Erleichterung hielt nicht einer von ihnen an.

Eine bevorzugte Taktik der Streifkommandos war es, sich unauffällig an deutsche Nachschubkolonnen zu hängen. Auf ein Signal hin rasten sie dann auf der linken Fahrbahnhälfte an der Kolonne entlang und feuerten auf die überholten Fahrzeuge. Eine ebenso beliebte Technik waren Feuerüberfälle auf die Schlußfahrzeuge von Kolonnen. Wenn die Verhältnisse es erlaubten, rasten sie nach

Gruppen von Jedburghs, die über Mittelfrankreich abgesetzt worden sind, um die Verlegung deutscher Panzerdivisionen zur Normandiefront zu behindern, haben sich in einem abgelegenen Gebiet des Departements Corrèze versammelt zur Bergung von Behältern mit Waffen und Versorgungsgütern, die alliierte Transportmaschinen in kühnem Tageseinsatz abwerfen.

Unter der Sicherung von Kommandosoldaten schafft ein französischer Bauer mit dem Pferdefuhrwerk abgeworfene Versorgungsbehälter zum Versteck. Die meisten Abwürfe fanden während der Nacht statt. Zur Orientierung der Piloten wurden Feuer am Boden angezündet oder Leuchtsignale geschossen.

gelungener Flucht auf Nebenstraßen weiter, um die Kolonne an einer anderen Stelle wieder zu erreichen und abermals das letzte Fahrzeug unter Feuer zu nehmen.

Manche alliierten Offiziere behandelten die Jeep-Streifkommandos verächtlich als bloße Cowboys, deren Einsätze mehr Abenteuerspielen als Kriegführung ähnelten. Die Verwirrung, die sie im feindlichen Hinterland verbreiteten, war jedoch offensichtlich und die Gefahren ihrer Unternehmungen unangezweifelt. Von den rund 80 bewaffneten Jeeps, die während der ersten Phasen der Invasion mit Fallschirmen oder Lastenseglern erfolgreich angelandet worden waren, wurden mehr als ein Drittel zerstört. Die Deutschen schoben in ihre Kolonnen Lastkraftwagen ein, unter deren Planen 2-cm-Schnellfeuerkanonen verborgen waren, die einen Jeep mit einem Feuerstoß zerstören konnten. Fenwick wurde im Jeep von einer solchen Granate getroffen und auf der Stelle getötet. Von den vier Männern, die bei ihm waren, fanden zwei weitere den Tod, einer wurde gefangengenommen, und nur einer entkam.

Die sich mehrenden Überfälle der Streifkommandos führten zu immer wütenderen deutschen Reaktionen. Ein SAS-Kommandooffizier, der verwundet in Gefangenschaft geriet, wurde von den Deutschen mit Gewehrkolben zu Tode geknüppelt, als abschreckendes Beispiel für die Bewohner des Dorfes, in dem der Kommando-Überfall stattgefunden hatte.

Dennoch nahmen die Streifkommandos auch weiterhin gefährliche Risiken auf sich. Der im Tal der Yonne operierende SAS-Kommandeur Derrick Harrison fuhr mit nur vier Mann und zwei Jeeps einen Angriff gegen eine ganze Kompanie Waffen-SS. Die Kommandotruppe war unterwegs zu einer Werkstatt der Widerstandskämpfer, um eine Maschinengewehrhalterung anschweißen zu lassen, als sie aus dem nahe gelegenen Dorf Les Ormes das Rattern von Maschinenwaffen vernahm. Eine ältere einheimische Frau, der Tränen übers Gesicht rannen, kam mit einem Fahrrad auf sie zu. Sie berichtete Harrison, daß mehr als 200 deutsche Soldaten als Vergeltungsmaßnahme für Überfälle der Résistance dabei seien, das Dorf in Brand zu setzen und Geiseln zu nehmen, die erschossen werden sollten. Das SAS-Streifkommando entschied sich für einen sofortigen Angriff, wobei es sich auf Schnelligkeit, den Überraschungseffekt und die Feuerkraft verließ.

„Mit flatternden Union Jacks", erzählte Harrison, „rasten wir die Straße entlang, um die Kurve und ins Dorf. Mit einem Blick nahm ich die Szene in mich auf. Die Kirche in der Mitte des Dorfplatzes . . . ein großer Lastkraftwagen . . . zwei deutsche Kübelwagen . . . ein größerer Trupp Waffen-SS vor der Kirche."

Die Kommandos deckten den Dorfplatz mit Maschinengewehrfeuer ein, schossen die Fahrzeuge in Brand und mähten eine Anzahl SS-Männer nieder, als sie in Deckung sprangen. 30 Meter vor der Kirche kam Harrisons Jeep zum Halten; sein Fahrer war tot über das Lenkrad gesackt. Die Vickers-MGs hatten Ladehemmung, und als Harrison sah, daß der Motor zerschossen war, sprang er mit seinem Karabiner aus dem Jeep und rannte feuernd zum zweiten Fahrzeug, das am Rand des Platzes haltgemacht hatte. Verwundet erreichte er das Fahrzeug. Sobald er eingestiegen war, raste der Jeep aus dem Dorf. Im Durcheinander des Feuergefechts waren 18 französische Zivilisten, die wegen Zusammenarbeit mit „Terroristen" zur Exekution zusammengetrieben worden waren, aus dem Dorf geflohen und in Wald und Feld untergetaucht.

Nicht weniger dramatisch verlief die Mission des Majors Roy Farran, der eine Kolonne von 20 Jeeps in Streifzügen durch ganz Frankreich führte. Das Unternehmen begann am 19. August in Rennes in der Bretagne, wo Farran und 60 Mann der 2. SAS-Abteilung gelandet waren. Sie hatten den Befehl, durch die deutschen Linien zu dringen und 600 Kilometer durch das Land zu einem SAS-Stützpunkt im Wald von Chatillon nördlich von Dijon zu fahren. „Innerhalb von 24 Stunden nach der Landung", berichtete Farran später, „wand sich die Kolonne der Jeeps auf Wald- und Feldwegen zwischen den inselartigen deutschen Verteidigungspositionen hindurch und gelangte in das offene Hinterland des Gegners. Solange wir auf dem Netz der Landstraßen und Feldwege blieben, waren wir verhältnismäßig sicher, denn die Deutschen hielten sich größtenteils an die Chausseen."

Am ersten Tag legte die Kolonne 80 Kilometer zurück, ohne auf feindliche Kräfte zu stoßen. Am zweiten Tag beschloß Farran, sein Kommando in drei Gruppen zu teilen und sie in Abständen von 30 Minuten dieselbe Strecke fahren zu lassen. Beim Dorf Mailly-le-Château geriet die erste Gruppe in einen Kugelhagel aus deutschen Maschinengewehrstellungen am Ostufer der Yonne. Sie verlor einen Jeep, als sie sich hindurchkämpfte.

Am dritten Tag verlor die Führungsgruppe zwei weitere Jeeps, als sie in Dorf Villaines mit deutschen Truppenteilen zusammenstieß. Schlimmer noch, es war keine Zeit, die zweite, von Farran angeführte Gruppe zu warnen, die um eine Biegung kam und die Straße von einer deutschen Panzerabwehrkanone gesperrt sah. Farrans Jeep wurde zusammengeschossen, und etliche seiner Männer fielen, bevor es dem Rest der Gruppe gelang, sich freizukämpfen und querfeldein zu fliehen. Sie waren außerstande, zurückzufahren und die dritte Gruppe zu warnen, die gleichfalls in den Hinterhalt fuhr und schwere Verluste erlitt.

Auf der letzten Etappe ihrer Fahrt hatten Farrans Männer das Glück, einen langsam fahrenden deutschen Versorgungszug auszumachen, den sie von der parallel zum Bahndamm verlaufenden Straße aus 15 Meter Entfernung unter Feuer nahmen und in Brand schossen. Von diesem Erfolg abgesehen, war das Unternehmen ein katastrophaler Mißerfolg gewesen. Als die Kolonne schließlich in den Wald von Chatillon holperte, bestand sie noch aus sieben Jeeps und hatte fast die Hälfte ihrer Männer verloren. Doch waren die Überlebenden in ihrem neuen Stützpunkt kaum zur Ruhe gekommen, als Farran schon neue Angriffspläne entwarf. Er hatte erfahren, daß eine im Château von Chatillon stationierte deutsche Truppe auf 150 Mann geschrumpft war, und faßte den Entschluß, das Schloß anzugreifen und die Deutschen gefangenzunehmen.

Die Gesamtstärke der durch Farrans Gruppe verstärkten Stützpunktbesatzung betrug zehn Jeeps und 60 Mann. Farran sperrte die wichtigsten Zufahrtstraßen zur Stadt mit Jeeps, unterbrach die militärischen Telephonleitungen und begann das Château mit einem Granatwerfer zu beschießen. Eine Viertelstunde nach Beginn der Aktion wurde eine Kolonne von 30 Wehrmachtfahrzeugen, die unterwegs zum Château war, an einer Brücke der Straße Montbard-Dijon überfallen. Ehe die Deutschen wußten, wie ihnen geschah, zerstörten die Maschinengewehre der SAS-Streifkommandos die ersten fünf Lastkraftwagen. Als deutsche Infanterie aus den Fahrzeugen sprang, deckten Farran und seine Männer die Straße mit Sperrfeuer aus ihren automatischen Waffen ein.

Nach dreistündigem Gefecht begann sich die zahlenmäßige Überlegenheit der Deutschen auszuwirken. Nachdem die Besatzung des Schlosses sich bis ins Stadtzentrum vorgekämpft und mit der von Montbard herangeführten Abteilung vereinigt hatte, signalisierte Farran mit zwei Leuchtkugeln den Rückzug. Das Absetzen vom Feind gestaltete sich jedoch schwieriger als erwartet, und wieder gab es beträchtliche Verluste. Farran und zwei oder drei SAS-Kameraden entkamen mit knapper Not, indem sie auf den Bäuchen die Furchen eines umgepflügten Ackers entlangkrochen, während die Deutschen das Feld mit MG-Feuer bestrichen.

Da sie Vergeltungsangriffe der verstärkten Garnison befürchteten, gaben die SAS-Kommandos ihr Lager im Wald auf und fuhren weiter nach Osten zu einem weiteren SAS-Stützpunkt im westlichen Vorland der Vogesen. Als sie dort eintrafen, hatten sie die längste Reise hinter den feindlichen Linien beendet, die während des Krieges von Kommandotruppen zurückgelegt worden war. Sie hatten auch die Befriedigung zu wissen, daß ihr Angriff, wenn er auch nicht die deutsche Garnison von Chatillon überwältigt hatte, dem Feind doch schwere Verluste zugefügt hatte.

Während der Intervalle zwischen solch gewagten Operationen verbrachten die britischen Kommandos viele Stunden mit der Beratung und Waffenausbildung der einheimischen Widerstandskämpfer. „Den ganzen heißen Tag hindurch arbeitete ich mit Jacques und seinen Leuten im Schatten der niedrigen Bäume", berichtete SAS-Offizier George Millar über einen Tag, den er beim Dorf Chaignay, 16 Kilometer nördlich von Dijon, bei einer Gruppe von Maquisards verbracht hatte. „Wir saßen einträchtig zusammen, zerlegten die Maschinenpistolen, Revolver, Gewehre, Bazookas und Maschinengewehre und befreiten sie von der dicken Fettschicht, mit der sie vor dem Versand zum Schutz gegen Korrosion bestrichen worden waren."

Wie die meisten Angehörigen der Kommandotruppe, mußte Millar sich weitgehend auf visuelle Demonstration verlassen, da ihm die französischen Bezeichnungen für Begriffe wie „Sicherungshebel", „Patronenhülsenauswurf" und „Schlagbolzen" nicht bekannt waren. Er demonstrierte die Funktionsweise der Waffen, indem er sie wiederholt zerlegte und wieder zusammensetzte, und er ließ die Freischärler immer wieder Techniken üben, wie das Schießen aus einer vorgebeugten, geduckten Körperhaltung heraus, die von vielen Kommandos bevorzugt wurde, um der Tendenz zu hoch liegendem Feuer entgegenzuwirken. Um sie den Umgang mit Sprengstoffen zu lehren, führte Millar ihre Zusammensetzung Schritt für Schritt vor – das Erhitzen des plastischen Sprengstoffs in kochendem Wasser, bis er weich und formbar war, das Kneten zu eineinhalbpfündigen Würfeln, die je nach Bedarf mit Klebeband zusammengefügt wurden, und ihre Ausstattung mit Zündkapseln und Zündschnur oder Zündkabel. Beherrschten die Maquisards diese Methoden, nahm er sie zu Sabotageaktionen mit, damit sie sähen, wie man die Sprengladungen an Eisenbahngeleisen und Brücken befestigte und mit khakifarbenem Klebeband tarnte.

Millar machte die Erfahrung, daß es den Maquisards vielfach an militärischen Grundkenntnissen fehlte. So neigten sie beim Feuern mit Maschinengewehren dazu, den Finger am Abzug zu lassen, bis das Magazin leer war, statt kurze Feuerstöße abzugeben. Die meisten der Männer, mit denen Millar arbeitete, waren Industriearbeiter aus der Stadt, die in den Untergrund geflohen waren, um sich der Zwangsverpflichtung zum Arbeitseinsatz in Deutschland zu

Hauptmann Derrick Harrison vom Special Air Service (ganz links) pausiert noch einmal mit seinem Einsatzteam kurz vor dem Überfall auf ein deutsch besetztes Dorf 120 Kilometer hinter der Front. Eine Stunde nachdem diese Aufnahme gemacht wurde, fand sein Fahrer den Tod. „Wäre ich nicht aufgestanden, um zu feuern", sagte Harrison, „hätten mich die Kugeln, die ihn töteten, erwischt."

entziehen. Im Gegensatz zur Landbevölkerung, die der Résistance im allgemeinen eher indifferent gegenüberstand, war ihnen die Kunst, aus dem Land zu leben, so gut wie fremd.

Damit nicht genug, zeigten sie sich unfähig, ihre Anwesenheit zu verbergen. Als er in sein erstes Partisanenlager geführt wurde, war Millar entsetzt über die ausgetretenen Zugangswege; lange bevor er das Lager erreichte, konnte er das Stimmengewirr hören und Zigarettenrauch riechen.

Und als er ins Lager kam, stellte er fest, daß die Widerstandskämpfer keine Wachen aufgestellt hatten und die ihnen zur Verfügung gestellten Radios zum Empfang von Instruktionen und Aktionsmeldungen aus London nicht regelmäßig eingeschaltet wurden. Die Behelfsunterkünfte waren nicht regendicht, und niemand hatte den Leuten gezeigt, wie man eine Latrine anlegt.

Gewöhnlich gelang es den SAS-Kommandos, innerhalb einiger Tage nach ihrer Ankunft wenigstens ein Mindestmaß an Sicherheitsvorkehrungen zu schaffen und die Maquisards mit den Grundbedingungen des Lebens in den Wäldern vertraut zu machen. Schwieriger war es, ihre Ungeduld zu zügeln, denn alle brannten darauf, dem Feind entscheidende Schläge zuzufügen.

Bisweilen wurden Warnungen der Kommandos vor der Massierung zahlenmäßig starker Verbände mißachtet, was mitunter tragische Folgen hatte. In Vercors, einer großen Hochfläche und natürlichen Festung südwestlich von Grenoble, wo 3500 Maquisards im Sommer 1944 eine „freie Republik" ausriefen, drängten die Militärberater der Interalliierten Mission sowie einer OSS-Operationsgruppe die Widerstandskämpfer, sich zu zerstreuen und damit einer offenen Schlacht mit den zur Einkreisung des Gebiets angetretenen deutschen Verbänden auszuweichen. Aber die Maquisards mißachteten den Rat und wurden in einer mörderischen Schlacht, die 750 von ihnen das Leben kostete, überwältigt.

Die Versorgung der Widerstandskämpfer und Kommandotruppen mit Waffen und Ausrüstungen war beinahe ausschließlich von regelmäßigen Fallschirmabwürfen alliierter Flugzeuge abhängig. Als die Operationen von Résistance und Kommandotruppen im Spätsommer 1944 einen Höhepunkt erreichten, nahmen die Abwürfe aus der Luft sprunghaft zu. In einer einzigen, durchaus nicht außergewöhnlichen Nacht im August beispielsweise starteten 42 Flugzeuge in Großbritannien mit Ausrüstungen und Verstärkungen für die Kommandotruppen. In 22 verschiedenen Landezonen setzten sie 150 Soldaten, vier Jeeps und 700 Behälter mit Waffen, Munition und anderen Ausrüstungen ab. In derselben Nacht landeten elf Lastensegler mit 45 Soldaten und elf Jeeps hinter deutschen Stellungen in der Bretagne.

Kommandos, die für den Empfang und die Weiterleitung der Lieferungen verantwortlich waren, arbeiteten häufig rund um die Uhr: Bei Tag verübten sie Sprengstoffanschläge und Überfälle, bei Nacht sammelten sie die abgeworfenen Behälter ein. Hauptmann Derrick Harrison war überrascht, als ihm eines Nachts beim Zusammensuchen von Treibstoffkanistern nach einem Fallschirmabwurf klar wurde, daß er seit vier Tagen nicht geschlafen hatte: „Tagsüber hatte es mehr als genug zu tun gegeben", schrieb er, „und jede Nacht hatten wir abgeworfene Behälter zu bergen." Nur das Adrenalin hielt ihn noch aufrecht.

Trotz ihrer Häufigkeit waren die *parachutages,* wie sie von den Widerstandskämpfern genannt wurden, riskant, sowohl für die Flugzeugbesatzungen als auch für diejenigen, die das abgeworfene Material zu bergen hatten. Die als Leitsignale für die Flugzeuge entfachten Feuer konnten genauso leicht deutsche Patrouillen anlocken. Aus Sicherheitsgründen fanden die Abwürfe selten vor Mitternacht statt, gewöhnlich erst zwischen 1.00 und 3.00 Uhr, was bedeutete, daß die Empfänger nur ein paar Stunden Dunkelheit hatten, in denen sie die abgeworfenen Behälter einsammeln, fortschaffen und verstecken mußten.

Vier kräftige Männer waren nötig, um die bei Fallschirmabwürfen verwendeten Standardbehälter zu heben; wenn sie außerhalb der Abwurfzone niedergingen, was häufig der Fall war, gab es große Schwierigkeiten, sie in den nachtdunklen Wäldern ausfindig zu machen und vor Tagesanbruch durch das Unterholz hinauszutragen. Die Widerstandskämpfer aber mußten es versuchen, denn ein zurückgebliebener Behälter oder ein Fallschirm reichte aus, um eine gründliche deutsche Suchaktion auszulösen. Eine Suchaktion begann gewöhnlich damit, daß die deutschen Soldaten einen Kreis von vier Kilometer Durchmesser bildeten und dann allmählich nach innen vordrangen, was ein Entkommen auf Straßen unmöglich machte. War der Kreis klein genug geworden, setzten die Deutschen den Wald mit Flammenwerfern in Brand, um die Maquisards herauszutreiben.

Statistiken zeigen, daß mehr als die Hälfte der Verluste, die die Kommandos erlitten, entweder beim Fallschirmabsprung selbst oder während der ersten Minuten am Boden eintraten. Weil die Absprünge aus niedrigen Höhen erfolgen mußten, war es erforderlich, daß die am Flugzeug befestigte Reißleine, die den Fallschirm aus seiner Hülle zog, zuverlässig funktionierte. Die in den Abwurfzonen wartenden Männer lernten das laute, dumpfe Aufprallen fürchten, das signalisierte, daß entweder ein Fallschirmspringer oder ein Behälter ungebremst am Boden aufgeschlagen war.

Schließlich gab es die stets gegenwärtige Gefahr, daß Informanten im Lager der Résistance die Deutschen über den Inhalt der sinnlos scheinenden Funksprüche aufklärten, die als Radiosignale für einen Abwurf verwendet wurden: ROMEO HAT JULIA BETROGEN zum Beispiel oder MEINE BRIEFTASCHE IST VOLL. Die so unterrichteten Deutschen griffen die Abwurfzonen mit eigenen Flugzeugen an und belegten die unten wartenden Maquisards mit Bomben und schwerem Bordwaffenfeuer.

Manchmal erfuhren die Deutschen durch Informanten das Erkennungssignal der betreffenden Nacht – einen vereinbarten Buchstaben, dessen Morsezeichen vom Boden aus mit Taschenlampen den niedrig fliegenden Versorgungsmaschinen zugeblinkt wurde. Mit diesen Codebuchstaben versehen, konnten die Deutschen alliierte Transportmaschinen dazu verleiten, daß sie Männer und Ausrüstungen über sorgfältig vorbereiteten Fallen absetzten. Dies geschah im Fall von zwölf SAS-Kommandos, die im Juli 1944 nahe der Stadt La Ferté Alais außerhalb von Paris mit Fallschirmen absprangen. Neun wurden bei der Landung von den wartenden Deutschen ergriffen; die drei anderen konnten in der Dunkelheit entkommen.

Die Gefangenen wurden nach Paris gebracht und vom SD vernommen. Als die Verhöre ergebnislos blieben, wurden die neun Gefangenen in Zivilkleider gesteckt, auf einen Lastwagen geladen und nach Westen in die Richtung des alliierten Landekopfes gefahren, angeblich, um gegen deutsche Agenten ausgetauscht zu werden. Das schien zu gut, um wahr zu sein, und als der Lastwagen an einem Waldrand nahe Beauvais hielt und ein SAS-Gefreiter namens Vaculik einen der Deutschen von der Begleitmannschaft fragte, ob es zutreffe, daß gefangene Kommandosoldaten erschossen würden, wurde ihm gesagt, daß es sich so verhalte.

Vaculik und seine Gefährten mußten sich vor zwei SD-Leuten mit Maschinenpistolen aufstellen, während ein dritter ihnen das Todesurteil verlas. Die Deutschen aber hatten es unterlassen, sie zu fesseln, und da die Gefangenen wußten, was ihnen bevorstand, rannten sie auseinander und in den Wald, sobald der SD-Mann zu lesen aufhörte. Der Gefreite Vaculik entkam; ein anderer Soldat stolperte und fiel, konnte jedoch entkommen, nachdem die Deutschen in der Annahme, daß er tot sei, an ihm vorbeiliefen. Die übrigen wurden niedergeschossen.

Es war unvermeidlich, daß es zwischen Offizieren der Kommandogruppen und den Widerstandskämpfern zu Streitigkeiten kam – gewöhnlich über den subtilen Unterschied zwischen Beraten und Befehlen. Roy Farran fand die Maquisards um seinen Stützpunkt im Wald von Chatillon von einem fanatischen Unabhängigkeitsgeist beseelt. Sie wünschten nur eine lose Verbindung mit der Kommandoeinheit und wiesen das Ansinnen, sich bei ihren Unternehmungen von Angehörigen der Kommandos führen zu lassen, mit Entschiedenheit zurück.

Nichtsdestoweniger fühlten sich die meisten Widerstandsgruppen durch die Anwesenheit der Kommandos ermutigt und betrachteten sie als Waffenbrüder. Der amerikanische Kapitänleutnant Michael Burke, ein Angehöriger einer Jedburgh-Gruppe, die über den Westvogesen absprang, wurde mit seinen beiden Kameraden von den Maquisards auf das herzlichste begrüßt und im Triumph zu einem Waldlager geführt. „Es war eine elend kalte Nacht", berichtete Burke später, „und unser Versteck war nur eine kleine Hütte im Wald. Wir drei hatten wasserdichte Schlafsäcke, aber die Maquisards besaßen nicht einmal eine Decke, die sie hätten über sich breiten können. Dennoch bestanden sie darauf, daß wir in der Hütte schliefen. Nachdem wir uns niedergelegt hatten, begann es zu regnen, und ungefähr eine Stunde später hörte ich die Tür knarren. Ein fröstelnder Franzose, durchnäßt bis auf die Haut, legte sich neben uns nieder, um sich zu wärmen." Bald war die ganze Gruppe in der Hütte zusammengepfercht, und an Schlaf war nicht mehr zu denken. „Aber", sagte Burke, „wir wußten, daß diese kleinen Burschen sich ihrer ersten entspannten Nachtruhe erfreuten, weil wir da waren, und wir waren froh, neben ihnen zu liegen."

Auf der anderen Seite sahen sich viele Kommandoeinheiten gezwungen, die übertriebenen Erwartungen zu dämpfen, die ihre Ankunft bei den Maquisards weckte. Wenn Derrick Harrison mit seiner Einheit fern von ihrem Stützpunkt im Tal der Yonne operierte und auf isolierte Gruppen von Maquisards stieß, weigerten sich diese häufig zu glauben, daß seine Jeeps mit Fallschirmen von Flugzeugen abgeworfen worden seien, und wollten nicht von ihrer Meinung lassen, daß sie es mit einer Vorausabteilung der alliierten Armeen zu tun hätten. Die Bewohner der meisten Dörfer, die die Kommandos passierten, erlagen demselben Mißverständnis. Roy Farrans Jeeps wurden nicht selten mit lärmenden Freudenkundgebungen und Kirchenglockengeläut empfangen.

Mit ihrer Begeisterung zogen viele der sich befreit wähnenden Dorfbewohner den Zorn und die Rachsucht der Deutschen auf sich, die in harten Vergeltungsaktionen für Anschläge der Widerstandskämpfer und wegen mutmaßlicher Zusammenarbeit mit dem Feind Männer, Frauen und Halbwüchsige erschossen. Im ostfranzösischen Dorf Moussey verhörten die Deutschen die Bevölkerung über die Aktivitäten der 2. SAS-Abteilung in der Gegend; als sie keine zufriedenstellende Information erhielten, deportierten sie alle 210 Männer des Dorfes in Konzentrationslager, aus denen nur 70 wieder zurückkehrten.

Oft wirkte sich die Aufmerksamkeit, die ihnen zuteil wurde, für die Kommandos als Bedrohung aus. Als Derrick Harrison und seine Leute versuchten, unauffällig an deutschen Stellungen nahe Joigny vorbeizukommen, wurden sie von Dorfbewohnern entdeckt. Rasch lief eine Menschenmenge zusammen – und erhöhte damit die Gefahr, daß sie von einer deutschen Patrouille gesehen wurden. Als sie endlich zum nächsten Dorf weiterfuhren, stellten die Männer fest, daß die Nachricht von ihrer Ankunft ihnen via Telephon vorausgeeilt war und eine weitere Menschenmenge sie erwartete. Da sie wußten, daß die Deutschen Telephongespräche abhörten, gaben die Männer ihr Tagesziel auf und flohen querfeldein.

Die Angehörigen von Kommandoeinheiten lebten in ständiger Anspannung. „Das vielleicht Schlimmste am Leben hinter den feindlichen Linien", erinnerte sich Roy Farran, „war das schreckliche Gefühl von Nervosität, wenn man sich in den Wäldern versteckt hielt. Ich glaube, es war mehr die Höhe der Bäume und der Umstand, daß wir die Sonne kaum zu sehen bekamen. Jedesmal, wenn das Laub raschelte, ein Zweig knackte oder ein aufgescheuchtes Wildschwein bei Nacht durch den Wald lief, dachte ich, die Deutschen schlichen sich an."

Vor allem wegen der extrem hohen Anforderungen an die Kommandoeinheiten blieben nur wenige von ihnen länger als ein paar Wochen in Frankreich. Die längste Dauer von allen 43 SAS-Operationen war derjenigen beschieden, die unter Oberstleutnant William Fraser im Hügelland von Morvan zwischen Dijon und Nevers durchgeführt wurde. Sie begann in der Nacht zum 7. Juni 1944 mit einem Fallschirmabsprung und dauerte bis zum 6. September. Insgesamt sprangen 154 Offiziere und Mannschaften in dieser Gegend ab, unterstützt von bewaffneten Jeeps und leichter Feldartillerie. Die meisten ihrer Unternehmungen richteten sich gegen deutsche Truppenverbände, die von der Côte d'Azur in die Normandie verlegt wurden, namentlich die 9. Panzerdivision. In drei Monaten sprengten Frasers Leute 22mal Eisenbahnlinien, töteten oder verwundeten 220 Deutsche, machten 132 Gefangene und meldeten der RAF 30 Bombenziele. Während dieser Zeit unternahmen die Deutschen einen ernsthaften Versuch, Frasers im hügeligen Waldgelände gut geschützte Truppe zu vernichten, und griffen in Bataillonsstärke und mit Unterstützung durch gepanzerte Fahrzeuge an, doch gelang es Fraser mit brillanter Abwehrtaktik und der Hilfe eines Feldgeschützes, den Angriff abzuwehren.

Im September, als die alliierten Armeen zur Verfolgung der zurückweichenden Deutschen in Frankreich zum Bewegungskrieg übergingen, hatten die Guerillaaktionen der Kommandotruppen ihre Bedeutung eingebüßt. Aber schon warteten neue Aufgaben auf die Sondereinheiten: Sie sollten den rasch vorstoßenden alliierten Armeen als Speerspitze und Vorhut dienen. Eine 700 Mann starke SAS-Truppe wurde in die Niederlande verlegt, wo sie als Vorausabteilung der kanadischen 1. Armee operierte. Sie verursachte so viel Verwirrung, daß die zurückweichenden deutschen Verbände außerstande waren, eine zusammenhängende Verteidigungslinie gegen die Kanadier aufzubauen. Im gleichen Frontabschnitt unternahmen 180 Mann von der 1. SAS-Abteilung Erkundungsvorstöße für die kanadische 4. Panzerdivision. Eine weitere Gruppe von 300 SAS-Angehörigen diente in gleicher Funktion der polnischen Panzerdivision – und nahm bei Kriegsende den deutschen Außenminister Joachim von Ribbentrop gefangen, als er im Begriff war, sich in seiner Hamburger Wohnung das Leben zu nehmen.

In Schleswig-Holstein vereinigte Oberstleutnant Brian Franks Teile der 1. und 2. SAS-Abteilung zu einer 430 Mann starken Kampfgruppe, die mit bemerkenswerter Kühnheit vor der Front der schottischen 15. Division operierte und die erste britische Einheit war, die in Kiel eindrang und die Hafenanlagen dort besetzte. Eine

Als vorübergehendes Lager dient für einige der 850 deutschen Soldaten, die in der Nacht zum 23. März 1945 bei einem Überraschungsangriff britischer Kommandotruppen auf die Stadt Wesel gefangengenommen worden sind, ein Bombenkrater.

solche Operation, bemerkte Hauptmann Derrick Harrison, „war nicht SAS-Arbeit, wie wir sie kannten, aber sie war genauso wichtig". Tatsächlich war es die Art von Arbeit, die die Angriffstruppen der britischen 1. und 4. Kommandobrigade seit dem Tag der Invasion verrichtet hatten.

Als die Alliierten den Rhein überschritten und durch die Norddeutsche Tiefebene vorstießen, bildeten Angriffsverbände der Kommandotruppen die Spitze der Offensive. Ihre Kühnheit veranschaulicht der Rheinübergang der 1. Kommandobrigade bei Wesel, wo der Strom über 300 Meter breit ist und eine Strömungsgeschwindigkeit von fünf Knoten hat. Auf Anhöhen gelegen, war die Stadt durch einen Frontalangriff praktisch nicht zu nehmen. Aber im Westen lag ein Überschwemmungsgebiet, das nur durch Deckungsgräben gesichert war, da die Deutschen angenommen hatten, der Boden sei zu weich und zu sumpfig, um größere Operationen als Spähtruppunternehmen zuzulassen.

Brigadegeneral Derek Mills-Roberts beschloß das Unerwartete zu versuchen. Eine 1600 Mann starke Kommandotruppe überquerte den rasch dahinströmenden Fluß in einem nächtlichen Überraschungsangriff, überwand im Sturm das Überschwemmungsgebiet, überwältigte die schwach besetzten Grabenstellungen und warf die Verteidiger auf das Stadtzentrum zurück, ehe diese eine wirksame Abwehr organisieren konnten. Alarmierte deutsche Soldaten stolperten benommen aus ihren Kellerunterkünften, fanden die Straßen aber schon in der Hand der Kommandotruppe. Zur gleichen Zeit kletterten Pioniere der Kommandotruppe bereits über die Stahlträger der gesprengten Eisenbahnbrücke, um eine Telephonleitung über den Fluß zu legen.

Auf ihrem Rückzug vom Rhein nutzten die deutschen Verbände geschickt die natürlichen Barrieren der Flüsse, die die Norddeutsche Tiefebene durchziehen, zur Errichtung neuer Widerstandslinien. Auch hier erwiesen sich die Kommandos als unentbehrliche Helfer der regulären Streitkräfte. An der Weser gingen sie im Schutz der Dunkelheit über den Fluß und wateten drei Stunden lang durch hüfttiefen Schlamm und Morast, um die deutschen Verteidigungen zu umgehen und von rückwärts in die kleine Stadt Leese einzudringen. Die Überraschung war vollständig. Die Kommandotruppen stürmten vorbei an Geschützen auf Selbstfahrlafetten, die in die falsche Richtung wiesen, und besetzten eine unterirdische Raketenfabrik, deren Ingenieure und Forschungspersonal sie an Ort und Stelle gefangennahmen.

An der Aller stellte sich das Problem ein wenig anders. Hier hielten die Deutschen einen Brückenkopf am Westufer des Flusses, hart bedrängt von der 11. Panzerdivision der britischen 2. Armee. Der Divisionskommandeur wußte, daß die Deutschen bei der Räumung des Brückenkopfes die Brücken sprengen würden. Darum schlug er vor, den Druck seiner Verbände vorübergehend zu verringern, während Kommandoeinheiten den Feind umgingen und die Brücken im Handstreich eroberten.

Durch Spähtruppunternehmen wurde festgestellt, daß die Straßenbrücke zu stark gesichert war, als daß sie in einem Überraschungscoup genommen werden konnte; infolgedessen konzentrierte man sich bei der Erkundung auf die eineinhalb Kilometer flußabwärts gelegene Eisenbahnbrücke. Eine Stunde vor Mitternacht wurden zwei Kommandostoßtrupps losgeschickt. Einer hatte den Auftrag, die Wachen am Westufer zu überwältigen, der andere sollte den Fluß durchschwimmen und die Wachen am Ostufer ausschalten. Ihnen folgte das Kommando Nr. 3 mit dem Auftrag, die Brücke zu besetzen.

Die Männer wußten nicht, daß die Deutschen beschlossen hatten, sich in derselben Nacht über den Fluß zurückzuziehen und die Brücke zu zerstören. Als die Kommandogruppen sich dem Ziel näherten, erfolgte eine donnernde Explosion. Der dem Ufer nächste Brückenbogen, der sumpfiges, aber passierbares Ufergelände überspannte, hob sich in die Luft und stürzte in sich zusammen.

Die zwei Kommandogruppen reagierten beinahe gleichzeitig: Die Männer stürmten über das sumpfige Wiesengelände, kletterten die zerstörten Brückenträger hinauf und überrannten die Wachen am Ostufer, ehe dort die vorbereitete Sprengung durch die Deutschen erfolgen konnte.

Nun, da die Eisenbahnbrücke über die Aller gesichert war, ging die Kommandoeinheit auf dem Ostufer gegen die Straßenbrücke vor, um sie nach Möglichkeit im Nachtangriff zu nehmen. Doch auch hier hatten die Deutschen die Dunkelheit genutzt, um ihren Brückenkopf am Westufer zu räumen, und die Kommandos kamen zu spät, um die Brückensprengung zu verhindern. Dennoch errichteten sie einen Brückenkopf und behaupteten ihn 48 Stunden lang. Am dritten Tag hatten Pioniere die Brücke so weit repariert, daß Panzerverbände über den Fluß vorstoßen konnten.

Dieses Vorgehen wurde bis zur Elbe immer wieder angewendet – unbemerkte nächtliche Flußüberquerungen durch Kommandoeinheiten, gefolgt von Umgehungsbewegungen und überraschenden Angriffen im Rücken. So zuversichtlich hielten die deutschen Verteidiger ihre für „unangreifbar" gehaltenen Riegelstellungen hinter strategisch wichtigen Flußübergängen, konstatierte Brigadegeneral Mills-Roberts, daß sie in den meisten Fällen nicht auf die Kommandoangriffe gefaßt waren.

Mit dem Übergang über die Elbe Ende April 1945 war der Krieg in Westeuropa so gut wie beendet, und mit ihm die Einsätze der allierten Kommandoverbände, ob als Guerillas oder als Sturmtruppen. Einzelne Einheiten wurden bereits nach England zurückgeführt und richteten ihre Aufmerksamkeit auf den Fernen Osten, wo Sondereinheiten im Kampf gegen Japan seit Jahren eine ganz andere Art von Kleinkrieg führten.

DER KOMMANDEUR DER KOMMANDOS

Lord Louis Mountbatten im Dezember 1941 bei der Inspektion einer an Deck des Truppentransporters angetretenen Kommandoeinheit, vor dem Auslaufen nach Dieppe.

EIN ADLIGER BEFEHLSHABER VON GROSSER BELIEBTHEIT

Im langen, weißen Taufkleid ruht der drei Wochen alte künftige Lord Louis Mountbatten am 17. Juli 1900 im Arm seiner Urgroßmutter, Königin Victoria.

Die Kombination von Kampfgeist und Disziplin, die Kommandoeinheiten auf allen Kriegsschauplätzen auszeichnete, wurde von keiner Person überzeugender verkörpert als von dem Mann, der seit Oktober 1941 als Leiter des Kommandos für Amphibische Operationen für die britischen Kommandounternehmen verantwortlich war. Lord Louis Mountbatten war von königlichem Geblüt: Sein Vater war ein hessischer Prinz, seine Mutter eine Enkelin der Königin Victoria, was ihn in ein verwandtschaftliches Verhältnis zur Hälfte aller gekrönten Häupter Europas brachte. Gleichwohl besaß er die seltene Gabe, gewöhnliche Sterbliche zu bezaubern – und zu führen. Ein Mann des 20. Jahrhunderts, gesegnet mit der Vielseitigkeit eines früheren Zeitalters, war er ein wagemutiger Amateursportler, Mittelpunkt so mancher eleganter Abendgesellschaft und – innerhalb seiner geliebten Marine – ein hartnäckiger Perfektionist und brillanter Neuerer.

Allein aufgrund seiner Herkunft hätte Mountbatten einen hohen Rang und ausgewählte Aufgabengebiete beanspruchen können. Statt dessen begann er als Seekadett und machte Karriere durch harte Arbeit und gediegene Sachkenntnis, womit er die Zuneigung seiner Untergebenen wie der britischen Öffentlichkeit gewann.

Nach Kriegsausbruch zeigte Mountbatten den Schneid, der ihm in Friedenszeiten Anerkennung als Sportsmann gebracht hatte, zunächst als Chef einer Zerstörerflottille. Als er Führer der Kommandotruppen wurde, erkannten seine Untergebenen jedoch sehr bald, daß er auch andere Qualitäten besaß. Vor Beginn einer Kommandooperation inspizierte er häufig auf das genaueste die Truppen, die sich anschickten, ihr Leben zu riskieren, und beendete den Besuch mit einer improvisierten, aufmunternden Ansprache. Viele Männer erinnerten sich später der freundlichen Intensität seines Blickes und seiner raschen Auffassung von Details der Operationen. „Nie im Leben hat mich jemand so offen und gerade angesehen wie er", erinnerte sich ein junger Leutnant nach einer Truppeninspektion durch Mountbatten. „Und er wußte offensichtlich sehr genau über unsere Arbeit Bescheid. Es war ein Erlebnis."

Mountbattens Beziehungen ermöglichten es ihm, die Unterstützung höchster Stellen zu gewinnen, wenn Unterstützung benötigt wurde; er konnte direkt zum Premierminister oder zu seinem Vetter, dem König, gehen, und er machte davon Gebrauch, wann immer die Situation es ratsam erscheinen ließ. Solche Abkürzungswege brachten ihm unter seinen Befehlshaber-Kollegen nicht nur Freunde ein, aber sie halfen ihm, die Kommandotruppen zur Speerspitze der alliierten Befreiungsarmee zu machen.

Mit 19 Jahren schon ein Veteran des Ersten Weltkriegs, steht Oberleutnant Lord Louis Mountbatten selbstbewußt an der Reling eines U-Boot-Jägers der Royal Navy.

EINE LEBENSLANGE LIEBE ZUR MARINE

Mountbatten widmete seine berufliche Laufbahn – ebenso wie einen großen Teil seines gesellschaftlichen Lebens – der Royal Navy. „Eine andere Karriere", so sagte er einmal, „ist mir nie in den Sinn gekommen." Seine erste Seereise machte er bereits als Säugling, als er zu einem Besuch seiner adligen Verwandten in Deutschland und Rußland mitgenommen wurde; und mit fünf fuhr er auf dem Flaggschiff des britischen Kreuzergeschwaders, das sein deutschstämmiger Vater als Admiral befehligte. Als 16jähriger Fähnrich zur See nahm er im Ersten Weltkrieg zum erstenmal an einem Gefecht teil. Und im Juli 1922, als er die schöne Edwina Ashley, Enkelin eines internationalen Finanziers, heiratete, gaben ihm seine Schiffskameraden ein rauschendes Fest.

Am Lido von Venedig watet der kleine Louis im Jahre 1906 an der Hand seines Vaters im Meer.

Louis steht im Jahre 1913 als frischgebackener Seekadett vor dem Londoner Haus seiner Eltern.

Oberleutnant Mountbatten zeigt seiner Mutter und seinem Vater (Hintergrund, mit hellem Filzhut) 1919 auf einem Rundgang seinen U-Boot-Jäger.

Mountbatten und seine Frau durchschreiten nach ihrer Hochzeit am 18. Juli 1922 ein Ehrenspalier von Offiziersdegen (links). Offiziere und Mannschaften seines Schiffes „Renown" (unten) halten sich an die Tradition, den Hochzeitswagen zu ziehen, während sich schaulustige Londoner auf den Bürgersteigen drängen. Einige Zeitungen nannten das Ereignis „die Hochzeit des Jahrhunderts".

EIN DISZIPLINIERTER MANN MIT FREUDE AM SPIEL

Sein Reichtum, seine sportliche Erscheinung und seine Vorliebe für schnelle Wagen, Motorboote und Polopferde verschafften Mountbatten den Ruf, ein Playboy zu sein. Tatsache aber war, daß er Arbeit und Spiel gleich ernst nahm und beiden mit derselben Freude nachging.

Seine Hochzeitsreise 1922 schloß einen Besuch in Hollywood ein, wo der in England geborene Charlie Chaplin als Hochzeitsgeschenk einen kurzen Film mit dem jungvermählten Paar drehte. Mountbatten stürzte sich voll Begeisterung auf die Schauspielerei (rechts), aber er erkannte auch den Wert des Films als ein potentielles Ausbildungsmittel, und nach seiner Rückkehr führte er Lehrfilme über das Signalwesen in der Marine ein.

In Hollywood mimt Lord Louis (links) Zerknirschung und läßt sich von Charlie Chaplin trösten, während ein Marineadjutant dabeisteht.

Mountbatten im August 1922 am Steuer eines Rennwagens auf der Opel-Rennstrecke bei Rüsselsheim. Später kaufte seine Frau ihm einen PS-starken Wagen und ein 40 Knoten schnelles Rennboot, mit dem er an Regatten teilnahm.

Mountbatten im Jahre 1933 bei einem Polospiel. Mannschaftskameraden sagten, er drille seine Pferde „wie ein preußischer Kavallerieoffizier". Er pflegte die Spiele filmen zu lassen, um sie hinterher in Zeitlupe vorzuführen.

Fregattenkapitän Mountbatten (links) beim Rudertraining mit der Offiziersmannschaft des Zerstörers „Wishart", die es zum Flottensieger brachte. Er war dafür bekannt, daß seine seltenen Niederlagen ihn noch nach Jahren wurmten.

WELTREISEN IM DIENSTE DES EMPIRE

In den zwanziger Jahren machte Mountbatten als offizieller Adjutant seines Vetters und guten Freundes Edward, des Prinzen von Wales und britischen Thronfolgers, zwei Weltreisen durch die Länder des britischen Weltreichs.

Es war eine Zeit, da nationale Unabhängigkeitsbewegungen anfingen, sich hier und dort in den weitverstreuten Kolonien bemerkbar zu machen. Aber die Weltreisenden bezauberten ihre Gastgeber auf Empfängen, Bällen und Jagdgesellschaften und gewannen so einflußreiche Mitglieder der einheimischen Oberschichten zu Freunden, die auch während des Zweiten Weltkriegs zu Großbritannien hielten.

Der Prinz von Wales (Mitte; hinter ihm Mountbatten) präsentiert stolz seinen ersten erlegten Tiger in Nepal.

Lord Louis und sein Vetter grüßen die Menge der Schaulustigen während eines Besuchs der britischen Kronkolonie Aden im Jahre 1921. Das familiär-vertraulich abgefaßte Spruchband fordert den Kronprinzen auf, seinen Vater, König George V., der Treue seiner Untertanen zu versichern.

In einer Erholungspause vom Zeremoniell posieren der Prinz von Wales und Lord Louis 1922 in Japan in der Landestracht. Während des Besuchs verschaffte sich Mountbatten insgeheim einen Eindruck vom kriegerischen Potential Japans.

Mountbatten 1921 auf einem Jagdelefanten in Nepal. Solche Jagdexkursionen stärkten die guten Beziehungen zu einheimischen Herrschern, die den Briten Truppen zur Verfügung stellten.

KRIEGSEINSATZ NACH EINER HEIKLEN MISSION

Eine von Mountbattens ersten Aufgaben im Zweiten Weltkrieg war eine Reise nach Frankreich, um seinen Vetter Edward nach England heimzugeleiten, der 1936 dem Thron entsagt hatte, um eine geschiedene Amerikanerin zu heiraten, und seitdem im französischen Exil lebte, wo er nun Gefahr lief, vom Kriegsgeschehen überrollt zu werden.

Nachdem er diese heikle Mission erfüllt hatte, stürzte sich Mountbatten in den Kampf. Von 1939 bis 1941 befehligte er die 5. Zerstörerflottille, die an Operationen in Norwegen wie in Griechenland – wo sein Zerstörer, die *Kelly*, versenkt wurde – beteiligt war.

Mountbattens Fähigkeiten trugen ihm bald noch verantwortungsvollere Aufgaben ein. Auf Churchills Drängen wurde er Chef des Kommandos für Amphibische Operationen und hatte die Einsätze der Kommandotruppen mit denjenigen der anderen Streitkräfte zu koordinieren. 1943 wurde er zum Alliierten Oberbefehlshaber in Südostasien ernannt, wo Kommandooperationen die Gegenoffensive einleiteten.

Mit der goldenen Fangschnur eines Adjutanten der königlichen Familie geschmückt, geleitet Mountbatten den ehemaligen Prinzen von Wales und jetzigen Herzog von Windsor an Bord des Zerstörers „Kelly" nach England heim.

Als Oberkommandierender der alliierten Streitkräfte in Südostasien besucht Mountbatten im Februar 1944 eine Einheit der 23. indischen Division. Nach dem Krieg wurde er Großbritanniens letzter Vizekönig von Indien und wirkte 1947–48 als Generalgouverneur am Übergang zur Unabhängigkeit mit.

Vizeadmiral Mountbatten unterrichtet Generalleutnant Dwight D. Eisenhower über das alliierte Landungsunternehmen bei Dieppe, einer multinationalen Operation, an der neben britischen und kanadischen Kommandotruppen eine Abteilung von US-Rangers teilnahm, die hier ihre Feuertaufe erhielt.

6

Ein britischer Major im Lendenschurz
Feldzug in einem Land voller Blutegel und Schlangen
Eine Streitmacht aus „Strauchdieben und Gangstern“
Sonderkampfgruppe Mars stößt zur Burmastraße vor
Ein Regiment mit der Gefährlichkeit von Taranteln
Mit „Lord Louis' kleiner Navy“ in den Sümpfen
Das Scheitern eines Unternehmens aus Unachtsamkeit
Der heroische Abwehrkampf eines Leutnants

DIE DSCHUNGELLEGIONÄRE

Im Frühjahr 1943 rasierte sich Denis Holmes, ein junger britischer Major des 1. Punjab-Regiments, den Schnurrbart ab, legte einen Lendenschurz an und brach, bewaffnet mit einem grünen Schirm gegen die Monsunregen, zu einer dreimonatigen Wanderung hinter den japanischen Linien in Burma auf. Die ungewöhnliche Mission des Majors Holmes galt der militärischen Erkundung des Landes und der Einschätzung möglicher britischer Guerillaoperationen in der Provinz Arakan an der Küste des südlichen Burma. Holmes hatte Glück und begegnete die ganze Zeit über keinen japanischen Truppen, aber er wurde vertraut mit einem anderen Feind, den er in seinem Tagebuch eingehend beschrieb: Burma selbst, durchzogen von kartographisch nicht erfaßten Wasserwegen und steilen, urwaldbedeckten Gebirgszügen, ein Land der Mangrovensümpfe und des undurchdringlichen Dschungels, dessen wilde Natur ihn ebenso faszinierte wie bedrückte.

Für europäische Soldaten war Burma ein Land überraschender Gegensätze und ungeahnter Schrecken – eine unbarmherzige und fremdartige Landschaft, wo die auf anderen Kriegsschauplätzen erworbenen Erfahrungen sich häufig als ungeeignete Führer erwiesen. In einer solchen Umgebung, bemerkte Holmes in seinem Tagebuch, mußte man seine Pläne selbst machen und eigene Methoden entwickeln. Barfuß und mit Unbehagen seiner verdächtig hellhäutigen Arme und Beine eingedenk, trottete Holmes durch den Regen von Dorf zu Dorf, machte sich mit den Dorfältesten bekannt, rekrutierte Einwohner als Kundschafter und versuchte die Verläßlichkeit von Männern einzuschätzen, die sich anboten, den Briten als Agenten zu dienen.

Holmes freundete sich mit einheimischen Fischern an und überredete sie, ihn mit ihren Einbäumen die von den Japanern gehaltene Küste entlangzufahren; unterwegs notierte er Einzelheiten japanischer Küstenbefestigungen. Mit der Hilfe einheimischer Kundschafter, die als Kulis arbeiteten, verschaffte er sich eine genaue Beschreibung der starken japanischen Festung bei Razabil, deren Geschützkasematten in eine Bergflanke gesprengt waren. Allenthalben stieß er auf schwelende Abneigung gegen die Japaner, aber auch auf tiefe Furcht. „Sie werden jetzt zu gehen wünschen, nicht wahr, Sahib?“ pflegte der Dorfhäuptling ihn jeden Abend zu fragen, wenn es dunkelte, denn er fürchtete die Repressalien, die unausweichlich folgen würden, sollte Holmes während einer der nächtlichen Razzien gefunden werden, die von japanischen Sicherheitskräften regelmäßig veranstaltet wurden.

Holmes kehrte von seiner langen Erkundungsfahrt mit der Überzeugung zurück, daß der Einsatz unabhängig operierender kleinerer Kommandoeinheiten wesentliche Voraussetzung jeder künftigen Offensive in der Provinz Arakan wäre. Eine unmittelbare Folge seiner Untersuchungen war, daß das alliierte Oberkommando in Südostasien den Entschluß faßte, die zusammengewürfelte Truppe aus britischen Soldaten, früheren Kolonialbeamten und Burmesen zu verstärken, die 1942 in einer als V-Verband bekannten Einheit lose organisiert worden waren. Nicht zuletzt, weil er Urdu beherrschte, eine in Burma weitverbreitete Sprache, wurde Holmes zum Kommandeur des V-Verbands ernannt und beauftragt, diesen zu einer kampfkräftigen Truppe zu machen. Es sei ein höchst unmilitärischer Verein, warnte ihn sein Vorgänger, bestehend aus „Gewohnheitsverbrechern, Schmugglern, Bandenmitgliedern, Strauchdieben und Gangstern aller Art". Holmes nahm die Herausforderung dank seinem dreimonatigen Erkundungsunternehmen mit einigermaßen realistischen Vorstellungen von der möglichen Rolle an, die seine unorthodoxe Truppe bei der Rückeroberung Burmas spielen konnte.

Der V-Verband war nur eine von zahlreichen improvisierten Einheiten, die ihr Entstehen den Anforderungen eines besonders schwierigen und brutalen Krieges in diesem Teil Asiens verdankten. Mit den Japanern stand den Alliierten ein Feind gegenüber, der dschungelerfahren, zäh, bedürfnislos und erbarmungslos war. Überdies hatten sie es in den Gebirgswäldern, Dschungeln und Sümpfen Burmas mit äußerst schwierigen und unwirtlichen natürlichen Bedingungen zu tun. „Im Urwald kann sich der Krieg schneller als anderswo zur Katastrophe wenden", äußerte sich Oberst William R. Peers, der mit einer Sondereinheit der US-Armee in Burma kämpfte. „Hast du den Dschungel auf deiner Seite, kann er diese Katastrophe dem Feind bereiten; ist der Dschungel gegen dich, schlägt dir der Tod ins Gesicht."

Der burmesische Urwald bedeckt nicht nur Tiefländer und Talbecken, sondern steigt auch die steilen Bergketten hinauf und umhüllt die Hänge mit dem dichten Grün mächtiger Hartholzbäume und enormer Lianendickichte, die das Sonnenlicht kaum einmal zum dämmerigen Waldboden durchdringen lassen. Weite Gebiete sind so dicht mit Bambus und Elefantengras bewachsen, daß man sich nur mit der Machete einen Weg bahnen kann. Die Küste ist stark gegliedert und durchsetzt mit Zuflüssen und Sümpfen, die von Krokodilen und Kraits, tödlichen Giftschlangen, bevölkert sind. Die Küstenstreifen und südlichen Tiefländer haben ein überwiegend ungesundes und ermüdendes Klima, feuchtheiß und mit Temperaturen, die leicht 40° C im Schatten übersteigen. Im nördlichen Bergland aber kommt es innerhalb einer Stunde zu Temperaturschwankungen von mehr als 10° C, und auf heiße Tage folgen bitterkalte Nächte. Während der Monsunzeit gehören die Küstengebiete Burmas zu den regenreichsten Gegenden der Erde.

Für Kommandooperationen war das Terrain in mancher Hinsicht ideal, weil es gute Deckungsmöglichkeiten gab. In anderer Hinsicht aber stellte es die Truppen vor beinahe unüberwindliche Schwierigkeiten. Kaum waren die Soldaten im Einsatzgebiet eingetroffen, wurden sie schon von Insekten und Blutegeln gepeinigt. Die Egel – von denen einige eine Länge von zwölf Zentimetern erreichen – waren so allgegenwärtig, daß sie sogar in Stiefel und unter Wundverbände gelangten. Ein Offizier konnte nie das Entsetzen vergessen, welches ihn befiel, als er den Fuß eines seiner Männer untersuchte, der auf einem langen Urwaldmarsch mühsam hinterdreinhumpelte. Er entdeckte, daß der Fuß von einer schrecklichen, schwärenden Egelkrankheit befallen war, die das Fleisch praktisch aufgelöst und weggefressen hatte, und daß sich zusätzliche Herde bereits über das Bein des Mannes ausbreiteten. Dschungelkämpfer hatten auch unter roten Riesenameisen und einer Menge parasitärer, bakterieller und viraler Infektionskrankheiten zu leiden, die von Malaria bis zu einer besonders virulenten Form von Krätze reichten.

Dennoch paßten sich die Kommandosoldaten dieser wilden Umgebung so gut an, daß sie sich schließlich mit einigem Recht brüsten konnten, der Dschungel „gehöre ihnen". Die konventionellen Streitkräfte der Alliierten verließen sich vielleicht mehr als auf irgendeinem anderen Kriegsschauplatz auf ihre Hilfe. Frisch zugeführten Truppenverbänden, unvertraut mit dem Land, seinen Besonderheiten und Gefahren, dienten die Kommandos als unentbehrliche Augen und Ohren und boten Sicherheit vor Überraschungsangriffen und Hinterhalten. Ihre Anwesenheit war eine „enorme Erleichterung", berichtete Oberst Peers. Die regulären Truppen „konnten stets in der Gewißheit Beruhigung finden, daß die Kommandoeinheiten weit voraus, an den Flanken und überall dort sicherten, wo Gefahr drohte".

Die Rolle der Kommandoeinheiten war nicht nur von den Bedingungen des Landes geprägt, sondern auch von der vorausgegangenen Phase der Kämpfe um Burma. Anfang 1942 hatten zwei japanische Elitedivisionen, die 33. und 55., später verstärkt durch die 18. und die 56., das Land – Burma hatte innere Selbstverwaltung im Rahmen des Britischen Commonwealth – in einem Blitzfeldzug erobert, der die Alliierten lähmte und demoralisierte. Gut ausgerüstet mit Maschinengewehren, Granatwerfern, motorisierter Artillerie und leichten Panzern, die sie in meisterhafter Taktik einzusetzen wußten, trieben die Japaner eine zusammengewürfelte Streitmacht aus britischen, indischen, burmesischen und amerikanisch geführten chinesischen Verbänden in einer Serie brillanter Frontalangriffe, die von Flanken- und Einkreisungsbewegungen gefolgt wurden, vor sich her. Die Japaner waren fähig und bereit, durch wegloses Urwaldgelände vorzugehen, während die Alliierten sich vor allem an die wenigen Straßen klammerten und so auf die Vorteile der Beweglichkeit und der Überraschung verzichteten.

Ein weiterer Nachteil war, daß im alliierten Oberkommando Meinungsverschiedenheiten herrschten und man daher zu keiner einheitlichen Verteidigungsstrategie fand. Die Amerikaner beschuldigten die Briten, nur am Schutz Indiens interessiert zu sein, und die

Briten setzten sich mit dem Vorwurf zur Wehr, den Amerikanern gehe es lediglich darum, China an einem Separatfrieden mit Japan zu hindern. Die Chinesen schwankten, und Generalleutnant Joseph W. Stilwell, der scharfzüngige, „Essig-Joe“ genannte Oberbefehlshaber der amerikanischen Streitkräfte in Südostasien, machte keinen Hehl aus seiner Geringschätzung gegenüber Chinas Generalissimus Chiang Kai-shek.

Ende Mai 1942 nahm der alliierte Rückzug den Charakter einer wilden Flucht an. Zerschlagene Verbände der britischen und indischen Streitkräfte schleppten sich auf der Straße Kalewa-Imphal nach Indien (weniger als die Hälfte von ihnen kam durch), während die zerfallenden chinesischen Armeen entweder nach Osten in Richtung auf die chinesische Grenze zurückwichen oder durch das unwirtliche Hukawng-Tal nach Nordwesten flüchteten, um die indische Grenze zu erreichen. Angesichts der gewaltigen Verluste an Menschen und Material sagte General Stilwell unverblümt: „Wir haben eine höllische Tracht Prügel bekommen. Wir sind aus Burma hinausgeworfen worden, und das ist verdammt demütigend. Ich denke, wir sollten feststellen, welches die Ursachen waren, hingehen und es uns zurückholen.“

Fast ein Jahr verging, ehe die Alliierten offensiv werden konnten. Im Frühjahr 1943 war es General Sir Archibald Wavell, Stilwells britischem Kollegen, endlich gelungen, eine Anzahl kommandoähnlicher Einheiten aufzustellen und auszubilden, die den langen Kampf zur Rückeroberung Burmas beginnen sollten.

Zu den ersten dieser Einheiten, die in den Kampf gingen, gehörte eine gemischte Abteilung aus Briten, Gurkhas und Burmesen, die offiziell als die 77. indische Infanteriebrigade bezeichnet wurde, inoffiziell aber „die Chindits“ hieß, ein Name, der von den zähnebleckenden Löwenskulpturen abgeleitet war, die burmesische Tempel bewachen. Die Truppe wurde von Brigadegeneral Orde C. Wingate aufgestellt und geführt, einem ebenso exzentrischen wie brillanten Mann, der oft keine Mühe zu scheuen schien, um seine Umgebung vor den Kopf zu stoßen. Wingate wusch sich selten, und zuweilen erschien er auf Gesellschaften in dem verschwitzten, übelriechenden Drillichzeug, das er an der Front getragen hatte. Aber er war auch ein ausgezeichneter Stratege und Truppenführer. In Äthiopien hatte er 1941 durch eine List 15 000 Italiener dazu gebracht, daß sie sich ihm ergaben, obwohl er selbst über weniger als 1700 Mann verfügte.

In Burma sollte Wingate seine Qualitäten abermals unter Beweis stellen, indem er die sehr verschiedenartigen Männer seiner Truppe zu einem kampfkräftigen Verband zusammenschweißte. Anfang 1943 unternahmen 3000 Chindits unter seinem Kommando einen drei Monate dauernden Vorstoß tief in das nördliche Burma, griffen japanische Außenposten an und unterbrachen feindliche Fernmeldeverbindungen. Japanische Infanterieverbände zwangen sie zum Rückzug, aber ein Jahr später war Wingates inzwischen auf 12 000 Mann verstärkte Brigade wieder in Burma; sie war aus der Luft hinter den japanischen Linien angelandet worden, Teil einer Offen-

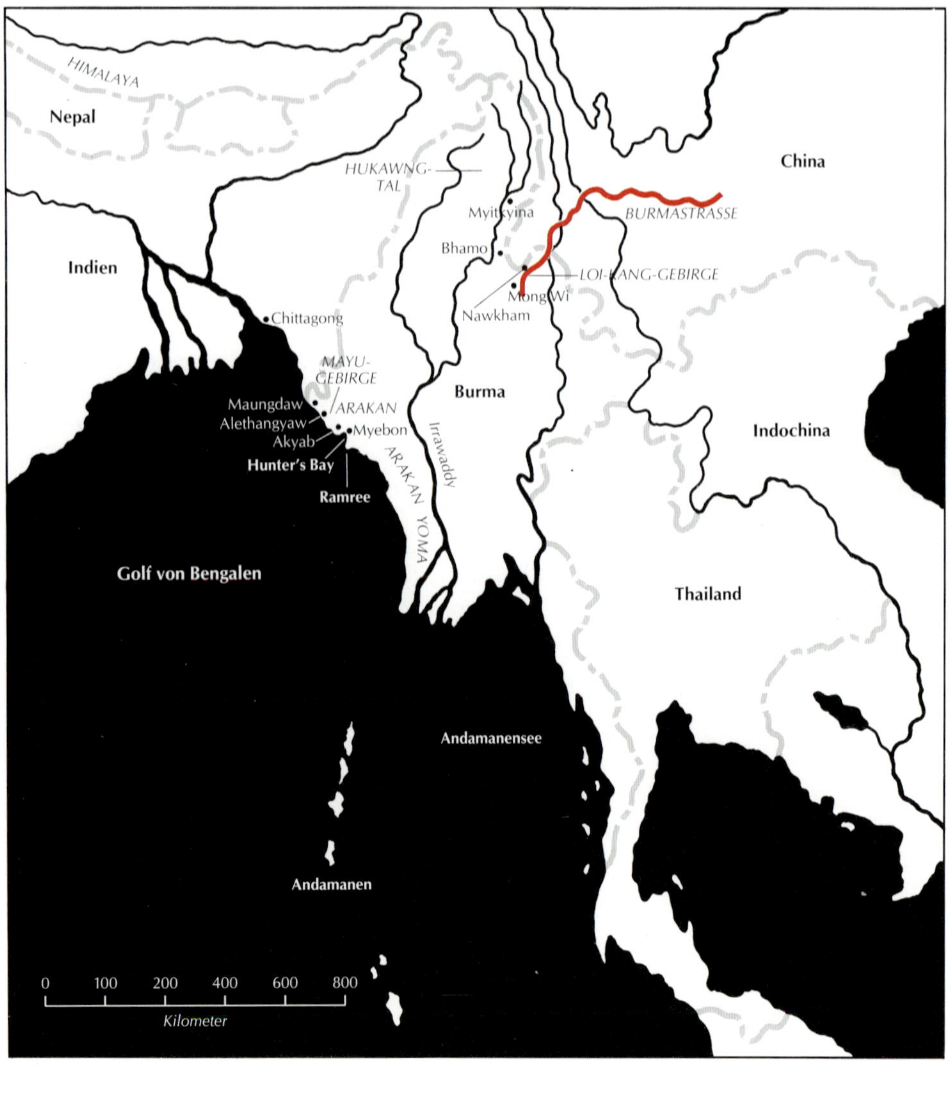

In der alliierten Gegenoffensive zur Wiedergewinnung Burmas operierten Kommandotruppen weit hinter den japanischen Linien in den nördlichen und zentralen Gebirgsländern und führten entlang der Küste Überfälle und Sabotageunternehmungen durch. Von Briten und Amerikanern geführte burmesische Einheiten entrissen den Japanern die Kontrolle über die nach Südchina führende Burmastraße; Kommandoeinheiten der britischen Marineinfanterie griffen von See her die Provinz Arakan an und unterbrachen japanische Rückzugswege.

sive mit vier Schwerpunkten, die General Stilwell ersonnen hatte, um die Japaner aus dem Norden des Landes zu vertreiben und eine Landverbindung nach China zu öffnen. Wieder bewährten sich die Chindits, doch erlitten sie schwere Verluste, die nach Meinung mancher Beobachter darauf zurückzuführen waren, daß sie mehr als reguläre Truppen denn als Kommandoeinheiten eingesetzt wurden. Zu den Opfern gehörte auch Brigadegeneral Wingate selbst, der bei einem Flugzeugabsturz ums Leben kam.

Ein ähnliches Schicksal war einer anderen Sondereinheit beschieden, die aus 3000 amerikanischen Freiwilligen bestand, von Brigadegeneral Frank D. Merrill aufgestellt und unter Wingates Leitung ausgebildet worden war. Diese Truppe, „Merrill's Marauders" genannt, war ursprünglich als eine Art Guerillaverband in Regimentsstärke gedacht, der unabhängig hinter den feindlichen Linien operieren und aus der Luft versorgt werden sollte. Stilwell aber setzte sie mehr und mehr als reguläres Infanterieregiment ein, das im Zusammenwirken mit den Chinesen die japanische 18. Division in einer Zangenbewegung einschließen sollte. Die Truppe leistete Hervorragendes; hungrig und geplagt von Krankheiten und Parasitenbefall, ohne zureichende Versorgung aus der Luft, unternahm sie immer neue Versuche, die Japaner von ihren rückwärtigen Verbindungen abzuschneiden, bis das japanische Oberkommando gezwungen war, Truppen von der chinesischen Front abzuziehen und gegen die rückwärtige Bedrohung einzusetzen. Aber die Verluste des Regiments waren enorm, und Kritiker stellten die Frage, ob Sondereinheiten mit Kommandoausbildung für Kampfaufträge eingesetzt werden sollten, die geradesogut von gewöhnlichen Infanterieverbänden übernommen werden konnten.

Die vielleicht ungewöhnlichste Kampfgruppe in Burma war die Abteilung 101, eine einheimische Guerillatruppe unter amerikanischer Führung, die auf Betreiben des Generals William J. Donovan, Direktor des Office of Strategic Services (OSS), gegründet worden war. Die Abteilung 101 war die erste amerikanische Truppe, die hinter den japanischen Linien zum Einsatz kam. Ins Leben gerufen wurde sie im Mai 1942, als 21 amerikanische Freiwillige – meist Offiziere aus Infanterie und Marinekorps, aber auch aus der Pionier- und Fernmeldetruppe – in Indien eintrafen. Aber die meisten Soldaten der Abteilung 101 waren Kachin-Stammeskrieger vom Oberlauf des Irrawaddy im Norden Burmas. Diese kleinwüchsigen, stämmigen Männer waren geborene Guerillakämpfer, in den Bergen ebenso zu Hause wie im Dschungel. Die Kachin besaßen die bemerkenswerte Fähigkeit, einem Feind kilometerweit lautlos und ungesehen durch den Dschungel folgen zu können, was den Japanern mit der Zeit erheblich zusetzte.

Von einer Kette von vorgeschobenen Stützpunkten im Urwald aus – aufgereiht entlang einer Front von 1000 Kilometer Länge – unternahmen Sabotagetrupps der Abteilung 101 Angriffe auf japanische Versorgungslinien, sprengten Brücken und Schienenstränge, unterbrachen Fernmeldeverbindungen und lieferten den hart bedrängten Alliierten Informationen aus dem feindlichen Hinterland. Spähtrupps der Abteilung 101 kundschafteten im Dschungel verborgene japanische Militärlager und Versorgungsdepots aus und lieferten derart genaue Beschreibungen von örtlichen Orientierungspunkten, daß die Piloten der 10. US-Luftflotte erfolgreich Ziele angreifen konnten, die sie nicht einmal zu sehen vermochten. Die Urwaldpatrouillen der Abteilung 101 hoben auch die Moral amerikanischer und britischer Lufttransportverbände, die Nachschubgüter von Indien über den „Buckel" des Himalaya nach China flogen. Jetzt konnten die Flugzeugbesatzungen erstmals damit rechnen, daß im Fall einer Bruchlandung oder eines überlebten Absturzes erfahrene Spurensucher kommen würden, sie zu retten. Die Abteilung 101 hatte sogar ihre eigene Luftwaffe – ein bescheidenes Sortiment leichter Kuriermaschinen, die zur Versorgung der Männer im Feld und zum Abstransport von Verwundeten dienten.

Die Abteilung 101 behauptete, sie habe in drei Jahren insgesamt 5447 Japaner getötet. Doch erschöpfte sich ihre Bedeutung keineswegs darin allein. Die immerwährende Gefahr von Überfällen aus dem Hinterhalt, die eine Spezialität der Kachin waren, zwang die Japaner zu ständiger Vorsicht und Anspannung und beeinträchtigte schließlich ihre Kampfmoral. Als alliierte Geheimdienstoffiziere gefangene japanische Soldaten vernahmen, sagten diese aus, daß sie einen Kachin zehn Japanern für ebenbürtig hielten.

Von Zeit zu Zeit wurden die bewährten Kachin-Abteilungen auch anderen Sondereinheiten in Burma ausgeliehen, darunter der sogenannten Kampfgruppe Mars. Die Kampfgruppe Mars, die Brigadegeneral John P. Willey befehligte, bestand aus zwei Infanterieregimentern, dem 475. und dem 124. Das 124. Regiment war ein recht buntgemischter Haufen; viele von den Amerikanern waren ehemalige Kavalleristen, die bei ihren Fußmärschen durch Nordburma abgeschnittene Reitstiefel trugen.

Im November 1944 unternahm die Kampfgruppe Mars, unterstützt von Kachin-Guerillas, einen Vorstoß tief ins feindliche Hinterland, um japanische Kräfte und Transportbewegungen entlang der Burmastraße anzugreifen. Dieser Angriff erfolgte im Zuge einer Großoffensive zur Sicherung dieser für alliierte Nachschublieferungen nach China wichtigen Straßenverbindung. Die Mars-Regimenter griffen auf zwei verschiedenen Routen südlich Myitkyina an und stießen dann ostwärts vor, um sich unmittelbar jenseits des Shweli-Flusses wieder zu vereinigen. Die Männer marschierten mit leichtem Gepäck, versehen mit nur drei Tagessätzen Verpflegung und minimalen Munitionslasten, die auf Maultieren mitgeführt wurden; nach dem Verbrauch dieser Vorräte waren sie völlig abhängig von der Versorgung aus der Luft.

Der Marsch war äußerst anstrengend und vollzog sich auf schmalen Pfaden, die so steil waren, daß die Männer alle paar Minuten rasten mußten und sogar einige der trittsicheren Packmaultiere den Halt verloren und in Schluchten stürzten. Als wolkenbruchartige Regenfälle einsetzten, wurde der rote Lehm der Pfade so schlüpfrig, daß die Männer Kochgeschirre, Stiefel und Ersatzuniformen wegwarfen und sich auf allen vieren bergauf arbeiteten. Die Überquerung des 150 Meter breiten Shweli-Flusses war ein Alptraum: Männer, Maultiere und Karren glitschten und schlitterten den Hang hinab zum Fluß. Dort angelangt, mußte die gesamte Kolonne eine schmale Bambusbrücke überqueren, die von den Wassern des angeschwollenen Flusses bereits erreicht wurde und unter dem Druck nachzugeben begann.

Die Leiden der Truppe wurden durch Hunger verschlimmert. Eine dichte Wolkendecke verhinderte den Abwurf von Nachschubgütern, und mehrere Tage gab es keine Verpflegung, bis es den großen Transportmaschinen endlich gelang, durchzukommen und Versorgungsbehälter abzuwerfen. Die Anstrengungen des Marsches forderten 750 Opfer unter den Soldaten. Viele von ihnen erlitten eine „Marschfraktur" – den Bruch des Mittelfußknochens – durch die fortgesetzte Anstrengung des Ersteigens schmaler Gebirgspfade mit Traglasten. Zu jenen, die den Strapazen nicht gewachsen waren, zählte auch der kommandierende Offizier des 124. Regiments, Oberst Thomas J. Heavey, der von einer aus dem Busch gehackten Landepiste aus evakuiert werden mußte.

Die dezimierte Kolonne marschierte weiter und erreichte in wenig mehr als zwei Wochen das Loi-kang-Gebirge, von dessen Höhe Abschnitte der Burmastraße eingesehen werden konnten. Die ersten japanischen Einheiten, denen die Sonderkampfgruppe in der kleinen Bergstadt Nawhkam begegnete, waren völlig überrascht und zogen sich beinahe kampflos zurück.

Überraschung aber ist nur ein kurzfristiger Verbündeter. Die Kontrolle dieses Abschnitts der Burmastraße hing vom Besitz des Bergrückens ab, und sobald die Japaner umgruppiert und neue Kräfte herangeführt hatten, kämpften sie zäh um den Besitz der Höhen. Obwohl es Teilen der Kampfgruppe Mars gelungen war, in raschem Zugriff das nördliche Ende des Höhenzugs gegen geringen Widerstand zu besetzen, gerieten sie in schweres Feuer, sobald sie

Eine Patrouille von Kachin-Rangers marschiert mit Tragtieren auf einer Dorfstraße im entlegenen Nordburma entlang. Die von Amerikanern organisierten Guerillas benutzten neben ihren zähen, kleinen Pferden auch Elefanten und menschliche Träger zum Transport ihrer Versorgungsgüter.

nach Süden vorrückten. Die Japaner hatten vom südlichen Kammabschnitt aus freies Schußfeld auf die vorgeschobenen Stellungen der Kampfgruppe und auf ein Tal unterhalb des Kammes, das alliierte Transportmaschinen als Abwurfzone für Versorgungsgüter benutzten. Nachdem sie Flakbatterien herangebracht hatten, konnten die Japaner die anfliegenden Transportmaschinen unter solch wirksames Feuer nehmen, daß sich die Zahl der Abwürfe drastisch verringerte. Innerhalb weniger Tage wurde die Versorgungslage kritisch. Unterdessen führten die Japaner Verstärkungen heran; unter ihnen waren erstklassige Kampftruppen, die den Alliierten wenige Wochen zuvor eine erbitterte Schlacht geliefert hatten, um die japanische Front am Irrawaddy zu halten. Nach ihrer Einschließung durch überlegene alliierte Verbände waren sie aus dem Kessel ausgebrochen und hatten sich so der Gefangennahme entzogen.

Tagelang tobten erbitterte Kämpfe um den Besitz des Loi-kang-Gebirgskamms. Einheiten der Kampfgruppe Mars stießen in Frontalangriffen vor, wurden aber von den Japanern, die die Unterstützung schweren Artilleriefeuers hatten, immer wieder zurückgeworfen. Einige der alliierten Stellungen wurden fünf Tage lang unaufhörlich beschossen und angegriffen, bis die Männer unter dem feindlichen Feuer in ihren Schützenlöchern einschliefen.

Fälle von persönlicher Tapferkeit waren häufig. Von Granatsplittern blutend und halb geblendet, außer sich über den Tod seines Bruders, der vor seinen Augen gefallen war, griff Oberleutnant Jack Knight japanische Bunker mit Handgranaten an, bis er selbst im feindlichen Feuer fiel. Der Soldat Anthony Whittaker feuerte drei Raketen auf einen Bunker, aber keine von ihnen explodierte. Darauf stieß er den Raketenwerfer beiseite, stürmte gegen den Bunker vor und setzte ihn außer Gefecht, indem er Handgranaten durch die Schießscharten steckte. Der Soldat Clifton Henderson machte allein zwei Maschinengewehrstellungen kampfunfähig. Die erste deckte er mit mehreren gut gezielten Handgranatenwürfen ein, dann kroch er, die ganze Zeit unter schwerem Feuer von der zweiten Stellung liegend, zum rückwärtigen Eingang des Bunkers, von wo aus er die Besatzung der ersten Stellung niederschoß; anschließend drang er in den Bunker ein und richtete das Maschinengewehr auf die zweite Stellung, die er mit mörderischem Feuer zum Schweigen brachte.

Die Schlacht um den Loi-kang-Gebirgskamm hatte zwei Wochen unentschieden hin- und hergewogt, als die überlebenden Offiziere der Kampfgruppe eine Änderung der Kampftaktik beschlossen. Sie spürten, daß die Japaner auf der südlichen Höhe ihre Aufmerksamkeit derart auf einen Angriff von Norden fixiert hatten, daß sie für eine Umfassungsbewegung und einen Angriff von Süden her verwundbar sein könnten. Eines Nachts, während Teile des 2. Bataillons einen Ablenkungsangriff von Norden führten, umgingen zwei Kompanien des 1. Bataillons die japanischen Höhenstellungen und näherten sich den feindlichen Positionen von Süden her über einen schmalen Sattel, der zwei buschbedeckte Kuppen voneinander trennte. Am Morgen griffen die beiden Kompanien an, überraschten die Japaner völlig und vertrieben sie aus ihren Stellungen auf dem Loi-kang. Bald gingen die japanischen Verbände auf der ganzen Linie zurück, und schon eine Woche später rollten die ersten alliierten Lastkraftwagen über die Burmastraße nach China.

Weit im Südwesten, in der Küstenprovinz Arakan, führte der V-Verband unter Major Denis Holmes – bedingt durch die Eigenheiten des Terrains – einen ganz andersartigen Krieg. Schon 1943 waren britische Kräfte zur Rückeroberung der Provinz angetreten, waren aber am zäh und geschickt kämpfenden Gegner und den Geländeschwierigkeiten des Regenwalds gescheitert und hatten nach fünf Monaten auf ihre Ausgangsstellungen zurückgehen müssen. Eine andere, den Gegebenheiten des Landes besser angepaßte Kampfführung war nun vonnöten. Die Provinz Arakan umfaßt einen langen, schmalen Küstenstreifen, der entlang dem Arakangebirge, das Burma von Indien trennt, in südsüdwestlicher Richtung verläuft. Während es sich im Norden und im Zentrum über zerklüftetes Gebirge erstreckt, senkt sich das Land allmählich zu einer Küstenebene, die in Tausende von Reisfeldern aufgeteilt ist. In vielen Gebieten durchziehen mäandernde Wasserläufe oder *chaungs* das Muster der Reisfelder. Diese *chaungs* füllen sich bei Flut mit Seewasser und werden bei Ebbe zu Schlammbetten. Sowohl die Japaner wie auch die Alliierten mußten erfahren, daß die Küstenebene für größere Kampfverbände praktisch unpassierbar ist, kleinere Einheiten sie jedoch zu Fuß oder mit den einheimischen Sampans durchqueren konnten.

Holmes hatte den V-Verband zu einer bemerkenswert tüchtigen gemischtrassigen Einheit geformt. Er organisierte ausgehobene moslemische Bengalen aus dem indischen Distrikt Chittagong, die die Japaner mit besonderem Haß verfolgten; sie wurden die zuverlässigsten und furchtlosesten Kundschafter des V-Verbands. Ferner gliederte er das Aufklärungsregiment der 81. westafrikanischen Division in den V-Verband ein. Diese als die „Schwarzen Taranteln" bekannte Division trug ein Dienstabzeichen, das eine Spinne auf gelbem Feld zeigte. Die 81. Division bestand aus kräftigen, begeisterten Kämpfern, berühmt und gefürchtet für die Geschicklichkeit, mit der sie ihre langen Buschmesser im Nahkampf zu gebrauchen wußten.

Im Angriff waren die Afrikaner furchterregend. An einem frühen Februarmorgen des Jahres 1944 schickte Holmes sie zum Angriff gegen japanische Artilleriestellungen am Ortsrand des Dorfes Damankhali. Der Anblick der aus dem Frühnebel stürmenden Riesengestalten und der Klang ihres Kriegsgeschreis versetzte die japanischen Geschützbedienungen in blinde Panik. Sie liefen davon und wurden auf der Flucht niedergehauen oder erschossen. „Die Afrikaner waren scharf aufs Töten", schrieb Holmes in sein Tagebuch – und fügte hinzu, daß die Taranteln nicht gern Gefangene machten.

Mehr und mehr nahm der V-Verband die Funktion von Augen und Ohren der alliierten Streitkräfte im Arakan-Gebiet an. Bei einem Überfall auf das Dorf Alethangyaw erbeutete Holmes Papiere, aus denen hervorging, daß die japanische 112. Brigade verlegt worden war, um der britischen 7. Division östlich des Mayu-Gebirgszugs entgegenzutreten. Andere Kundschafter des V-Verbands berichteten über die Anlage von Vorratslagern und die Mobilisierung einheimischer Träger im neuen Operationsgebiet der 112. Brigade. Diese Nachrichten deuteten auf eine neue, wenn auch örtlich begrenzte Gegenoffensive hin.

Die Offensive kam am 4. Februar, als die 8000 Mann starke japanische Brigade die zahlenmäßig überlegene britische 7. Division überraschend von ihren rückwärtigen Verbindungen abschnitt und einkesselte. Der Divisionsgefechtsstand wurde überrannt. Da er aber vom V-Verband vorgewarnt worden war, konnte Generalmajor F. W. Messervy, der Divisionskommandeur, in ungefähr drei Kilometer Entfernung eine Abwehrstellung aufbauen.

Dort erklärte er seinen entmutigten Männern, daß sie standhalten und kämpfen würden. Während sie aus der Luft versorgt und vom V-Verband ständig über die Entwicklung der Lage unterrichtet wurde, verteidigte sich Messervys Division beinahe drei Wochen lang gegen alle Angriffe der Japaner, die sich schließlich zurückzogen, nachdem die Hälfte ihres Mannschaftsbestands getötet oder verwundet worden war.

Zu den zahlreichen Pflichten des V-Verbands gehörte die Bereitstellung von Sampans oder anderen Wasserfahrzeugen für den Transport alliierter Truppenabteilungen durch das gewundene Labyrinth der *chaungs*. Unter Holmes Anleitung stellte seine Einheit eine kleine Flotte aus alten Flußdampfern mit Holzfeuerung, einigen Motorbooten und einer Anzahl Rettungsbooten zusammen. Wenn sie nicht gerade mit ihrer „Flotte" unterwegs waren, führten die Männer des V-Verbands Erkundungsstreifzüge durch und dienten bei größeren alliierten Vorstößen gegen japanische Stellungen als Führer und Vorausabteilungen.

Bei all diesen Operationen blieb Holmes auch persönlich so aktiv wie am Anfang seines Aufenthalts in Burma und gewann einen Ruf außergewöhnlicher Kühnheit. Einmal ging er, als Einheimischer verkleidet, unter die feindlichen Soldaten auf den Marktplatz, während ein japanischer Leutnant den Dorfbewohnern eine Ansprache über ihre Verantwortung gegenüber den japanischen Besatzungsstreitkräften hielt. Später führte er in Vorbereitung einer geplanten alliierten Offensive in der Provinz Arakan einen Spähtrupp in die Hafenstadt Maungdaw. Nachdem er mit Kanus in der Nähe gelandet war, drang der Spähtrupp zu Fuß bis ins Zentrum der kleinen Stadt vor. Sie war jedoch bereits geräumt.

Stunden später stand ein Leutnant des West-Yorkshire-Regiments vor einem Gefechtsstand nur fünf Kilometer von den japanischen Linien entfernt, als er eine verdächtig aussehende Gestalt aus der Dunkelheit näher kommen sah. Der Mann war barfuß und bekleidet mit einem schmutzigen Lendenschurz und einem zerfetzten Khakihemd. In der Hand hielt er jedoch eine Maschinenpistole. Der Leutnant duckte sich und griff an seine Pistolentasche. Bevor er die Waffe herausziehen konnte, sagte der Fremde: „Lassen Sie stecken, Mann! Ich bin Major Holmes vom V-Verband."

Um den vorrückenden eigenen Truppen so schnell wie möglich zu melden, was er in Maungdaw gesehen hatte, hatte sich Holmes von den Männern seines Spähtrupps getrennt und war auf dem Landweg durch ein Gebiet zurückgekehrt, das von japanischen Scharfschützen wimmelte. Nachdem er seine Meldung gemacht hatte, traf das West-Yorkshire-Regiment unverzüglich die Vorbereitungen zum Vormarsch; am frühen Morgen des nächsten Tages besetzte es Maungdaw und errichtete dort eine Nachschubbasis.

Ein in der Sonderkampfgruppe Mars im Innern Burmas dienender Kachin-Ranger im Tauschhandel mit einem Bergbewohner, der ein lebendes Huhn feilhält. Der Ranger hat ein Stück Seide von einem OSS-Fallschirm zu bieten. Zur Herstellung von Kleidern war Fallschirmseide bei den Einheimischen sehr gefragt.

Bei dieser und ähnlichen Operationen arbeitete der V-Verband eng mit der Small Operations Group (SOG), einer Ansammlung von überwiegend britischen Sondereinheiten, zusammen, die den Auftrag hatte, „kleine uniformierte Gruppen bereitzustellen, die ausgebildet und ausgerüstet sind, um Kommandounternehmen in feindlich besetzten Küsten-, Fluß- und Seengebieten auszuführen". Zu den Angehörigen der Small Operations Group gehörten erfahrene Navigatoren, Kanufahrer, Langstreckenschwimmer, Froschmänner und Küstenerkunder, die, auf Surfbrettern liegend, meilenweit paddeln und auch durch schwere Brandung an Land gehen konnten. Alle miteinander waren diese amphibischen Gruppen als „Lord Louis' kleine Navy" bekannt, in Anspielung auf Lord Louis Mountbatten, der im August 1943 Oberbefehlshaber der alliierten Streitkräfte in Südostasien geworden war. Die Schauplätze der kühnen Unternehmungen der SOG waren die Strände und Mangrovensümpfe entlang der burmesischen Küste.

Stranderkundung war gefährliche und nervenaufreibende Arbeit. Sie mußte rasch, in absoluter Stille und bei Dunkelheit erfolgen. Japanische Patrouillen waren auf der Hut und konnten jeden Augenblick über den Strand kommen, ohne ihre Annäherung durch Geräusche ihrer Schritte oder durch den Lichtschein einer Taschenlampe zu verraten. Da die Anfahrt mit dem Kanu und das Schwimmen zum Ufer Zeit beanspruchten, gelangten die Erkundungstrupps selten vor Mitternacht an ihre Ziele. Die Männer mußten nach Erledigung ihres Auftrags entweder im Dschungel untertauchen oder aber kaum vier Stunden später wieder in ihren Kanus sein, wenn der erste Lichtschimmer den neuen Tag ankündigte. Die Rückkehr ging im allgemeinen so vonstatten, daß die Stranderkunder zu einem vereinbarten Treffpunkt hinausschwammen, häufig zu einem größeren Felsen, der sich aus dem Wasser erhob, und von dort mit abgeschirmten Taschenlampen signalisierten, bis die Kanus kamen und sie abholten.

In Dutzenden von Unternehmungen, die alle nach diesem Muster abliefen, beschafften Erkundungstrupps die Informationen, von denen die künftigen amphibischen Landungen des Arakan-Feldzugs abhingen. Erstaunlicherweise hatten sie vergleichsweise geringe Verluste, obwohl es häufig zu kritischen Situationen kam und manche Operationen tragisch endeten. Ein alliierter Erkundungstrupp, der auf der Insel Ramree landete, ließ eine Taschenlampenbatterie fallen, während sie bei Nacht den Strand überquerte. Ein Fischer fand sie am nächsten Morgen und übergab sie den Japanern; ehe der Erkundungstrupp die Insel verlassen konnte, wurde er von Patrouillen eingekreist und zusammengeschossen.

An einer besonders heiklen Mission waren sieben Kanufahrer beteiligt, die ihr Boot in der Bucht von Bangtau an den Strand zogen, in einem Gebiet Burmas, das Japan dem verbündeten Thailand zugewiesen hatte. Die Kanufahrer hatten den Auftrag, einen geeigneten Standort für die Anlage eines Flugplatzes ausfindig zu machen. Vier Mann prüften die Bedingungen am Strand, während die anderen drei durch den Dschungel landeinwärts vorstießen. Es war verabredet, daß beide Gruppen drei Nächte später wieder zusammentreffen sollten. Die Landgruppe erreichte nach einem anstrengenden Nachtmarsch den ins Auge gefaßten Standort, photographierte ihn aus den Baumwipfeln und nahm Bodenproben. Auf dem Rückweg zur Küste mußten sie sich zweimal an die Böschung einer Straße drücken, die das sumpfige Küstenland durchquerte, um japanischen Patrouillen auszuweichen, die an ihrem Versteck vorbeizogen. Wenig später wurden sie von einem Bauern in einem Reisfeld entdeckt, flohen aber in den Dschungel und konnten sich zu den anderen an die Küste durchschlagen. Unterwegs gelang es ihnen noch, japanische Küstenbunker zu photographieren.

Die Männer am Strand waren jedoch von Fischern gesehen worden, und bald traf thailändische Polizei ein und griff sie an. Die Briten zogen sich zurück. Damit begann eine verzweifelte, zwei Wochen dauernde Flucht durch den Dschungel. Einer nach dem anderen wurden die sieben von den verfolgenden Japanern zur Strecke gebracht. Wieder und wieder versuchten sie zur Küste durchzukommen, um ihrem U-Boot zu signalisieren, sie abzuholen, doch wurden die Strände inzwischen scharf bewacht. Einer der Männer konnte der hartnäckigen Verfolgung nur entgehen, indem er in einen hohlen Baumstamm kroch und den ganzen Tag drinnenblieb, während die Japaner das Unterholz durchkämmten.

Schließlich waren nur noch drei Mann übrig. Sie faßten den Entschluß, eine 700 Meter breite Wasserstraße zu einer vorgelagerten Insel zu durchschwimmen, die Mannschaft eines japanischen Schiffes zu überwältigen, das sie dort hatten anlegen sehen und mit dem Fahrzeug zu entkommen. Ausgemergelt und erschöpft von 17 Tagen Flucht, während der sie sich nur von Laub ernährt hatten, erreichten die drei mit letzter Kraft die Insel – und sahen das Schiff in See stechen, bevor sie es erreichen konnten. Nachdem diese Hoffnung zunichte geworden war und ihre Kräfte kaum noch ausreichten, um sich auf den Beinen zu halten, wankten sie in das einzige Dorf der Insel und baten um Nahrung. Die Dorfbewohner übergaben sie thailändischen Marineoffizieren, die sie unter die Plane eines Lastwagens steckten und an japanischen Sicherungskräften vorbeischmuggelten. Die Thais internierten sie für den Rest des Krieges in einem Gefängnis, aber sie überlebten.

Die Süßwasserpatrouillen auf den Urwaldflüssen und in den Sümpfen waren nicht weniger gefährlich als jene der Küstenerkundung. Als die Briten im Herbst 1944 mit den Vorbereitungen für ihre Offensive gegen die burmesische Hauptstadt Rangoon begannen, waren Einheiten der Small Operations Group beinahe jede Nacht in den *chaungs* von Arakan unterwegs, um nach geeigneten Übergängen für die Panzerfahrzeuge und Infanterie des XV. Korps zu suchen. Gewöhnlich drangen sie von der See her mit Motorbooten in die Wasserwege ein, drosselten die Maschinen und glitten vorsichtig weiter stromauf, bis sie wenige Kilometer von ihrem Zielgebiet entfernt die Kanus aussetzten.

Schon die Auffindung der Zufahrt zu einem *chaung* war in der Finsternis ein schwieriges Unterfangen, und sobald die Männer in das Gewirr der auf keiner Karte verzeichneten Gezeitenkanäle eingedrungen waren, konnten sie nur zu leicht die Orientierung verlieren. Auch waren sie in ständiger Gefahr, auf japanische Patrouillen zu stoßen, die entlang den dichtbewachsenen Ufern auf der Lauer lagen oder in motorisierten und mit Suchscheinwerfern ausgerüsteten Sampans die Wasserwege absuchten. Und jeder, der aus Furcht, seine Anwesenheit würde durch das leise Plätschern von Paddelschlägen verraten, es vorzog zu schwimmen, mußte jederzeit damit rechnen, im Wasser von Krokodilen und Schlangen angegriffen zu werden.

In einer mondlosen Nacht kollidierte einmal ein japanisches Kanu, das einen schmalen, auf beiden Seiten von dick überhängender Dschungelvegetation gesäumten Wasserlauf befuhr, nacheinander mit zwei SOG-Kanus. Die britischen Kanufahrer, die ihre Gesichter mit Fettfarbe geschwärzt hatten, wurden für Einheimische gehalten und zornig auf japanisch beschimpft. Ohne ein Wort der Widerrede schlüpften sie fort.

Bei einer anderen Gelegenheit fuhren vier Mann mit einem Einbaum anderthalb Kilometer südlich von Maungdaw in einen großen *chaung,* als plötzlich Scheinwerfer aufblitzten und ein japanisches Maschinengewehr das Feuer eröffnete. Ohne zu zögern, stand einer der Kundschafter, ein Bengale aus Chittagong, im Kanu auf und rief auf Bengali den Gestalten am Ufer zu: „Wir sind Fischer, die Flut hat uns hereingetragen. Wir sind zur falschen Mündung gekommen." Überraschenderweise wirkte die dreiste Lüge. Das Feuer wurde eingestellt, die Scheinwerfer erloschen.

Eine andere Einheit, die den Auftrag hatte, Daten über den Tidenhub zu sammeln, die sie nur in der Abenddämmerung gewinnen konnte, ankerte, als Einheimische verkleidet, mit ihrem Sampan in der Mündung des Myebon-Flusses, direkt unter einer japanischen Batteriestellung. Die Männer verrichteten ihre Arbeit so selbstverständlich, daß sie nicht einmal angerufen wurden. Nicht alle Einheiten von „Lord Louis' kleiner Navy" waren vom gleichen Glück begünstigt. Eine Gruppe, die glaubte, in dunkler Nacht erfolgreich an einer japanischen Patrouille vorbeigeschlüpft zu sein, wurde plötzlich von einem motorisierten Sampan angegriffen und mußte zwei Stunden lang verzweifelt durch ein Labyrinth von Wasserwegen paddeln, bevor sie die Verfolger abschütteln konnte. Als die Wachsamkeit der Japaner zunahm, begannen die Briten anstelle von Kanus Motorboote einzusetzen und verließen sich auf deren Geschwindigkeit, um das Spießrutenlaufen durch immer stärkeren feindlichen Beschuß unversehrt zu überstehen.

Ende 1944 befanden sich die Japaner im allgemeinen Rückzug aus Burma, und die alliierten Streitkräfte begannen in die Provinz Arakan einzudringen. Nun wurden Operationen größeren Umfangs wichtig – und mit ihnen der Einsatz stärkerer Formationen von Kommandotruppen erforderlich, die die eher improvisierten Einheiten wie den V-Verband ablösten. In diesem Stadium des Feldzugs war die britische 3. Kommandobrigade besonders stark in das Kampfgeschehen verwickelt. Sie setzte sich zusammen aus dem 1. und dem 5. Kommandobataillon, Veteranen von Nordafrika und Madagaskar, und dem 42. und dem 44. Kommandobataillon der Marineinfanterie. Die letzteren waren vorher schon in Burma eingesetzt worden – vor allem in einer erfolgreichen Landung an der Arakan-Küste nahe Alethangyaw, die das 44. Bataillon im März

Der amerikanische Generalleutnant Joseph W. Stilwell (in Feldjacke und mit umgehängtem Karabiner) im Gespräch mit seinem Oberbefehlshaber, Admiral Louis Mountbatten. Der als Mountbattens Stellvertreter dienende Stilwell förderte die Bildung verschiedener mehr oder weniger selbständig operierender Sondereinheiten, wie der Wingate's Chindits, Merrill's Marauders, der OSS-Abteilung 101 und der Sonderkampfgruppe Mars, deren Tätigkeit ganz wesentlich mit dazu beitrug, die Japaner aus Burma zurückzudrängen.

1944 ausgeführt hatte –, aber die vier Einheiten der Brigade hatten noch nie zuvor gemeinsam operiert. Nun aber sollten sie die Gelegenheit dazu erhalten.

Der erste Kampfauftrag, den die 3. Kommandobrigade erhielt, galt der Einnahme der strategisch wichtigen Hafenstadt Akyab, die mit Docks, Kaianlagen und einem Flugplatz Einrichtungen besaß, die als notwendig für eine Großoffensive gegen das Arakan-Gebiet betrachtet wurden. Am 2. Januar 1945 versammelte sich der größte amphibische Verband, der in burmesischen Gewässern je gesehen wurde, für den Angriff.

Neben modernen Kriegsschiffen und Landungsfahrzeugen gehörten der Flotte auch alte Flußboote, Reisbarken und Sampans des alten V-Verbands an. Nach Bombenangriffen und starker Feuervorbereitung durch die Schiffsartillerie stürmten die Landungstruppen im Morgengrauen die Strände beiderseits der Stadt – nur um zu entdecken, daß die Japaner Akyab bereits geräumt hatten.

Nach den langwierigen Vorbereitungen und der in den Stunden vor der Landung angewachsenen Nervosität war es ein plötzlicher Spannungsabfall, doch blieb es eine gute Generalprobe für die künftigen Landeunternehmen. Als nächstes erhielt die 3. Kommandobrigade den Auftrag, der im Küstenland nach Süden zurückweichenden japanischen 28. Armee, die verzweifelt den Pässen über das Arakan-Gebirge zustrebte, ehe dieser Fluchtweg durch den alliierten Vormarsch auf der Ostseite des Gebirges blockiert wäre, den Weg abzuschneiden.

Die wahrscheinlichste unter den möglichen Rückzugsrouten, die den Japanern offenstanden, war die sogenannte Küstenstraße: ein von Ochsenkarren ausgefahrener, kaum befestigter Fahrweg, der sich zwischen Meer und Gebirge durch die Reisfelder und Urwaldstrecken der Küstenebene bis zum Dorf Kangaw hinzog, die ungezählten *chaungs* auf wackligen Holzbrücken überquerend. In Kangaw bog die Straße landeinwärts ab, stieg zum An-Paß auf und führte über die Berge in das Innere Burmas. Die Small Operations Group wurde ausgesandt, um festzustellen, ob diese Verbindung von den Japanern tatsächlich benutzt wurde. Am Morgen des 5. Januar 1945 fuhr das Motorboot 439 ungefähr 15 Kilometer nordöstlich von Akyab vorsichtig den Myebon-Fluß aufwärts, als es plötzlich aus dem Dschungel Feuer erhielt. Die Patrouille war auf den japanischen Rückzugsweg gestoßen.

Die 3. Kommandobrigade unternahm nun eine Zwei-Phasen-Operation. Kangaw war der gegebene Ort, um die Straßenverbindung zu unterbrechen. Bevor das geschehen konnte, mußte eine japanische Kräftegruppe auf der benachbarten Myebon-Halbinsel isoliert werden, so daß sie eine Landung bei Kangaw nicht behindern konnte. Brigadegeneral Campbell Hardy, der Kommandeur der Brigade, ließ eine Landung auf der Halbinsel vorbereiten. Er selbst unternahm eine Erkundungsfahrt den Myebon-Fluß hinauf, um zu bestimmen, wo seine Verbände landen sollten.

Hardy war erst kurze Zeit zuvor in Burma eingetroffen, hatte aber durch seine Teilnahme an der Landung in der Normandie und die zwei Auszeichnungen, die er gewonnen hatte, einen guten Namen bei den Kommandotruppen. Begleitet von Kapitän Martin Nott von der Royal Indian Navy, lief Hardy an Bord der Korvette *Narbada* von Akyab aus und stieg später für das Erkundungsunternehmen in ein kleineres Motorboot um.

Während das Boot mit langsamer Fahrt den Myebon hinauffuhr, ließ Hardy die Fahrrinne für die Landungsboote mit Bojen markieren und suchte die bewaldeten Ufer nach geeigneten Landeplätzen ab. Schließlich entschied er sich für zwei kleine Strände, deren Zugang die Japaner durch Reihen dicker, knapp oberhalb der Niedrigwassermarke in den Schlick gerammter Kokospalmenstämme zu sperren versucht hatten. Hardy folgerte daraus, daß die Japaner hier einen Angriff fürchteten.

In der Nacht zum 12. Januar paddelten zwei Sabotagetrupps der Small Operations Group mit Kanus den Myebon-Fluß hinauf und steuerten einen der für die Landung bestimmten Strände an. 25 Sprengladungen mit Zeitzündern, die auf 6.30 Uhr am folgenden Morgen eingestellt waren, wurden in der Dunkelheit an den Pfosten befestigt. Nach getaner Arbeit glitten die Kanufahrer unbehelligt den nächtlichen Fluß hinab und waren längst wieder an Bord des Motorboots draußen auf See, als die Sprengladungen detonierten und eine 25 Meter breite Bresche in die Strandsperre legten.

Am nächsten Morgen kam eine merkwürdig aussehende Armada von 50 alten Schiffen den Fluß herauf, darunter fünf Landungsfahrzeuge für Panzer, die man erst zum südostasiatischen Kriegsschauplatz verlegt hatte, nachdem sie als ungeeignet für die Verwendung im Mittelmeerraum erklärt worden waren. Die Truppen der 3. Kommandobrigade wurden in zwei Korvetten der Royal Indian Navy, vier Minenräumbooten und vier Infanterie-Landungsfahrzeugen transportiert.

20 Minuten bevor die erste Angriffswelle an Land gehen sollte, griff die Royal Air Force die japanischen Stellungen mit eigenen wie mit amerikanischen Maschinen – Lightnings, Spitfires, Hurricanes, Thunderbolts und Mitchells – in pausenlosen Einsätzen an.

Um 8.30 Uhr, als das Wasser die höchste Flutmarke erreicht hatte, stieß das erste Landungsfahrzeug durch die freigesprengte Bresche an den Strand, und das Kommando Nr. 42, gefolgt vom Kommando Nr. 5, stürmte im Schutz dichten, aus der Luft gelegten Nebels an Land. Am Strand vergrabene Minen forderten mehrere Opfer, und eines der Landungsfahrzeuge wurde von einer Granate getroffen, doch erreichte der größte Teil der ersten Welle sicher das Ufer und stürmte die wenigen japanischen Stellungen, die nach den Luftangriffen noch bemannt waren.

Die erfolgreiche Bekämpfung der japanischen Stellungen aus der Luft verhütete möglicherweise ein Massaker, als die Kommandotruppe – bestehend aus Kommando Nr. 1 und Nr. 44 – an Land ging. Sie sollte von der Seeseite auf der Halbinsel landen, verfehlte aber den vorgesehenen Strandabschnitt und steuerte einen anderen an. Mittlerweile hatte die Ebbe eingesetzt, und das Wasser ging rasch zurück, als die Landungsfahrzeuge etwa 400 Meter vom Strand entfernt im nur 30 Zentimeter tiefen Wasser steckenblieben. Die Soldaten sprangen von Bord – und versanken augenblicklich bis zu den Knien im Schlick.

„Es war mörderisch", berichtete Unteroffizier Henry Brown vom Kommando Nr. 1. „Unter dem Wasser war ungefähr ein Meter zäher, grauer Schlick. Zog man einen Fuß heraus, blieb man mit dem anderen stecken. Indem wir einander halfen so gut wir konnten, mühten wir uns vorwärts. Währenddessen hörten wir Infanteriefeuer von der Halbinsel, glücklicherweise aber kam es nicht in unsere Richtung."

Die Truppenanlandung dauerte drei Stunden, und die letzten durch den Schlick watenden Nachzügler mußten mit Seilen aus dem Schlamm gezogen werden. Panzer der 19. indischen Ulanen, die zur Unterstützung der Truppe mit der ersten Welle vorgehen sollten, blieben gleichfalls stecken. Schließlich wurden die meisten Panzer an dem zweiten ausgewählten Strandabschnitt angelandet, nachdem es den der Brigade zugeteilten Gurkha-Trägern dort allein mit Handwerkzeugen gelungen war, eine Lücke in die felsige Uferböschung zu schlagen.

Als der Abend kam, hatte die Brigade einen Landekopf errichtet und war, die Japaner aus einer Stellung nach der anderen werfend, ein Stück landeinwärts eingedrungen. Im Morgengrauen wurde der Angriff wiederaufgenommen und das Dorf Myebon erobert. Gegen heftigen Feindwiderstand besetzten die Kommandotruppen Kantha, ein sechs Kilometer weiter landein liegendes Dorf an einem sumpfigen Bachlauf. Sobald sich herausgestellt hatte, daß die Japaner weder Panzerabwehrkanonen noch andere panzerbrechende Waffen besaßen, überrollten die Panzer eine Verteidigungsstellung nach der anderen. Einer der Panzer walzte einen steilen, von einer Pagode gekrönten Hügel hinauf, um eine japanische Maschinengewehrstellung zu zermalmen; plötzlich kippte er jedoch hintenüber und polterte, sich mehrfach überschlagend, den Hang hinab, bis er schließlich auf dem Geschützturm liegend zum Stillstand kam. Wie durch ein Wunder kam die Besatzung, von einem Beinbruch abgesehen, mit dem Schrecken davon.

Den vorstoßenden Kommandotruppen folgte die 74. indische Brigade auf den Fersen, die im weiteren Verlauf eine Abwehrfront nördlich der Myebon-Halbinsel aufbaute. Damit waren die noch auf der Halbinsel verbliebenen japanischen Streitkräfte eingeschlossen, und die Kommandoeinheiten begannen mit den Vorbereitungen für eine Landung bei Kangaw. Die Erkundungen hatten ergeben, daß das Dorf gegen Angriffe von Norden und vom Myebon-Fluß her stark gesichert war. Aber die Small Operations Group hatte das dunkelgrüne Labyrinth der Bachläufe und Sümpfe südlich des Dorfes erkundet und drei befahrbare *chaungs* entdeckt, die für einen Angriff genutzt werden konnten. Diese Route bedeutete einen Umweg von 43 Kilometern auf gewundenen Wasserläufen inmitten feindlichen Gebiets, doch waren die Mangrovendickichte so dicht, daß sie den Kommandos sichere Deckung und eine relativ gute Chance boten, den Gegner zu überraschen.

Die Kommandotruppen schifften sich an demselben Strand wieder ein, an dem sie wenige Tage vorher gelandet waren. Nachdem sie die Flußmündung verlassen hatten, gingen die Schiffe auf Südostkurs und ankerten am Abend des 21. Januar in einer geschützten Bucht. Am nächsten Morgen gingen die Truppen an Bord der Landungsfahrzeuge und begannen die langwierige Fahrt durch die heißen und stinkenden Mangrovenkorridore, die sie nach Kangaw führen sollten. Einer der *chaungs* war so dicht überwachsen, daß die Männer den Funkmast ihres Landungsfahrzeugs umlegen und einen Weg durch das Geäst hacken mußten.

Das erste Ziel der Kommandos war ein waldiger Höhenrücken, der sich steil aus den Reisfeldern westlich des Dorfes erhob und die Umgebung beherrschte. Er hatte die Bezeichnung Höhe 170 erhalten, und das Kommando Nr. 1 erhielt als erfahrenste Einheit der Brigade den Auftrag, sie zu besetzen.

Um 13.00 Uhr, nach zweieinhalbstündiger Fahrt durch die Mangrovenwälder, stieß das erste Landungsfahrzeug ans Ufer, nur 200 Meter von Höhe 170 entfernt. Wieder rasten RAF-Maschinen im Tiefflug über den Dschungel, um die japanischen Stellungen mit Bomben und Bordwaffenfeuer zu belegen und die Landestelle einzunebeln. Die Kommandos stürmten an Land und überrannten die ersten Stellungen, deren Besatzungen völlig überrascht wurden – sie blickten sogar in die falsche Richtung.

Bei Dunkelwerden hatte das Kommando Nr. 1 den südlichen Teil der Höhe vom Feind gesäubert und sich auf dem Hügelkamm eingegraben. Das Kommando Nr. 5 besetzte zusammen mit dem Gefechtsstand der Brigade den Südhang der Höhe, während das Kommando Nr. 42 die Verbindung zwischen der Höhe und dem Landeplatz sicherte. Das 44. Kommando schließlich nahm nach einem erfolgreichen Nachtangriff einen niedrigeren Höhenzug zwischen Höhe 170 und dem Dorf Kangaw ein.

Noch in derselben Nacht starteten die Japaner einen entschlossenen Gegenangriff zur Rückeroberung der Höhe 170. Die Infanteristen arbeiteten sich mit todesverachtendem Mut im wilden Abwehrfeuer der Kommandosoldaten den Hang hinauf und versuchten, die Verteidiger mit Handgranaten auszuschalten. In der Dunkelheit entwickelte sich ein verworrenes Gefecht. Ein japanischer Soldat erreichte den Rand eines Grabens, der von den Kommandos besetzt war. Sie schossen ihn nieder. Eine andere Gruppe von Japanern stürmte in eine Bambushütte hinein, in der sich ein Gefreiter mit seiner Korporalschaft aufhielt; später hieß es, sie hätten sich ihrer unwillkommenen Besucher entledigt, indem sie sie erdrosselt hätten. Gegen Mitternacht wurde der Angriff endlich abgeschlagen; der Kampf hatte die Kommandotruppen einen Toten und elf Verwundete gekostet. Bei Tagesanbruch wurden im Umkreis der Stellungen neun tote Japaner gezählt.

Um 10.00 Uhr eroberten Teile des Kommandos Nr. 1 mit Artillerieunterstützung den nördlichen Teil der Höhe und konnten ihre Position beträchtlich verstärken. Während des Tages wurde das auf der vorgelagerten Anhöhe liegende Kommando Nr. 44 unter schweres Artilleriefeuer genommen und anschließend von japanischer Infanterie angegriffen. Der Angriff konnte abgewehrt werden, aber die Briten verloren 16 Mann, 45 wurden verwundet.

Im Laufe der nächsten Tage festigten die Alliierten ihre Position im Brückenkopf, zogen Verstärkungen und Material nach, darunter Sherman-Panzer, während die Kommandos auf Höhe 170 bei fast ununterbrochenem Artilleriefeuer in ihren Schützenlöchern ausharrten. Oberst Peter Young erinnerte sich, wie er eine Trägerkolonne indischer Soldaten beobachtete, die Munition und Verpflegung zur Höhe 170 brachten, und wie er dabei Zeuge eines Aktes besonderer persönlicher Tapferkeit wurde: „Als rings um die Kolonne Granaten einschlugen, blieb einer der Träger verletzt liegen, während die anderen auseinanderliefen, um in Deckung zu gehen – alle bis auf einen Mann, der neben dem Verwundeten niederkniete und ihm die Wunden verband. Das geschah alles in einer kühlen und selbstverständlichen Art und Weise", sagte Young, „aber in diesem ebenen, deckungslosen Reisfeld gehörten Mut und eiserne Nerven dazu, sich so zu verhalten, wie er es tat."

Am 24. Januar landete die 51. indische Brigade im Brückenkopf und griff das Dorf Kangaw an. Nach harten Kämpfen gelang es ihr,

Soldaten der britischen 3. Kommandobrigade werden während der Arakan-Offensive im Januar 1945 mit Landungsbooten flußaufwärts transportiert, um einen Überraschungsangriff auf die strategisch wichtige Ortschaft Kangaw zu führen. Die Kommandosoldaten griffen das Dorf von der sumpfigen und nur leicht verteidigten Südseite her an und konnten die japanische Rückzugstraße südlich der burmesischen Küstenstadt Akyab unterbrechen.

die sogenannte Küstenstraße zu erreichen und zu unterbrechen. Darauf folgten einige Tage willkommener Ruhe. Sie leiteten jedoch eines der wildesten Gefechte des Arakan-Feldzugs ein. Am 31. Januar, um 5.45 Uhr, eröffneten die Japaner bei einem Versuch, die Briten aus dem Dorf und von Höhe 170 zu vertreiben, das bisher schwerste Artilleriefeuer auf die nördlichen Stellungen, die vom Trupp Nr. 4 und vom Kommando Nr. 1 gehalten wurden. Nach dieser Artillerievorbereitung erfolgte sofort ein Sturmangriff starker Infanterieverbände. Die zwei Dutzend Männer in den Gräben der vorgeschobenen Stellung sahen, wie Hunderte von Japanern den Hang zu ihnen heraufkrabbelten.

Im Rücken des Trupps Nr. 4 brach ein Himmelfahrtskommando japanischer Sturmpioniere mit an Stangen befestigten Sprengladungen in die Panzerbereitstellung ein, um die drei Sherman-Panzer außer Gefecht zu setzen. Ein Zug indischer Grenadiere, die zum Schutz der Panzer abgeordnet waren, stellte sich den Japanern entgegen, wurde aber zurückgedrängt. Es gelang den Japanern, einen Panzer zu vernichten und einen zweiten außer Gefecht zu setzen. Der dritte entkam, krachte durch das Dickicht den Hang hinab und überrollte einen von zwei erschrockenen Soldaten besetzten Deckungsgraben; die beiden überlebten dadurch, daß sie sich blitzschnell niederduckten.

Unterdessen war der Trupp Nr. 4 unter schweres Granatwerfer- und Maschinengewehrfeuer geraten. Ein Zugführer, Leutnant George Knowland – der kurz zuvor zum Offizier ernannt worden war, nachdem er sich als Unteroffizier der Kommandotruppen in Sizilien besonders hervorgetan hatte –, ging ungeachtet der Gefahr von Graben zu Graben und sprach seinen Männern Mut zu.

Als der japanische Angriff losbrach, sahen die weiter oben am Hang eingegrabenen Kommandos zu ihrer Verblüffung, wie Knowland ungedeckt herumlief, Patronengurte in die Gräben warf und zwischendurch Feuerstöße auf den Feind abgab oder eine Handgranate warf. Nachdem eine seiner vorgeschobenen Maschinengewehrmannschaften ausgefallen war, schickte er nach Verstärkung und rannte nach vorn, um das Maschinengewehr so lange selbst zu bedienen, bis Hilfe käme. Die Japanern kauerten in einer Senke nur zehn Meter vor dem Graben. Knowland stand auf, um den toten Winkel zu verkürzen, und feuerte aus der Hüfte, während Sanitäter die Verwundeten im Graben zu versorgen suchten. Zwei Soldaten, die nach vorn kamen, um die Stellung zu übernehmen, wurden getroffen, bevor sie den Graben erreichten; Knowland feuerte weiter, bis weitere drei Mann Verstärkung eintrafen.

Als eine weitere Welle japanischer Infanterie gegen seine Stellung vordrang, schickte Knowland die Bedienungsmannschaft eines 5-cm-Granatwerfers nach vorn, damit sie ausgefallene Schützen ersetzte, dann hob er den Granatwerfer auf und stand ungedeckt, das Ende der Waffe gegen einen Baum gestützt, um die angreifenden Japaner unter direkten Beschuß zu nehmen. Seine erste Granate tötete sechs von ihnen. Nachdem er die Granaten verschossen hatte, lief er durch schweres feindliches Feuer zurück.

Knowlands unglaubliches Glück verließ ihn bald darauf – nicht jedoch sein Mut. Das Vordringen der Japaner ließ ihm keine Zeit, Munition zu holen; also nahm er sein Gewehr auf und verschoß das Magazin in die Richtung des Feindes, dann griff er sich eine Maschinenpistole von einem seiner verwundeten Männer. Während er mit dieser Waffe feuerte, wurde er tödlich getroffen. Weitere 14 Männer seines Trupps fielen, und sechs vorgeschobene Stellungen wurden vom Feind überrannt, aber Knowlands heldenhafter Einsatz hatte den Tag gerettet. Die Japaner kamen nicht weiter als bis in die Stellungen des Trupps Nr. 4. Knowland wurde posthum mit dem Viktoriakreuz ausgezeichnet.

Die Kämpfe gingen bis Einbruch der Dunkelheit weiter. Die Japaner waren entschlossen, Höhe 170 um jeden Preis zurückzugewinnen. Gelänge es ihnen, die beherrschenden Hänge zurückzuerobern, so würden sie eine Möglichkeit haben, den alliierten Brückenkopf, den sie dann überblicken könnten, zu zerschlagen und die indische Brigade in Kangaw abzuschneiden. Trotz Unterstützung durch die verbliebenen Sherman-Panzer gelang es den Kommandos nicht, die Japaner in Gegenangriffen aus den sechs eroberten Stellungen zu werfen.

Die Kampfpause endete am folgenden Morgen, als japanische Infanterie den Angriff auf Höhe 170 mit unverminderter Heftigkeit wiederaufnahm. Auf Ausläufern der Nordhänge des Hügels errichteten sie drei Maschinengewehrnester und hielten die Gräben unter ständigem Feuer. Trupp Nr. 6 des Kommandos Nr. 1 führte einen Gegenangriff, um eine der Maschinengewehrstellungen auszuschalten, verlor aber die Hälfte seiner Männer bei dem Versuch, der daraufhin abgebrochen wurde.

Dann stürmte Welle auf Welle japanischer Infanterie, die dünnen, langen Bajonette aufgepflanzt, die Höhe herauf; Welle auf Welle wurde zurückgeschlagen. Die Kommandosoldaten feuerten, bis die Läufe der Maschinengewehre überhitzt waren. Verluste wurden sofort ersetzt; an einem Maschinengewehr fielen nacheinander zwölf Mann. „Es kam so weit", erzählte der junge Soldat L. J. Greenslade, „daß ein Mann mit Munition oder Verpflegung beladen den Hügel hinaufstieg und Minuten später auf einer Bahre wieder heruntergetragen wurde."

Die Verluste der Kommandos aber waren gering, verglichen mit jenen der Japaner, deren Gefallene auf den unteren Hängen des Hügels verstreut umherlagen. „Es war grauenhaft", berichtete Oberst Ken Trevor, der als Kommandeur des Kommandos Nr. 1 den Kampf von seinem Gefechtsstand auf Höhe 170 aus geleitet hatte. „Vor einigen unserer Stellungen lagen die Gefallenen in Haufen übereinander." Als der Abend des 1. Februar kam, griffen Thunderbolts der RAF die japanischen Stellungen an; dann flauten die Kämpfe mit der einbrechenden Tropennacht ab.

Am nächsten Morgen waren die Japaner abgezogen. „Sobald es hell genug war", sagte Peter Young, „ging ich nach vorn zu den Stellungen des Trupps Nr. 4, um mir das Gelände anzusehen. Ich konnte kaum einen Schritt tun, ohne auf einen toten Japaner zu treten. Es waren annähernd 300, die um die Stellungen herumlagen. Einer der ersten von unseren Gefallenen, die ich sah, war Knowland. Er lag auf dem Rücken, ein Bein etwas angezogen, einen friedlich lächelnden Ausdruck im Gesicht. Sein Helm fehlte. Weiter hügelabwärts, ungefähr 20 Schritte von unseren vorderen Gräben, lagen zwei von unseren Männern Seite an Seite, als hätten sie auf eigene Faust einen Gegenangriff unternommen. Einen Soldaten sah ich tot in seinem Graben liegen, zusammen mit drei Japanern. Auch sie waren tot."

Das Gemetzel war schlimmer gewesen als alles andere, was die Kommandotruppen in Burma zuvor kennengelernt hatten. Im Umkreis von 100 Metern um die Stellungen des Trupps Nr. 4 wurden 340 Tote gezählt. Die Angaben schwanken, aber nach einigen Schätzungen fielen annähernd 2000 Japaner bei dem Versuch, die Höhe 170 zurückzuerobern; sie wurden mit Planierraupen in Massengräber geschoben. Die Kommandos hatten 45 Tote und 90 Verwundete zu beklagen.

Generalleutnant Philip Christison, Kommandierender General des XV. Korps, dem die 3. Kommandobrigade unterstellt war, gab einen besonderen Tagesbefehl heraus. Darin würdigte er die Leistungen der Kommandotruppen und erklärte: „Die Mißachtung persönlicher Gefahr durch die Angehörigen der Kommandoeinheiten und ihre Wendigkeit und ihre Entschlossenheit im Kampf sind vorbildlich für all ihre Kameraden gewesen." Kritiker, die sich manchmal beschwert hatten, daß die Kommandotruppen im Burmafeldzug die Arbeit der Infanterie täten, hatten hier keinen Grund zur Klage: Der Vorstoß auf Kangaw hatte ein Zusammenspiel von Überraschungsschlägen, taktischer Kühnheit und Zähigkeit gezeigt, das die Japaner verblüffte.

Der Erfolg des Kangaw-Vorstoßes diente auch als Rechtfertigung – sofern es einer solchen noch bedurfte – der Konzeption der Kommandos. Keine andere Truppe war während des ganzen Zweiten Weltkriegs mit größerer Skepsis betrachtet worden als die Kommandos. Aber sie stellten ihre Kampfkraft unter Beweis – in oft heldenhaftem Einsatz auf allen Kriegsschauplätzen, von Norwegen bis zur Sahara. In Burma hatte Major Denis Holmes mit Genugtuung beobachtet, wie sich die Haltung von Offizieren regulärer Heeresverbände, die mit den Kommandos seines V-Verbands zusammenarbeiteten, von offener Feindseligkeit zu Toleranz und schließlich Vertrauen und Anerkennung wandelte. In Europa verwiesen britische Kommandos gern auf Feldmarschall Sir Bernard L. Montgomerys trockene Bemerkung, daß Kommandos, die er in Aktion gesehen hatte, „wirklich tüchtige Burschen" seien – eine hohe Anerkennung aus dem Munde dieses große Anforderungen stellenden Heerführers. Fraglos hatten die Sondereinheiten den Wert von Eigeninitiative und persönlichem Wagemut in einem zunehmend mechanisierten Krieg bewiesen.

OPERATIONSZIEL BOUGAINVILLE

Raiders des US-Marinekorps benutzen ein erbeutetes japanisches Feldgeschütz, um japanische Heckenschützen auf der Pazifikinsel Bougainville auszuschalten.

EIN LANDEUNTERNEHMEN IM PAZIFIK

Raiders des US-Marinekorps – zum Teil in Tarnanzügen – klettern am 1. November 1943 vor Bougainville von ihrem Transporter in ein Landungsboot.

Kurz nach dem japanischen Überfall auf Pearl Harbor forderte Präsident Roosevelt – beeindruckt von den britischen Kommandotruppen – das US-Marinekorps auf, unter der Bezeichnung Marine-Raiders Sondereinheiten aufzustellen. Sie sollten von Großoperationen unabhängige Landeunternehmen, Sabotageanschläge und Guerillaaktionen durchführen und als Speerspitze bei umfassenderen Operationen mit anderen Verbänden des Marinekorps zusammenarbeiten. Im ersten Jahr des Pazifikkriegs, während der langwierigen Phase des Inselspringens, operierten sie weit hinter den japanischen Linien auf Guadalcanal und unternahmen einen Überraschungsangriff auf die Insel Makin. Im November 1943 wurden das 2. und das 3. Bataillon der Marine-Raiders dann der Vorhut einer divisionsstarken Invasionsstreitmacht des Marinekorps zugeteilt, die auf Bougainville landen sollte, der größten und nördlichsten der Salomoninseln.

Die Japaner hatten auf Bougainville fünf Flugplätze errichtet und 40 000 Soldaten dort stationiert. Die zahlenmäßig unterlegenen Amerikaner wählten den Ort ihrer Landung im Hinblick auf die Überraschungswirkung auf den Gegner: Kap Torokina an der entlegenen Südwestküste – ein Ort, umgeben von schmalen, steil abfallenden Küstenstreifen, die ungeschützt der Brandung der Salomonensee preisgegeben waren, und vom Rest der Insel durch Berge, Sumpf und Urwald abgeschnitten.

Die Überraschung war vollkommen, als die Soldaten des Marinekorps am 1. November landeten. Die Japaner hatten auf Kap Torokina nur einige hundert Mann und ein einziges 7,5-cm-Feldgeschütz. „Da wir dachten, daß die ungünstigen topographischen Bedingungen feindlichen Operationen im Wege stünden", räumte ein japanischer Oberst später ein, „erwarteten wir hier keine Landung und waren nicht ausreichend vorbereitet."

Nichtsdestoweniger deckte japanische Infanterie, geschützt in Kampfständen, die im dichten Urwald entlang dem Ufer verborgen waren, die einlaufenden Landungsfahrzeuge mit Gewehrfeuer ein. „Als die Bugklappe auf den Strand schlug, rannten wir hinaus, nervös wie Stiere, die in die Arena getrieben werden", schrieb William Chickering, ein Korrespondent von *Time* und *Life*, der an der Landung teilnahm.

Das 2. Bataillon der Marine-Raiders grub sich 30 Meter vom Strand im Dschungel ein, und das 3. Bataillon benötigte einen Tag, um die japanische Besatzung einer kleinen vorgelagerten Insel aus ihren Stellungen zu werfen. Dann stießen die Marine-Raiders zu einer neuen – und schwierigeren – Mission ins Innere der Insel vor.

Ohne den gefallenen Japaner zu beachten, graben sich Raiders am Kap Torokina ein. Ein Kriegsberichterstatter bezeichnete die Landung als „dramatisch und blutig".

EIN TÖDLICHES VERSTECKSPIEL

Sobald die feindlichen Kampfstände genommen waren und die Division im Landekopf Fuß gefaßt hatte, stießen die Raiders des US-Marinekorps entlang einem Dschungelpfad ins Innere der Insel vor. Sie hatten den Auftrag, den Kreuzungspunkt von zwei Urwaldpfaden namens Piva und Numa Numa einzunehmen, die japanische Feldflugplätze verbanden und den wichtigsten Zugang zum Kap Torokina von der Landseite her darstellten. Durch die Einnahme der Wegkreuzung sollte die japanische Versorgungslinie unterbrochen werden.

Obwohl die Kreuzung nur knapp fünf Kilometer landeinwärts lag, benötigten die Raiders sieben harte Tage, um sie zu erreichen. Ihr Vordringen durch dichtes Unterholz wurde stark behindert von japanischen Scharfschützen, die die Fähigkeit zu besitzen schienen, mit dem Dschungel zu verschmelzen.

Die Raiders versuchten mit ungewöhnlichen Taktiken, die Japaner aus ihren Verstecken hervorzulocken. Manchmal schickten sie einen leichten Panzer oder einen Panzerspähwagen voraus. Ein solches Ziel schien die Japaner, denen es an Mitteln zur Panzerbekämpfung fehlte, zu Verzweiflungstaten anzutreiben; in einem Fall griff ein japanischer Infanterist mit seinem Bajonett einen Panzer an – der ihn darauf mit seinen Gleisketten niederwalzte.

Etwa 300 Meter vor der Wegkreuzung schließlich hörte die Deckung auf und beide Seiten mußten in offenes Gelände hinaus. Dort kam es zu heftigen Nahkämpfen. Nach zweitägigen Kämpfen wichen die Japaner der Übermacht, und die Wegkreuzung wurde eingenommen.

Vor dem Eingang eines von 25 am Kap Torokina eroberten japanischen Unterständen sucht ein Raider des Marinekorps das Gebüsch nach überlebenden Japanern ab.

Feldmarschmäßig ausgerüstet, gehen amerikanische Verstärkungen nach vorn. Die Japaner, berichtete ein amerikanischer Unteroffizier, „hatten einen ganzen Sack voller Tricks auf Lager". Dazu gehörte, daß sie so taten, als wollten sie sich ergeben, und dann eröffneten sie das Feuer.

Ein Kundschafter signalisiert wartenden Marine-Raiders, daß der Weg vor ihnen frei ist. Um sicherzugehen, feuerten die Amerikaner häufig aufs Geratewohl mit automatischen Waffen ins Unterholz.

In einem wassergefüllten Schützenloch kniend, erwarten die Raiders einen japanischen Gegenangriff. Der tote Japaner zu ihrer Rechten war ein Opfer der Raider-Taktik, das Feuer erst zu eröffnen, wenn der Feind ganz nahe herangekommen war.

Eine Patrouille mit Suchhunden geht vor. Eingesetzt wurden Dobermann-Pinscher und Deutsche Schäferhunde. Die Hunde spürten nicht nur Japaner auf, sie gaben den Männern auch Vertrauen.

Ein Soldat namens Lansley läuft, vorbei an einem kampfunfähig gemachten amerikanischen Panzer, zu seinen wartenden Kameraden. Die Japaner hatten den Körper eines gefallenen Marinesoldaten (unten links) als Köder gebraucht. Darauf griff Lansley allein ein japanisches MG-Nest an und tötete acht Japaner.

Sanitäter und helfende Kameraden versorgen verwundete Raiders in einem Deckungsgraben auf Bougainville.

Die Raiders mußten auch während kurzer Ruhepausen im Dschungel ständig wachsam vor Überfällen sein.

Nach Einnahme der wichtigsten Wegkreuzung in ihrem Kampfabschnitt auf Bougainville von anderen Verbänden abgelöst, ziehen die Raiders des US-Marinekorps

ihrem nächsten Einsatz entgegen. Im Januar 1944 wurde die Truppe als Sondereinheit aufgelöst und auf verschiedene Bataillone des Marinekorps verteilt.

BIBLIOGRAPHIE

Alsop, Stewart, und Braden, Thomas: *Sub Rosa: The O.S.S. and American Espionage.* Reynal & Hitchcock, 1946
Altieri, James: *The Spearheaders.* Bobbs-Merrill, 1960
Arena, Nino: *Aquile Senza Ali: I Paracadutisti Italiani nella Seconda Guerra Mondiale.* U. Mursia & Co., Mailand 1972
Aron, Robert: *De Gaulle Before Paris.* Putnam, London 1962
Bartz, Karl: *Die Tragödie der deutschen Abwehr. Der „Fall Canaris" in völlig neuem Licht.* K.W. Schütz, Preußisch-Oldendorf 1972
Beaumont, Roger: *Military Elites.* Bobbs-Merrill, 1974
Bekker, Cajus: *Angriffshöhe 4000. Ein Kriegstagebuch der deutschen Luftwaffe.* Stalling, o. J.
Einzelkämpfer auf See. Die deutschen Torpedoreiter, Froschmänner und Sprengbootpiloten im Zweiten Weltkrieg. Koehlers Verlagsges., 1978
Belgisches Ministerium für Nationale Verteidigung, Historische Abteilung: *The Battle of Fort Eben Emael, 10 and 11 May 1940 (The 7th Infantry Division on the Albert Canal, Part 8).* Transl. by U.S.Army, Historical Division, European Command, o. J.
„Bougainville". *Life,* 29. November 1943
Brockdorff, Werner: *Geheimkommandos des Zweiten Weltkrieges.* Welsermühl, München 1967
Brown, Anthony Cave: *Bodyguard of Lies.* Harper & Row, 1975
Buckley, Christopher: *Norway, The Commandos: Dieppe.* Her Majesty's Stationery Office, London 1951
Butler, Rupert: *Hand of Steel.* Hamlyn Paperbacks, London, 1980
Clark, Alan: *Barbarossa: The Russian-German Conflict 1941–1945.* William Morrow, 1965
Clarke, Dudley: *Seven Assignments.* Jonathan Cape, London 1948
Colby, William, und Forbath, Peter: *Honorable Men: My Life in the CIA.* Simon and Schuster, 1978
Collins, James L., jr. (Hrsg.): *The Marshall Cavendish Illustrated Encyclopedia of World War II.* Marshall Cavendish Corporation, 1972
Cook, Graeme: *Commandos in Action.* Taplinger Publishing, 1974
Cowles, Virginia: *The Phantom Major.* Collins, London 1958
Crichton-Stuart, Michael: *G. Patrol.* William Kimber, London 1958
De Jong, Louis: *The German Fifth Column in the Second World War.* University of Chicago Press, 1956
Durnford-Slater, John: *Commando.* William Kimber, London 1953
Edwards, Roger: *German Airborne Troops, 1936–1945.* Doubleday, 1974
Ellis, John: *The Social History of the Machine Gun,* Pantheon, 1976
Farran, Roy: *Winged Dagger.* Collins, London 1948
Fergusson, Bernard: *The Watery Maze.* Collins, London 1961
Foley, C.: *Commando Extraordinary.* Longmans Green, London 1954
Foot, M.R.D.:
Resistance. Eyre Methuen, London 1976
SOE in France. Her Majesty's Stationery Office, London 1966
Ford, Corey: *Donovan of the OSS.* Robert Hale, London 1971
Frank, Benis M., und Shaw, Henry I., jr.: *Victory and Occupation: History of U.S. Marine Corps Operations in World War II.* Historical Branch, G-3 Division, Headquarters, U.S. Marine Corps, 1968
Frost, John: *A Drop Too Many.* Cassell, London 1980
Gardner, Hugh H.: *Guerrilla and Counterguerrilla Warfare in Greece, 1941–1945.* Office of the Chief of Military History, Department of the Army, 1962
Gilchrist, Donald: *Castle Commando.* Oliver & Boyd, London 1960
Halsey, William F., und Bryan, J. III: *Admiral Halsey's Story.* McGraw-Hill, 1947
Harrison, D. I.: *These Men Are Dangerous.* Cassell, London 1957
Heilbrunn, Otto: *Die Partisanen in der modernen Kriegführung.* Bernard & Graefe, 1963
Hislop, John: *Anything but a Soldier.* Michael Joseph, London 1965
Hoffmann, Peter: *Widerstand, Staatsstreich, Attentat. Der Kampf der Opposition gegen Hitler.* Piper, 1979
Hogg, Ian V.:
The Complete Illustrated Encyclopedia of the World's Firearms. A&W Publishing, 1978
The Complete Machine Gun: 1885 to the Present. Phoebus, London 1979
Höhne, Heinz: *Canaris. Patriot im Zwielicht.* Bertelsmann, 1976
Hough, Richard:
Mountbatten. Random House, 1981
Mountbatten. 80 Years in Pictures. Viking Press, 1979
Howe, George F.: *United States Army in World War II, Mediterranean Theater of Operations. Northwest Africa: Seizing the Initiative in the West.* Office of the Chief of Military History, Department of the Army, 1957
James, Malcolm: *Born of the Desert.* Collins, London 1945
Keyes, Elizabeth: *Geoffrey Keyes of the Rommel Raid.* George Newnes, London 1956
Kirby, S. Woodburn: *The War against Japan:*
Bd. 3: *The Decisive Battles.* Her Majesty's Stationery Office, London 1962
Bd. 4: *The Reconquest of Burma.* Her Majesty's Stationery Office, London 1965
Kriegsheim, Herbert: *Getarnt, getäuscht und doch getreu: Die geheimnisvollen Brandenburger.* Bernard & Graefe, Berlin 1959
Ladd, James: *Commandos and Rangers of World War II.* St. Martin's Press, 1978
Landsborough, Gordon: *Tobruk Commando.* Cassell, London 1956
Lassen, Suzanne: *Anders Lassen VC.* Muller, London 1965
Lepotier, Adolphe August Marie: *Raiders from the Sea.* William Kimber, London 1954
Leverkuehn, Paul: *Der geheime Nachrichtendienst der deutschen Wehrmacht im Kriege.* Bernard & Graefe, 1954
Lloyd Owen, David: *The Desert My Dwelling Place.* Cassell, London 1957
Lockhart, Bruce: *The Marines Were There.* Putnam, London 1950
Lodwick, John: *The Filibusters.* Cassell, London 1947
Lovat, Lord: *March Past.* Weidenfeld & Nicolson, London 1978
Lucas Phillips, C. E.:
Cockleshell Heroes. Wyman & Sons, London 1957
The Greatest Raid of All. Heinemann, London 1958
The Raiders of Arakan. Heinemann, London 1971
MacArthur, Douglas: *Reports of General MacArthur: The Campaigns of MacArthur in the Pacific,* Bd. 1. U.S. Government Printing Office, 1966
McIntyre, Peter: *Peter McIntyre: War Artist.* A. H. & A. W. Reed, Wellington, Neuseeland, 1981
Macksey, Kenneth: *The Partisans of Europe in World War II.* Hart-Davis, London 1975
Maclean, Fitzroy: *Eastern Approaches.* Jonathan Cape, London 1949
Mason, David: *Raid on St. Nazaire.* Ballantine, 1970
Maund, L.E.H.: *Assault from the Sea.* Methuen, London 1974
Millar, George: *The Bruneval Raid.* Doubleday, 1975
Mills-Roberts, Derek: *Clash by Night: A Commando Chronicle.* William Kimber, London 1956
Mrazek, James E.: *Lastensegler auf Eben Emael: Vorspiel zu Dünkirchen.* K. W. Schütz/Pietsch, 1979
Parrish, Thomas, (Hrsg.): *The Simon and Schuster Encyclopedia of World War II.* Simon and Schuster, 1978
Peers, William: *Behind the Burma Road: The Story of America's Most Successful Guerrilla Force.* Little, Brown, 1963
Peniakoff, Vladimir: *Popski's Private Army.* Crowell, 1950
Petrow, Richard: *The Bitter Years: The Invasion and Occupation of Denmark and Norway, April 1940–May 1945.* Morrow Quill Paperbacks, 1974
Playfair, I. S. O.: *The Mediterranean and Middle East:*
Bd. 2: *The Germans Come to the Help of Their Ally.* Her Majesty's Stationery Office, London 1956
Bd. 3: *British Fortunes Reach Their Lowest Ebb.* Her Majesty's Stationery Office, London 1960
Bd. 4: *The Destruction of the Axis Forces in Africa.* Her Majesty's Stationery Office, London 1966
Ramsay, Winston G. (Hrsg.): „Eben-Emael". Zeitschrift *After the Battle,* Nr.5. Battle of Britain Prints, London 1974
Roskill, S.W.: *The War at Sea, 1939–1945:*
Bd. 3, 1. Teil: *The Offensive, 1st June 1943–31st May 1944.* Her Majesty's Stationery Office, London 1960
Bd. 3, 2. Teil: *The Offensive, 1st June 1944–14th August 1945.* Her Majesty's Stationery Office, London 1961
Saunders, Hilary St. George: *The Green Beret.* Michael Joseph, London 1949
Shaw, Henry I., jr., und Kane, Douglas T.: *Isolation of Rabaul (History of U.S. Marine Corps Operations in World War II,* Bd. 2). Historical Branch, G-3 Division, Headquarters, U.S. Marine Corps, 1963
Shaw, William B. K.: *The Long Range Desert Group.* Collins, London 1945
Shirer, William L.: *The Rise and Fall of the Third Reich.* Simon and Schuster, 1960
Skorzeny, Otto: *Deutsche Kommandos im Zweiten Weltkrieg*
Bd. 1: *Lebe gefährlich.* Cramer, 1973
Bd. 2: *Wir kämpften – wir verloren.* Cramer, 1973
Meine Kommandounternehmen. Limes, 1976
Spaeter, Helmuth: *Die Brandenburger: Eine deutsche Kommandotruppe.* Walter Angerer, München 1978
Strutton, Bill, und Pearson, Michael: *The Secret Invaders.* Hodder & Stoughton, London 1958
Swinson, Arthur: *Desert Strike Force,* Ballantine, 1971
Terraine, John: *The Life and Times of Lord Mountbatten.* Holt, Rinehart & Winston, 1980
Toland, John: *Adolf Hitler.* Lübbe, 1977
Truscott, Lucian K.: *Command Missions: A Personal Story.* Dutton, 1954
Updegraph, Charles L., jr.: *U.S. Marine Corps Special Units of World War II.* History and Museums Division, Headquarters, U.S. Marine Corps, 1972
Warner, Philip: *The Special Air Service.* William Kimber, London 1972
Whiting, Charles: *Skorzeny.* Ballantine, 1972
Yank – the GI Story of the War. Duell, Sloane & Pearce, 1947
Young, Peter:
Commando. Ballantine, 1969
Storm from the Sea. William Kimber, London 1958

QUELLENNACHWEIS DER ABBILDUNGEN

Abbildungen von links nach rechts sind durch Semikolon, solche von oben nach unten durch Gedankenstrich getrennt.

DIE ERSTÜRMUNG EBEN EMAELS: 6–8 – Ullstein Bilderdienst, Berlin. 9 – Presse-Seeger, Albstadt. 10, 11 – Bundesarchiv Koblenz. 12, 13 – Bundesarchiv Koblenz – Imperial War Museum, mit freundlicher Genehmigung der Zeitschrift *After the Battle,* London; Süddeutscher Verlag, Bilderdienst München. 14,15 – Jiri Jiru, mit freundlicher Genehmigung des Musée Royal de l'Armée et d'Histoire Militaire, Brüssel; Imperial War Museum, mit freundlicher Genehmigung der Zeitschrift *After the Battle,* London (2). 16 – Imperial War Museum, mit freundlicher Genehmigung der Zeitschrift *After the Battle,* London – Bundesarchiv Koblenz. 17 – Jiri Jiru, mit freundlicher Genehmigung des Musée Royal de l'Armée et d'Histoire Militaire, Brüssel – Bundesarchiv Koblenz. 18,19 – Bildarchiv Preußischer Kulturbesitz, Berlin.

EIN SOLDAT NEUEN SCHLAGES: 22 – Karte von Tarijy Elsab. 23 – Keystone Press, London. 24 – Imperial War Museum, London. 26,27 Zeichnungen von John Batchelor, London. 28 – Brigadegeneral Peter Young, England. 29 – Imperial War Museum, London. 32,33 – Gemälde von R. Eurich, mit freundlicher Genehmigung des Imperial War Museum, London (LD 3475). 34 – Imperial War Museum, London. 36 – U.S.Army. 37 – Derek Bayes, mit freundlicher Genehmigung der Commando Association, London. 39 – Bibliothek für Zeitgeschichte, Stuttgart. 40 – Brigadegeneral C. E. Lucas Phillips, Surrey, England.

EINE HARTE BEWÄHRUNGSPROBE: 42–49 – Imperial War Museum, London. 50,51 – Pathé News, Inc., ausgenommen oben rechts, Imperial War Museum, London. 52,53 – Popperfoto, London; Pathé News, Inc. (2) – Imperial War Museum, London. 54–57 – Imperial War Museum, London.

AUFBAU EINER ELITETRUPPE: 58,59 – Keystone Press, London. 60 – U.S.Army. 61 – Documentation Française, mit freundlicher Genehmigung des Archivs Tallandier, Paris. 62 – Imperial War Museum, London – Keystone Press, London. 63 – Derek Bayes, mit freundlicher Genehmigung der Commando Association, London – U.S. Army (2). 64 – Imperial War Museum, mit freundlicher Genehmigung des Archivs Tallandier, Paris – U.S.Army. 65 – Imperial War Museum, London, ausgenommen unten rechts, UPI. 66 – Imperial War Museum, London. 67 – U.S.Army – Imperial War Museum, London. 68 – Imperial War Museum, London. 69 – Imperial War Museum, London – Documentation Française, mit freundlicher Genehmigung des Archivs Tallandier, Paris. 70 – U.S.Army – Imperial War Museum, London. 71 – Keystone Press, London – Wide World. 72, 73 – Imperial War Museum, London.

EINSATZ IN DER WÜSTE: 76,77 – Karte von Tarijy Elsab. 80–83 – Imperial War Museum, London. 86 – Generalmajor D. L. Lloyd Owen, mit freundlicher Genehmigung des Imperial War Museum, London. 88,89 – R. P.Lawson, England. 90 – U.S.Army.

OPERATIONEN IN DER SAHARA: 92,93 – Generalmajor D. L. Lloyd Owen, mit freundlicher Genehmigung des Imperial War Museum, London. 94,95 – Imperial War Museum, London. 96, 97: Links und rechts oben: Imperial War Museum, London. 98,99 – R. P.Lawson, England; Imperial War Museum, London (2). 100,101 – Generalmajor D. L. Loyd Owen, mit freundlicher Genehmigung des Imperial War Museum, London; Imperial War Museum, London; Generalmajor D. L. Lloyd Owen, mit freundlicher Genehmigung des Imperial War Museum, London – R. P. Lawson, England. 102, 103 – Imperial War Museum, London.

EINE WELT RAUHER SCHÖNHEIT: 104,105 – Ray Cranbourne, aus *Peter McIntyre: Kriegsmaler,* von Peter McIntyre, veröffentlicht von A. H. & A. W.Reed Ltd., Wellington, Neuseeland, 1981. 106 – New Zealand Army. 107–111 – Ray Cranbourne, aus *Peter McIntyre: Kriegsmaler,* von Peter McIntyre, veröffentlicht von A. H. & A.W. Reed Ltd., Wellington, Neuseeland, 1981.

MIT FALTBOOTEN GEGEN DEN FEIND: 114 – H. G. Hasler, Lochgilphead, Argyll, Schottland. 115 – Karte von Tarijy Elsab. 116 – H. G. Hasler, Lochgilphead, Argyll, Schottland. 117 – Nach einer Zeichnung von H. G. Hasler, aus *Cockleshell Heroes,* von C. E. Lucas Phillips, veröffentlicht von William Heinemann Ltd., London 1956. 120– C.Clabby, Plymouth, England; aus *Cockleshell Heroes,* von C. E. Lucas Phillips, veröffentlicht von William Heinemann Ltd., London 1956; I. Mackinnon, Glasgow, Schottland; aus *Cockleshell Heroes,* von C. E. Lucas Phillips, veröffentlicht von William Heinemann Ltd., London 1956 – aus *Cockleshell Heroes,* von C. E. Lucas Phillips, veröffentlicht von William Heinemann Ltd., London 1956 (2); H. G. Hasler, Lochgilphead, Argyll, Schottland; W. E. Sparks, Canvey Island, Essex, England. 124 – Nach einer Zeichnung von James Ladd. 126 – Imperial War Museum, London.

MEISTER DER TÄUSCHUNG: 130 – Karte von Tarijy Elsab. 131 – Bundesarchiv Koblenz. 132 – Ullstein Bilderdienst, Berlin. 133 – Sammlung David Kahn. 135,137 – Aus *Getarnt, getäuscht und doch getreu: Die geheimnisvollen Brandenburger,* von Herbert Kriegsheim, veröffentlicht von Bernard & Graefe, Berlin 1959. 139 – Bundesarchiv Koblenz. 140 – Imperial War Museum, London.

EIN ARSENAL NEUER WAFFEN: 142–147 – Mit freundlicher Genehmigung von Nino Arena, Rom. 148 – Mit freundlicher Genehmigung von Nino Arena, Rom – Ufficio Storico, Stato Maggiore Marina, Rom (2). 149 – Mit freundlicher Genehmigung von Nino Arena, Rom. 150, 151 – Mit freundlicher Genehmigung von Nino Arena, Rom; Ufficio Storico, Stato Maggiore Esercito, Rom.

PHANTOME IN WAFFEN: 154 – Karte von Tarijy Elsab. 155 – Derek Bayes, mit freundlicher Genehmigung der Commando Association, London. 157 – Photo Lapi-Viollet, Paris. 158, 159 – Aus *SOE in France,* von M. R. D. Foot, HMSO, London 1966, veröffentlicht mit der Genehmigung des Leiters von Her Majesty's Stationery Office, London. 161 – D. I. Harrison, London. 164 – Imperial War Museum, London.

DER KOMMANDEUR DER KOMMANDOS: 166,167 – Imperial War Museum, London. 168–170 – Broadlands Archives, England. 171 – The Press Association Ltd., London –BBC Hulton Picture Library, London. 172 – Broadlands Archives, England. 173 – Keystone Press, London – Broadlands Archives, England. 174, 175 – Broadlands Archives, England, ausgenommen Mitte, UPI. 176,177 – Broadlands Archives, England, ausgenommen oben, UPI.

DIE DSCHUNGELLEGIONÄRE: 180 – Karte von Tarijy Elsab. 182–186 – U.S.Army. 188 – Brigadegeneral Peter Young, England.

OPERATIONSZIEL BOUGAINVILLE: 192, 193 – U.S.Marine Corps. 194 – Wide World. 195,196 – William C.Shrout für *Life.* 197–199 – U.S. Marine Corps. 200,201 – U.S.Marine Corps, ausgenommen oben rechts, U.S.Marine Corps, mit freundlicher Genehmigung von UPI. 202,203 – U.S.Marine Corps.

DANKSAGUNGEN

Für wertvolle Unterstützung bei der Vorbereitung dieses Bandes danken die Herausgeber Walter Angerer, München; Marie-Claire Anthonioz, Musée de l'Ordre de la Libération, Paris; Nino Arena, Rom; Brigadegeneral R. A. Bagnold, OBE, FRS, Kent, England; Armande Bourgoin, Paris; Oberst Oreste Bovio, Ufficio Storico, Stato Maggiore Esercito, Rom; Henry Brown, MBE, Generalsekretär der Commando Association, London; Maurice Chauvet, Paris; William E. Colby, Washington D. C.; Oberst Maurice Courdesses, Fondation Général Leclerc, Saint-Germain-en-Laye, Frankreich; Jacques Delarue, Paris; Guy de Pierpont, Lüttich, Belgien; Deutsches Institut für Filmkunde, Wiesbaden; Dutch Commando Corps, Roosendaal, Niederlande; P. G. Eekman, Vlissingen, Niederlande; Jack Elliott, The Smithsonian Institution, Washington, D. C.; F. O. Finzel, Oberkirchen, BRD; Oberst Roger Flamand, Bligny-sur-Ouche, Frankreich; Ulrich Frodien, Süddeutscher Verlag, Bilderdienst, München; General a. D. Carlo Gay, Caserta, Italien; Donald Gilchrist, Ayr, Schotland; Gérard Guicheteau, Paris; H. G. Hasler, Argyll, Schottland; E. C. Hine, Imperial War Museum, London; Ian V. Hogg, Worcestershire, England; Gunnery Sergeant William K. Judge, USMC, Chief, DAVA Still Photographic Depository, Marine Corps Historical Center Washington, D. C.; Heidi Klein, Bildarchiv Preußischer Kulturbesitz, Berlin; Dr. Roland Klemig, Bildarchiv Preußischer Kulturbesitz, Berlin; Dr. Roland Klemig, Bildarchiv Preußischer Kulturbesitz, Berlin; James Ladd, Nottinghamshire, England; Oberst Ian Lapraik, DSO, OBE, MC, TD, Buckinghamshire, England; Dr. R. P. Lawson, Calne, England; Claude Lévy, Institut d'Histoire du Temps Présent, Paris; Brigadegeneral Jan Linzel, Militärattaché der Niederländischen Botschaft, Djakarta, Indonesien; Generalmajor David Lloyd Owen, CB, DSO, OBE, MC, Norwich, England; Brigadegeneral C. E. Lucas Phillips, OBE, MC, Surrey, England; General Jacques Massu, Neuilly-sur-Seine, Frankreich; Peter Masters, Art Director, General Services Administration, Washington, D. C.; Peter McIntyre, Wellington, Neuseeland; Françoise Mercier, Institut d'Histoire du Temps Présent, Paris; Serge Michel, „La Rahla", Paris; Elizabeth Moore, *Illustrated London News,* London; Oberst a. D. James E. Mrazek, Bethesda, Maryland; Daphne M. Mundinger, Paris; Meinrad Nilges, Bundesarchiv Koblenz; P. W. Pavey, Imperial War Museum, London; Brigadegeneral G. L. Prendergast, Invernesshire, Schottland; Hannes Quaschinsky, ADN-Zentralbild, Berlin, DDR; Marianne Ranson, Institut d'Histoire du Temps Présent, Paris; C. DeReiter, Elst, Niederlande; Vladimir Remeš, Prag; Jacqueline Sarazac, Serres-Castets, Frankreich; Axel Schulz, Ullstein Bilderdienst, Berlin; Carlo Segers, Brüssel; Kenneth L. Smith-Christmas, Registrar/Curator, United States Marine Corps Museum, Washington, D. C.; W. E. Sparks, Canvey Island, England; David Stirling, DSO, OBE, London; Regina Strather, DAVA Still Photographic Depository, Marine Corps Historical Center, Washington, D. C.; Wolfgang Streubel, Ullstein Bilderdienst, Berlin; Oberstleutnant Michel Terlinden, Brüssel; Brigadegeneral Kenneth Trevor, CBE, DSO, Chester, England; J. Tuynman, Vlissingen, Niederlande; Helmut Wenzel, Celle; M. J. Willis, Imperial War Museum, London.
Das Register zu diesem Buch wurde von Nicholas J. Anthony zusammengestellt.

REGISTER

Kursiv gesetzte Seitenangaben beziehen sich auf Abbildungen zu dem betreffenden Stichwort

Reprosatz: Alfred Utesch GmbH, Hamburg
Druck und Einband: Artes Gráficas, Toledo, Spanien
D.L.TO:469-1994